수학 1

INTRODUCE

이 책을 펴내면서

IPTV교육방송은 교육전문방송으로서 학교교육을 보완하고 국민 평생교육 담당이라는 사회적 책임과 의무를 다하기 위하여 부단한 노력을 기울여 오고 있습니다.

특히, 교육환경의 변화와 이에 따른 교육현장의 요구를 최대한 수용하여 학교 교육을 보충·심화할 수 있도록 다양한 교재와 프로그램을 새롭게 개발하고 있습니다.

이러한 노력의 일환으로 IPTV교육방송은 고등학교에서 연차적으로 실시되고 있는 개정 교육과정 및 교과도서를 철저히 분석하여, 방송교재와 프로그램에 충실히 반영함으로써 세분화·전문화된 교재와 방송 프로그램을 개발하고 있습니다.

또한, IPTV교육방송 홈페이지를 통해 언제 어디서나 손쉽게 볼 수 있도록 하여 학교나 가정에서 반복 학습이 가능하도록 하였습니다.

앞으로도, IPTV교육방송은 가정경제의 위기 속에, 날로 심각해지는 국민 사교육비 부담을 덜어주고 공교육의 정상화를 위한 다각적인 노력을 기울이며, 공영방송으로서의 새로운 비전을 제시할 수 있도록 최선을 다하겠습니다.

2014년 1월

c·o·n·t·e·n·t

I.
행렬과 그래프

1. 행렬의 뜻

수나 문자를 행의 개수가 m, 열의 개수가 n인 직사각형 모양으로 배열하여 괄호로 묶은 것을 $m \times n$행렬이라 한다. $m \times n$행렬 A의 제 i행과 제 j열이 만나는 곳에 있는 성분을 행렬 A의 (i, j)성분이라 하고 a_{ij}로 나타낸다.

$$A = \begin{pmatrix} a_{11} & a_{12} & \cdots & a_{1n} \\ a_{21} & a_{22} & \cdots & a_{2n} \\ \vdots & \vdots & \cdots & \vdots \\ a_{m1} & a_{m2} & \cdots & a_{mn} \end{pmatrix}$$

2. 행렬의 성질

같은 꼴의 행렬 A, B, C 에 대하여

(1) $A = \begin{pmatrix} a & b \\ c & d \end{pmatrix}$, $B = \begin{pmatrix} p & q \\ r & s \end{pmatrix}$일 때, $A = B$이면 $a = p,\ b = q, c = r,\ d = s$

(2) $A \pm B = (a_{ij} + b_{ij})$

(3) 교환법칙 : $A + B = B + A$

(4) 결합법칙 : $A + (B + C) = (A + B) + C$

3. 행렬의 곱셈의 성질

(1) 행렬의 곱셈의 정의

$$A = \begin{pmatrix} a_{11} & a_{12} \\ a_{21} & a_{22} \end{pmatrix}, \ B = \begin{pmatrix} b_{11} & b_{12} \\ b_{21} & b_{22} \end{pmatrix}일\ 때, \ AB = \begin{pmatrix} a_{11}b_{11} + a_{12}b_{21} & a_{11}b_{12} + a_{12}b_{22} \\ a_{21}b_{11} + a_{22}b_{21} & a_{21}b_{12} + a_{22}b_{22} \end{pmatrix}$$

즉, $(m \times n$행렬$) \times (n \times l$행렬$) = m \times l$행렬

(2) 행렬의 곱셈의 성질

합과 곱이 정의되는 행렬 A, B, C 와 실수 k에 대하여
- 결합법칙 : $(AB)C = A(BC)$
- 분배법칙 : $(A + B)C = AC + BC,\ A(B + C) = AB + AC$
- 실 수 배 : $(kA)B = A(kB) = k(AB)$

단위행렬 : $E = \begin{pmatrix} 1 & 0 \\ 0 & 1 \end{pmatrix}, \begin{pmatrix} 1 & 0 & 0 \\ 0 & 1 & 0 \\ 0 & 0 & 1 \end{pmatrix}, \ E^n = E \ (n$은 자연수$)$,

$$AE = EA = A \ (E는\ 곱셈에\ 대한\ 항등원)$$

(3) 항등원 $A + O = O + A = A$ 즉, 행렬 O는 덧셈에 대한 항등원

(4) 역원 $A + (= A) = (= A) + A = 0$ 즉, $-A$는 A의 덧셈에 대한 역원

(5) 행렬의 실수배

$$A = \begin{pmatrix} a_{11} & a_{12} \\ a_{21} & a_{22} \end{pmatrix}일\ 때, \ kA = \begin{pmatrix} ka_{11} & ka_{12} \\ ka_{21} & ka_{22} \end{pmatrix} \ (단, \ k는\ 임의의\ 실수)$$

(6) $1 \times A = A$

(7) $(-a) \times A = A$

(8) $k \times O = O$(단, k는 실수, O는 0행렬)

(9) $O \times A = O$

(10) 분배법칙 $(k+l)A = kA + lA$(단, k, l는 실수)
$$k(A+B) = kA + kB$$

→ 행렬을 곱셈할 때 주의사항
$AB \neq BA,\ (A+B)^2 \neq A^2 + 2AB + B^2,\ (AB)^2 \neq A^2B^2$
$AO = OA = O, AB = O$이면 $A = O$ 또는 $B = O$이 성립하지 않는다.
A, B는 이차 정사각행렬, O는 0행렬

→ 행렬의 거듭제곱
$A^1 = A, A^2 = AA, A^3 = A^2A, \cdots, A^n = A^{n-1}A(n \geq 2$인 자연수)

→ 케일리-해밀턴의 정리
행렬 $A = \begin{pmatrix} a & b \\ c & d \end{pmatrix}$에 대하여, $A^2 - (a+d)A + (ad-bc)E = 0$

보기 1 행렬의 (i, j)성분 $a_{ij} = i + j - 1(i = 1, 2,\ j = 1, 2, 3)$인 행렬을 구하여라.

:: 풀이 :: 구하는 행렬은 2x3행렬이므로 $\begin{pmatrix} a_{11} & a_{12} & a_{13} \\ a_{21} & a_{22} & a_{23} \end{pmatrix}$의 꼴이다.

$a_{11} = 1, a_{12} = 2, a_{13} = 3, a_{21} = 2, a_{22} = 3, a_{23} = 4$이므로 구하는 행렬은 $\begin{pmatrix} 1 & 2 & 3 \\ 2 & 3 & 4 \end{pmatrix}$이다.

보기 2 다음의 등식을 만족시키는 x, y, z, u의 값을 구하여라.

$$\begin{pmatrix} 2x & 8 \\ \frac{z}{3} & 2 \end{pmatrix} = \begin{pmatrix} 6 & x+y \\ 4 & z-u \end{pmatrix}$$

:: 풀이 :: $2x = 6, x + y = 8, \frac{z}{3} = 4, z - u = 2$에서 $x = 3,\ y = 5,\ z = 12,\ u = 10$이다.

보기 3 (1) $2\begin{pmatrix} 4 & -3 \\ 2 & 1 \end{pmatrix} + 3\begin{pmatrix} -1 & 3 \\ -2 & 0 \end{pmatrix}$을 계산하여라.

(2) $(3\ 4)\begin{pmatrix} 7 \\ 10 \end{pmatrix}$를 계산하여라.

:: 풀이 :: (1) (주어진 식) $= \begin{pmatrix} 8 & -6 \\ 4 & 2 \end{pmatrix} + \begin{pmatrix} -3 & 9 \\ -6 & 0 \end{pmatrix} = \begin{pmatrix} 5 & 3 \\ -2 & 2 \end{pmatrix}$

(2) (주어진 식) $= 3 \cdot 7 + 4 \cdot 10 = 21 + 40 = 61$

보기 4 행렬 $A = \begin{pmatrix} 2 & 0 \\ 1 & -3 \end{pmatrix}$이고 $A^2 - mA = 6E$를 만족할 때, 상수 m의 값을 구하여라.

(단, E는 단위행렬)

:: 풀이 :: 케일리-해밀턴의 정리를 이용하면 $A^2 - (2 + (-3))A + (2 \cdot (-3) - 0 \cdot 1)E = 0$이므로

$A^2 + A - 6E = 0 \qquad \therefore m = -1$

이차 정사각행렬 A, B가

$$(A-B)^2 = \begin{pmatrix} 5 & 3 \\ 3 & 2 \end{pmatrix},\quad A^2+B^2 = \begin{pmatrix} 4 & 0 \\ 1 & 3 \end{pmatrix}$$을 만족할 때, 행렬 $(A+B)^2$의 모든 성분의 합은?

① 1   ② 3   ③ 5   ④ 7   ⑤ 9

✏️ 힌트 / $(A-B)^2 = A^2-AB-BA+B^2$을 이용한다.

:: 풀이 :: $(A-B)^2 = A^2-AB-BA+B^2 = \begin{pmatrix} 5 & 3 \\ 3 & 2 \end{pmatrix}$

$$\therefore AB+BA = \begin{pmatrix} 4 & -0 \\ 1 & 3 \end{pmatrix} - \begin{pmatrix} 5 & 3 \\ 3 & 2 \end{pmatrix} = \begin{pmatrix} -1 & -3 \\ -2 & 1 \end{pmatrix}$$

$$(A+B)^2 = A^2+AB+BA+B^2 = (A^2+B^2)+(AB+BA) = \begin{pmatrix} 4 & 0 \\ 1 & 3 \end{pmatrix} + \begin{pmatrix} -1 & -3 \\ -2 & 1 \end{pmatrix} = \begin{pmatrix} 3 & -3 \\ -1 & 4 \end{pmatrix}$$

따라서 $(A+B)^2$의 모든 성분의 합은 $3-3-1+4=3$

정답 ②

등식 $\begin{pmatrix} -1 & x \\ 0 & 3 \end{pmatrix} + \begin{pmatrix} 3 & 1 \\ 0 & 2y \end{pmatrix} = \begin{pmatrix} 2 & 6 \\ 0 & -3 \end{pmatrix}$을 만족시키는 실수 x, y에 대하여 xy의 값을 구하면?

① -3 ② -15 ③ 1   ④ 3   ⑤ 15

✏️ 힌트 / $\begin{pmatrix} a & b \\ c & d \end{pmatrix} + \begin{pmatrix} a' & b' \\ c' & d' \end{pmatrix} = \begin{pmatrix} a+a' & b+b' \\ c+c' & d+d' \end{pmatrix}$를 이용한다.

:: 풀이 :: 좌변을 정리하면 $\begin{pmatrix} 2 & x+1 \\ 0 & 3+2y \end{pmatrix} = \begin{pmatrix} 2 & 6 \\ 0 & -3 \end{pmatrix}$

즉, $x+1=6,\ 3+2y=-3$에서 $x=5,\ y=-3$

$\therefore xy = -15$

정답 ②

행렬 A가 $A = \begin{pmatrix} 1 & -2 \\ 1 & -1 \end{pmatrix}$일 때, A^{62}은?(단, O는 영행렬이고, E는 단위행렬이다.)

① $-E$ ② E ③ O ④ $-A$ ⑤ A

✏️ 힌트 / 단위행렬 E가 나올 때까지 $A^2,\ A^3,\ A^4,\ \cdots$를 구해 본다.

:: 풀이 :: $A^2 = \begin{pmatrix} 1 & -2 \\ 1 & -1 \end{pmatrix} \begin{pmatrix} 1 & -2 \\ 1 & -1 \end{pmatrix} = \begin{pmatrix} -1 & 0 \\ 0 & -1 \end{pmatrix} = -E$

$A^{62} = (A^2)^{31} = (-E)^{31} = -E$

정답 ①

1. 역행렬의 정의

정사각행렬 A에 대하여 $AX = XA = E$를 만족하는 행렬 X가 존재할 때, X를 A의 역행렬이라 하고 A^{-1}로 나타낸다.

$AA^{-1} = A^{-1}A = E$ (이 때, $X = A^{-1}$, $A = X^{-1}$)

2. 2X2행렬의 역행렬을 구하는 방법

행렬 $A = \begin{pmatrix} a & b \\ c & d \end{pmatrix}$에서 $D = ad - bc$라 하면

① A의 역행렬이 존재할 조건 $D \neq 0$

② $D \neq 0$이면 $A^{-1} = \dfrac{1}{D} \begin{pmatrix} d & -b \\ -c & a \end{pmatrix}$

③ $D = 0$이면 A의 역행렬은 존재하지 않는다. 이 때, D를 특히 행렬식이라 한다.

3. 역행렬의 성질

① $(A^{-1})^{-1} = A$

② $E^{-1} = E$

③ $(AB)^{-1} = B^{-1}A^{-1}$

④ $(A^m)^{-1} = (A^{-1})^m$ (단, m은 자연수)

⑤ $(kA)^{-1} = \dfrac{1}{k}A^{-1}$

⑥ $AX = B$면 $X = A^{-1}B$, $XA = B$이면 $X = BA^{-1}$

4. 연립방정식과 행렬

(1) $\begin{cases} ax + by = p \\ cx + dy = q \end{cases}$ $\Leftrightarrow$ $\begin{pmatrix} a & b \\ c & d \end{pmatrix}\begin{pmatrix} x \\ y \end{pmatrix} = \begin{pmatrix} p \\ q \end{pmatrix}$

(2) $D \neq 0$일 때 연립방정식은 오직 한 쌍의 해를 가진다. 이 때, $\begin{pmatrix} x \\ y \end{pmatrix} = \begin{pmatrix} a & b \\ c & d \end{pmatrix}^{-1}\begin{pmatrix} p \\ q \end{pmatrix}$

(3) $D = 0$일 때

　① 해가 무수히 많은 경우(부정)

　② 해가 없는 경우(불능)

보기 1 행렬 $A = \begin{pmatrix} 4 & 5 \\ 3 & 3 \end{pmatrix}$의 역행렬을 구하여라.

:: 풀이 :: $D = 4 \times 3 - 5 \times 3 = -3 \neq 0$이므로 역행렬이 존재하고

$$A^{-1} = \frac{1}{-3}\begin{pmatrix} 3 & -5 \\ -3 & 4 \end{pmatrix} = \begin{pmatrix} -1 & \frac{5}{3} \\ 1 & -\frac{4}{3} \end{pmatrix}$$

보기 2 행렬 $\begin{pmatrix} 1-k & 2 \\ 2 & 1-k \end{pmatrix}\begin{pmatrix} x \\ y \end{pmatrix} = \begin{pmatrix} 0 \\ 0 \end{pmatrix}$에 대하여 이 연립방정식이 오직 하나의 해를 갖기 위한 k의 조건을 구하고 그 해를 구하여라.

:: 풀이 :: $D \neq 0$이므로 $(1-k)^2 - 4 \neq 0$ 즉, 오직 하나의 해를 갖기 위한 k의 조선은 $k \neq 3$, $k \neq -1$이다.

🔊 **예제 1**

역행렬이 존재하는 두 행렬 A와 B가 $A = \begin{pmatrix} 5 & 2 \\ 7 & 3 \end{pmatrix}B$를 만족시킬 때, 행렬 $AB^{-1} + BA^{-1}$의 모든 성분의 합을 구하면?

① 12　　　② 14　　　③ 16　　　④ 18　　　⑤ 20

✏️ 힌트 / $(AB)^{-1} = B^{-1}A^{-1}$임을 이용한다.

:: 풀이 :: $A = \begin{pmatrix} 5 & 2 \\ 7 & 3 \end{pmatrix}B$에서 $AB^{-1} = \begin{pmatrix} 5 & 2 \\ 7 & 3 \end{pmatrix}$이므로

$$(BA)^{-1} = (AB^{-1})^{-1} = \begin{pmatrix} 5 & 2 \\ 7 & 3 \end{pmatrix}^{-1}$$

$$\therefore AB^{-1} + BA^{-1} = \begin{pmatrix} 5 & 2 \\ 7 & 3 \end{pmatrix} + \begin{pmatrix} 5 & 2 \\ 7 & 3 \end{pmatrix}^{-1}$$

$$= \begin{pmatrix} 5 & 2 \\ 7 & 3 \end{pmatrix} + \begin{pmatrix} 3 & -2 \\ -7 & 5 \end{pmatrix} = \begin{pmatrix} 8 & 0 \\ 0 & 8 \end{pmatrix}$$

따라서, 모든 성분의 합은 $8 + 8 = 16$

정답 ③

$\begin{cases} 2x+5y=kx \\ 3x+4y=ky \end{cases}$ 에서 $x=y=0$이외에 $x>0,\ y>0$을 만족하는 근을 갖도록 하는 k의 값은?

① -4 ② -1 ③ 3 ④ 5 ⑤ 7

✎힌트 / $\begin{pmatrix} a & b \\ c & d \end{pmatrix}\begin{pmatrix} x \\ y \end{pmatrix}=\begin{pmatrix} 0 \\ 0 \end{pmatrix}$에서 $x=y=0$ 이외의 해가 존재할 조건은 $D=ad-bc=0$

:: 풀이 :: $\begin{pmatrix} 2-k & 5 \\ 3 & 4-k \end{pmatrix}\begin{pmatrix} x \\ y \end{pmatrix}=\begin{pmatrix} 0 \\ 0 \end{pmatrix}$에서 $x=y=0$ 이외의 해가 존재(부정)하려면 $D=0$ 이어야 한다.

즉, $D=(2-k)(4-k)-3\times5=0$

$k=-1,\ 7$

$k=-1$일 때, $3x+5y=0$ 이므로 해가 존재하지 않는다.

$k=7$일 때 $x-y=0$ 이므로 해가 존재한다.

정답 ⑤

역행렬을 갖는 이차 정사각행렬 A,B에 대하여 〈보기〉 중 옳은 것을 고른 것은?
(단, O는 영행렬, E는 단위행렬이다.)

보기	
ㄱ. $A(A^{-1}-B^{-1})B=B-A$	ㄴ. $AB=E$이면 $A^2B^2=E$
ㄷ. $(B^{-1}AB)^3=BA^3-B^{-1}$	ㄹ. $A^2-A+E=0$이면 $A^{-1}=A^2$

① ㄱ, ㄴ   ② ㄱ, ㄷ   ③ ㄴ, ㄷ   ④ ㄴ, ㄹ   ⑤ ㄷ, ㄹ

✎힌트 / $AA^{-1}=E,\ B^{-1}B=E$ 임을 이용한다.

:: 풀이 :: ㄱ. $A(A^{-1}-B^{-1})B=AA^{-1}B=AB^{-1}B=B-A$

ㄴ. $A^2B^2=AABB=AEB=AB=E$

ㄷ. $(B^{-1}AB)^3=(B^{-1}AB)(B^{-1}AB)(B^{-1}AB)=B^{-1}A(BB^1)A(BB^{-1})AB=B^{-1}A^3B$

ㄹ. $A^2=A-E$이므로 $A^3=A^2-A=(A-E)-A=-E$ $\therefore A^{-1}=-A^2$

정답 ①

1. 그래프

(1) 그래프 : 점과 선으로 이루어진 그림을 말한다.

(2) 꼭짓점 : 그래프에서의 점을 말한다.

(3) 변 : 그래프에서 두 꼭짓점을 연결한 선을 말한다.

(4) 경로와 회로 : 그래프의 한 꼭짓점에서 출발하여 한 번 지나간 변은 다시 지나지 않으면서 변을 따라 다른 꼭짓점으로 이동할 때 순서대로 꼭짓점을 나열한 것을 경로라 하고 출발점과 끝점이 같은 경로를 회로라 한다.

(5) 꼭짓점의 차수

그래프에서 한 꼭짓점에 연결된 변의 개수

그래프의 변의 개수 × 2 = 꼭짓점의 차수의 합

2. 그래프와 행렬

(1) 인접행렬 : 그래프의 꼭짓점이 n개일 때 두 꼭짓점 i, j를 연결하는 변의 개수를 (i, j)성분으로 하는 $n \times n$ 행렬을 인접행렬이라 한다.

(2) 그래프와 인접행렬 : 두 꼭짓점이 1개의 변으로 연결되어 있으면 1, 안 되었을 때는 0

보기 1 오른쪽 그림에서 꼭짓점과 변의 집합을 구하여라.

:: 풀이 :: 꼭짓점의 집합

{A, B, C, D, E, F, G}

변의 집합

{AB, BC, CD, DE, EF, FG, GB}

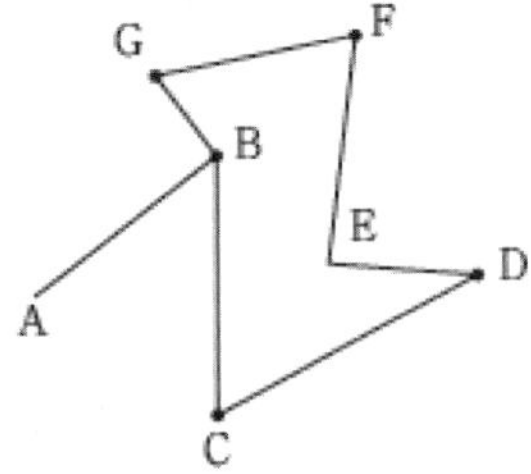

보기 2 오른쪽 그림에서 A에서 D로 가는 경로를 모두 구하여라.

:: 풀이 :: ABCD, ABED, AEBCD, AED

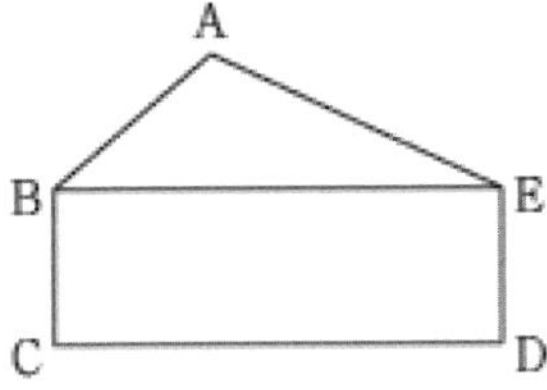

보기 3 꼭짓점이 6개인 그래프에서 각 꼭짓점에 연결된 변의 개수가 6, 4, 4, 3, 2, 1일 때, 이 그래프의 변의 개수를 구하여라.

① 8개 ② 10개 ③ 11개 ④ 12개 ⑤ 16개

:: 풀이 :: 변의 개수를 x라 하면 $6+4+4+3+2+1=2x$ $\therefore x=10$

정답 ②

그래프의 각 꼭짓점 사이의 연결 관계를 나타내는 행렬의 성분 중
1의 개수는?

① 8　　　　　② 10　　　　　③ 12
④ 14　　　　　⑤ 16

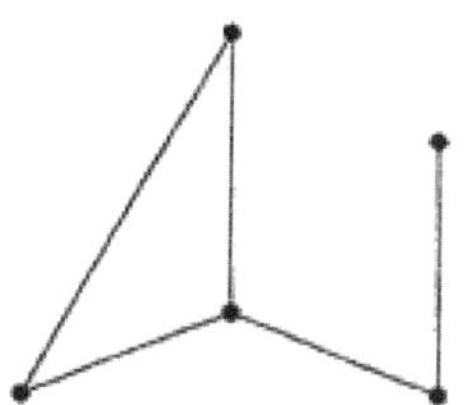

힌트 / 꼭짓점 사이의 연결 관계를 생각한다.

:: 풀이 :: (1)

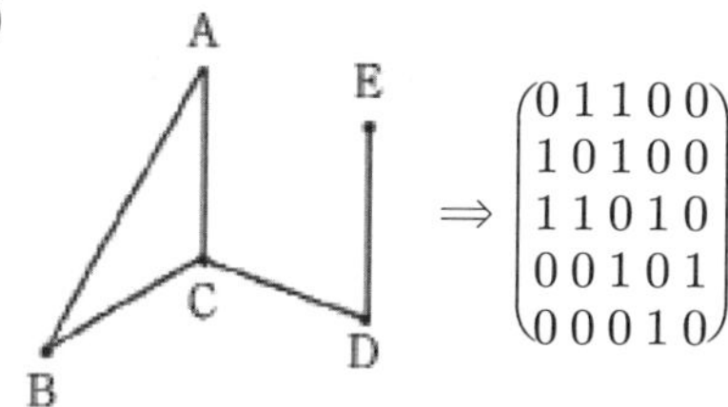

$$\Rightarrow \begin{pmatrix} 0 & 1 & 1 & 0 & 0 \\ 1 & 0 & 1 & 0 & 0 \\ 1 & 1 & 0 & 1 & 0 \\ 0 & 0 & 1 & 0 & 1 \\ 0 & 0 & 0 & 1 & 0 \end{pmatrix}$$

따라서 행렬의 성분 중 1의 개수는 10이다.

(2) 그래프의 각 꼭짓점 상의 연결 관계를 나타내는 행렬의 성분 중 1의 개수는 그래프의 변의 개수의
2배이므로 $5 \times 2 = 10$

정답 ②

꼭짓점이 5개인 그래프를 행렬로 나타낸 것이다.
꼭짓점 C에서 다른 한 꼭짓점을 지나 다시 꼭짓
점 C로 돌아오는 방법의 수를 r이라 할 때, 세
상수 p, q, r에 대하여 $p+q+r$의 값은?

① 2　　　　　② 3　　　　　③ 4
④ 5　　　　　⑤ 6

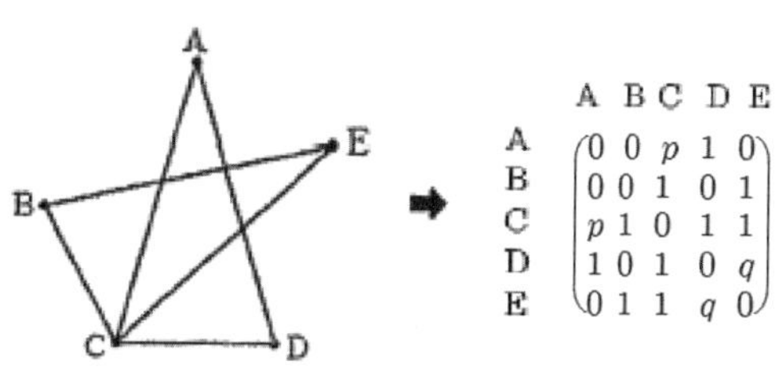

힌트 / 그래프를 행렬로 나타내어 미지수의 값을 구한다.

:: 풀이 :: 주어진 그래프를 행렬로 나타내면

$$\begin{array}{c} \\ A \\ B \\ C \\ D \\ E \end{array} \begin{array}{c} A\ B\ C\ D\ E \\ \begin{pmatrix} 0 & 0 & 1 & 1 & 0 \\ 0 & 0 & 1 & 0 & 1 \\ 1 & 1 & 0 & 1 & 1 \\ 1 & 0 & 1 & 0 & 0 \\ 0 & 1 & 1 & 0 & 0 \end{pmatrix} \end{array}$$ 이므로 $p = 1,\ q = 0$

또, 꼭짓점 C에서 다른 한 꼭짓점을 지나 다시 꼭짓점 C로 돌아오는 방법은
CAC, CBC, CDC, CEC이므로 $r = 4$　　　　　$\therefore p+q+r = 5$

정답 ④

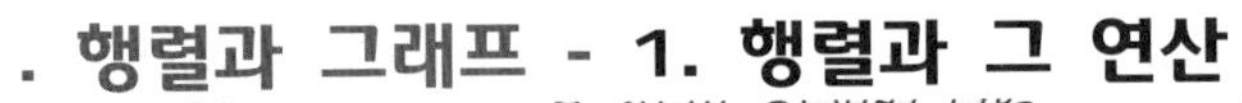

문제 A

01 2×3 행렬 A의 (i, j)성분이

$$a_{ij} = \begin{cases} i^2 & (i > j) \\ j - i & (i \leq j) \end{cases}$$ 일 때, 행렬 A를 구하여라.

02 육차정사각행렬 A의 (i, j) 성분 a_{ij}가 $a_{ij} = (i+1)(j+1)+1$일 때, 행렬 A의 성분 중 짝수의 개수를 구하여라.

03 등식 $\begin{pmatrix} x^2 - x & 4 \\ 4x & -2 \end{pmatrix} = \begin{pmatrix} x+3 & 4 \\ x^2+5y & y-1 \end{pmatrix}$을 만족시키는 x, y의 값을 각각 구하여라.

04 두 행렬 $A = \begin{pmatrix} 3 & -2 \\ 1 & 0 \end{pmatrix}$, $B = \begin{pmatrix} -3 & 1 \\ 2 & 1 \end{pmatrix}$에 대하여 다음 등식을 만족시키는 행렬 X를 구하여라.

(1) $X + 2(A - B) = 2X + B$

(2) $2(A - X) = A + B - X$

05 두 행렬 $A = \begin{pmatrix} 6 & -2 \\ 3 & 1 \end{pmatrix}$, $B = \begin{pmatrix} 2 & 5 \\ -1 & 2 \end{pmatrix}$에 대하여 등식 $2X + Y = A$, $X - 2Y = B$를 만족시키는 행렬 X, Y를 구하여라.

06 행렬 $A = \begin{pmatrix} 1 & 0 \\ 1 & 1 \end{pmatrix}$에 대하여 $A + A^2 + A^3 + \cdots + A^{10}$을 구하여라.

07 두 행렬 $A = \begin{pmatrix} 1 & 1 \\ 0 & 1 \end{pmatrix}$, $B = \begin{pmatrix} 2 & -3 \\ k & 2 \end{pmatrix}$ 에 대하여 $(A-B)^2 = A^2 - 2AB + B^2$이 성립할 때, k의 값을 구하여라.

08 $A = \begin{pmatrix} 1 & 3 \\ -1 & -2 \end{pmatrix}$에 대하여 $A^5 - 3A^2 + 5A$의 모든 성분의 합을 구하여라.

09 $A = \begin{pmatrix} 2 & -2 \\ 3 & -1 \end{pmatrix}$, $B = \begin{pmatrix} 1 & 2 \\ x & y \end{pmatrix}$가 $(A+B)(A-B) = A^2 - B^2$을 만족시킬 때, x, y 의 값을 각각 구하여라.

10 두 이차정사각행렬 A, B가 $A - B = \begin{pmatrix} 1 & 0 \\ 2 & 3 \end{pmatrix}$, $A^2 + B^2 = \begin{pmatrix} -2 & 1 \\ 0 & 1 \end{pmatrix}$을 만족시킬 때, $AB + BA$를 구하여라.

문제 B

01 두 집합 $X = \{1, 2, 3\}$, $Y = \{-1, 0, 1\}$ 에 대하여 두 함수 $f : X \to Y$, $g : X \to Y$를 다음과 같이 정의한다.

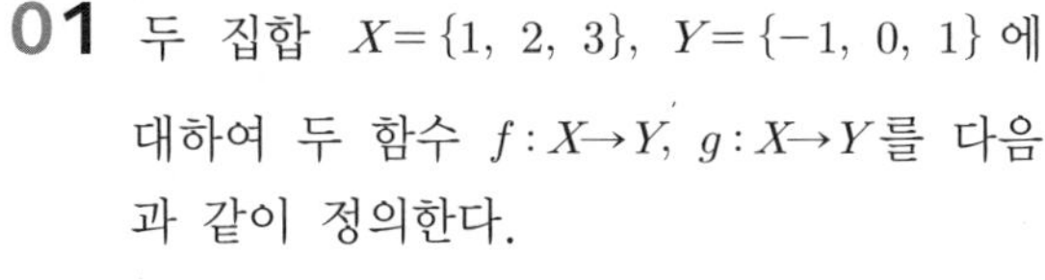

삼차 정사각행렬 $A = (a_{ij})$ 의 (i, j) 성분이 $a_{ij} = \{f(i)\}^2 \times g(j)$ 일 때, 행렬 A의 모든 성분의 합을 구하시오.

02 행렬 $X = \begin{pmatrix} a & b \\ c & d \end{pmatrix}$에 대하여 두 점 (a, b), (c, d)와 원점 $(0, 0)$을 세 꼭짓점으로 하는 삼각형의 넓이를 $S(X)$라 하자. 실수 t 에 대하여 행렬 $A = \begin{pmatrix} 1 & 0 \\ t & 0 \end{pmatrix}$일 때, $S(A^{2011})$의 값은?

① 0.5   ② 1
③ t ④ 0.5t
⑤ 2011t

03 모든 실수 x, y 에 대하여 다음 행렬의 곱 $(x, \ y)\begin{pmatrix} a & b \\ b & c \end{pmatrix}\begin{pmatrix} x \\ y \end{pmatrix}$ 의 성분이 음이 아닐 때, $(b-8)^2 + 3ac$ 의 최솟값을 구하시오. (단, $a > 0$, $c > 0$)

04 좌표평면 위의 점 (x, y)를 행렬 $\begin{pmatrix} x \\ y \end{pmatrix}$로 나타내기로 하자. 영역 $D=\{(x, y)|-1 \leq x \leq 1, -1 \leq y \leq 1\}$에 속하는 임의의 두 점 (a, b), (c, d)에 대응하는 행렬 $P=\begin{pmatrix} a \\ b \end{pmatrix}$, $Q=\begin{pmatrix} c \\ d \end{pmatrix}$에 대하여 $P+Q=\begin{pmatrix} s \\ t \end{pmatrix}$라 할 때, 점 (s, t)가 나타내는 영역의 넓이를 구하시오.

05 다음 세 조건을 만족시키는 영행렬이 아닌 모든 이차 정사각행렬 A, B에 대하여 B^3+2BA^3과 항상 같은 행렬은?(단, E는 단위행렬)

> (가) $AB=BA$
> (나) $(E-B)^2=E-B$
> (다) $AB=-B$

① $2A$ ② $-A$
③ E ④ $2B$
⑤ $-B$

06 이차정사각행렬 $A=\begin{pmatrix} a & b \\ c & d \end{pmatrix}$에 대하여 행렬 A^T를 $A^T=\begin{pmatrix} a & c \\ b & d \end{pmatrix}$라 정의하자. $B=\dfrac{1}{2}(A+A^T)$, $C=\dfrac{1}{2}(A-A^T)$일 때, 옳은 것만을 보기에서 있는 대로 고른 것은?

> **보기**
> ㄱ. $B^T=B$
> ㄴ. $C^T=-C$
> ㄷ. $(BC)^T=C^TB^T$

① ㄱ   ② ㄴ
③ ㄱ, ㄴ   ④ ㄴ, ㄷ
⑤ ㄱ, ㄴ, ㄷ

07 두 이차 정사각행렬 A, B에 대하여 $A+B=E$, $AB=O$일 때, 보기에서 옳은 것을 모두 고른 것은?(단, E는 단위행렬, O는 영행렬)

> **보기**
> ㄱ. $BA=O$
> ㄴ. $A^2+B^2=A+B$
> ㄷ. $(A+2B)^n=A+2^nB$
>   (단, n은 자연수)
> ㄹ. $(A+B)^n=A^n+B^n$
>   (단, n은 자연수)

① ㄱ, ㄴ   ② ㄱ, ㄷ
③ ㄱ, ㄴ, ㄷ   ④ ㄱ, ㄷ, ㄹ
⑤ ㄱ, ㄴ, ㄷ, ㄹ

08 이차정사각행렬 A, B에 대하여 옳은 것만을 보기에서 있는 대로 고른 것은? (단, O는 영행렬이다.)

> **보기**
> ㄱ. $(A-B)^2=O$이면 $(A-B)A=(A-B)B$이다.
> ㄴ. $(AB)^2=A^2B^2$이면 $AB=BA$이다.
> ㄷ. $AB=A$, $BA=B$이면 $(A+B)^2=2(A+B)$이다.

① ㄱ   ② ㄴ
③ ㄱ, ㄴ   ④ ㄱ, ㄷ
⑤ ㄴ, ㄷ

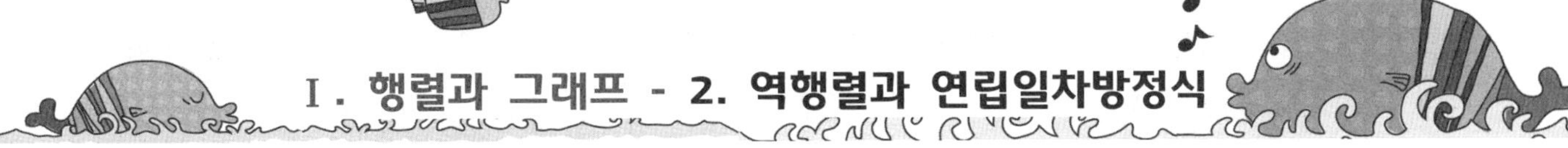

평가문제

문제 A

01 행렬 $A = \begin{pmatrix} 2-k & 3 \\ 2 & 1-k \end{pmatrix}$의 역행렬이 존재하지 않을 때, 실수 k의 값을 구하여라.

02 임의의 실수 x에 대하여 $A = \begin{pmatrix} x+2a & -1 \\ 1 & x+a \end{pmatrix}$의 역행렬이 존재할 때, 정수 a의 값을 모두 구하여라.

03 행렬 $A = \begin{pmatrix} a+1 & 4 \\ -2 & -3 \end{pmatrix}$에 대하여 $A = A^{-1}$일 때, 실수 a의 값을 구하여라.

04 행렬 $A = \begin{pmatrix} 3 & 2 \\ a & b \end{pmatrix}$에 대하여 $A^{-1} = -A + 4E$가 성립할 때, a, b의 값을 구하여라. (단, E는 단위행렬이다.)

05 A, B가 이차정사각행렬, E는 단위행렬, O는 영행렬일 때, 다음 보기 중 옳은 것만을 있는 대로 고른 것은?

보기

ㄱ. $A^2 - A = O$이고, $A \neq E$이면 $A = O$이다.

ㄴ. A, B의 역행렬이 존재하면 $A + B$의 역행렬도 존재한다.

ㄷ. AB의 역행렬이 존재하면 A, B 모두 역행렬이 존재한다.

① ㄱ   ② ㄴ

③ ㄷ   ④ ㄱ, ㄴ

⑤ ㄱ, ㄷ

06 이차정사각행렬 A, B, C에 대한 보기의 설명 중 옳은 것만 있는 대로 고른 것은?

> ㄱ. A^{-1}가 존재할 때,
> $\quad AB = AC$이면 $B = C$이다.
> ㄴ. A^{-1}, B^{-1}가 존재할 때,
> $\quad (AB)^{-1} = B^{-1}A - 1$이다.
> ㄷ. A^{-1}, B^{-1}중 적어도 하나가 존재
> $\quad$하면 AB의 역행렬이 존재한다.

① ㄱ ② ㄴ
③ ㄷ ④ ㄱ, ㄴ
⑤ ㄱ, ㄴ, ㄷ

07 연립일차방정식 $\begin{pmatrix} k & 5 \\ 17 & k \end{pmatrix}\begin{pmatrix} x \\ y \end{pmatrix} = \begin{pmatrix} y \\ x \end{pmatrix}$가

$x = 0$, $y = 0$ 이외의 해를 가질 때, 실수 k의 값을 구하여라.

08 순도가 55 %인 알루미늄 A와 순도가 80 %인 알루미늄 B를 녹여서 순도가 70 %인 알루미늄 20 kg을 만들려고 한다. 필요한 알루미늄 A와 B의 무게를 각각 x kg과 y kg이라고 할 때, 다음 물음에 답하여라.

(1) x와 y에 대한 연립일차방정식을 만들어라.

(2) 역행렬을 이용하여 (1)의 연립일차방정식을 풀어라.

09 연립일차방정식 $\begin{pmatrix} 2 & -3 \\ -4 & 6 \end{pmatrix}\begin{pmatrix} x \\ y \end{pmatrix} = \begin{pmatrix} k \\ 2 \end{pmatrix}$의 해가

무수히 많을 때, 상수 k의 값은?

① -2 ② -1
③ 0 ④ 1
⑤ 2

문제 B

01 연립일차방정식 $\begin{pmatrix} 3 & 1 \\ 4 & 1 \end{pmatrix}\begin{pmatrix} x \\ y \end{pmatrix} = k\begin{pmatrix} x \\ y \end{pmatrix}$가

$x = 0$, $y = 0$ 이외의 해를 가지도록 하는 상수 k의 값을 α, β라고 한다. 이때, $\alpha^2 + \beta^2$의 값을 구하여라.

02 행렬 $A = \begin{pmatrix} 1 & -1 \\ 0 & 1 \end{pmatrix}$과 자연수 n에 대하여 연립방정식

$$A\begin{pmatrix} x \\ y \end{pmatrix} + A^2\begin{pmatrix} x \\ y \end{pmatrix} + A^3\begin{pmatrix} x \\ y \end{pmatrix} + \cdots + A^n\begin{pmatrix} x \\ y \end{pmatrix} = \begin{pmatrix} 5 \\ 10 \end{pmatrix}$$

의 해가 $x = 7$, $y = 2$일 때, n의 값을 구하여라.

03 다음 그림에서 두 직선 l, m의 교점 $\mathrm{P}(s,\ t)$를 행렬을 이용하여 다음과 같이 구하였다.

$$\binom{s}{t}=\begin{pmatrix} a & b \\ c & d \end{pmatrix}\binom{2}{12}$$

이때, 행렬 $\begin{pmatrix} a & b \\ c & d \end{pmatrix}^{-1}$의 모든 성분의 합을 구하여라.

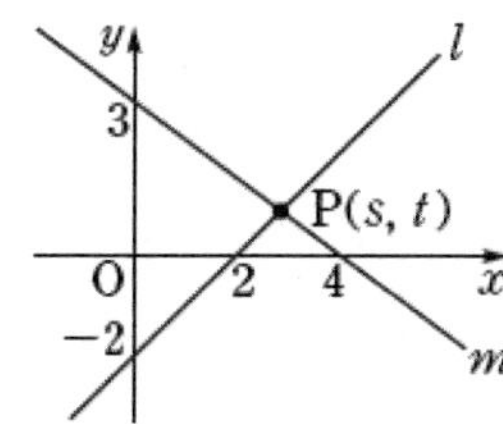

04 연립일차방정식 $\begin{pmatrix} k & 2 \\ 8 & k \end{pmatrix}\binom{x}{y}=\binom{0}{0}$이 $xy>0$인 해를 가질 때, 상수 k의 값을 구하여라.

05 임의의 실수 x에 대하여

행렬 $A=\begin{pmatrix} x & 1 \\ -1 & x \end{pmatrix}\begin{pmatrix} 2x & x-1 \\ bx+b & 2x+a-1 \end{pmatrix}$이 역행렬이 존재하도록 하는 실수 a, b에 대하여 점 $(a,\ b)$가 나타내는 영역의 넓이를 구하여라.(단, $b\ne 4$이다.)

06 두 집합

$$A=\{(x,\ y)\ \big|\ |x|+|y|=4\}$$
$$B=\left\{(x,\ y)\ \bigg|\ \begin{pmatrix} 3a & -2b \\ b & a \end{pmatrix}\binom{x}{y}=\binom{ax}{10y}\right\}$$

에 대하여 $n(A\cap B)\ge 1$이 되도록 하는 두 실수 a, b의 값을 정할 때, $4a+3b$의 최댓값을 구하시오.(단, $n(X)$는 집합 X의 원소의 개수이다.)

07 점 $A(a,\ b)$가 부등식 $0\le a\le 3$, $0\le b\le 3$이 나타내는 영역에 속하는 점이고, 행렬 $X=\begin{pmatrix} 2 & k \\ b & a \end{pmatrix}$가 역행렬을 갖지 않을 때, 점 $A(a,\ b)$가 나타내는 도형의 길이를 $f(k)$라 하자. 이때 $f(k)$의 최댓값을 구하여라.(단, $k>0$)

08 두 이차정사각행렬 A, B에 대하여

$A-ABA=E$인 관계가 성립할 때, 항상 옳은 것만을 보기에서 있는 대로 고른 것은?(단 E는 단위행렬이다.)

> **보기**
> ㄱ. A^{-1}가 존재한다.
> ㄴ. B^{-1}가 존재한다.
> ㄷ. $AB=BA$

① ㄱ ② ㄴ
③ ㄱ, ㄴ ④ ㄱ, ㄷ
⑤ ㄱ, ㄴ, ㄷ

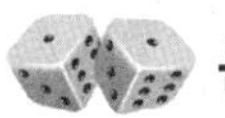 **문제 A**

01 다음 그래프 중 서로 같은 것끼리 짝 지어라.

(1)

(2)

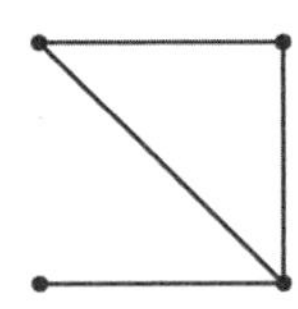

(3)

(4)

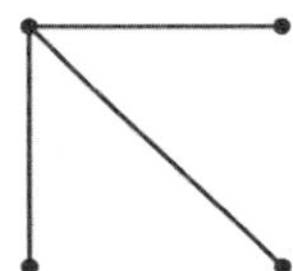

02 다음 행렬이 나타내는 그래프를 그리고, 변의 개수를 구하여라.

(1) $\begin{pmatrix} 0 & 1 & 0 & 1 & 0 \\ 1 & 0 & 1 & 0 & 1 \\ 0 & 1 & 0 & 1 & 0 \\ 1 & 0 & 1 & 0 & 1 \\ 0 & 1 & 0 & 1 & 0 \end{pmatrix}$

(2) $\begin{pmatrix} 0 & 1 & 1 & 1 & 1 & 1 \\ 1 & 0 & 0 & 1 & 1 & 1 \\ 1 & 0 & 0 & 0 & 1 & 0 \\ 1 & 1 & 0 & 0 & 0 & 1 \\ 1 & 1 & 1 & 0 & 0 & 0 \\ 1 & 1 & 0 & 1 & 0 & 0 \end{pmatrix}$

03 다음 그래프에서 꼭짓점 A에서 출발하여 다른 네 꼭짓점을 모두 거쳐 A로 돌아오는 경로의 수를 구하여라.

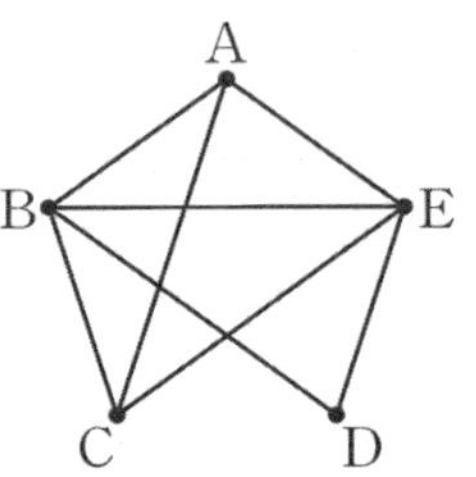

04 다음 그래프에 대하여 꼭짓점 P에서 꼭짓점 S로 가는 서로 다른 경로 중 변의 개수가 3인 경로의 개수는?

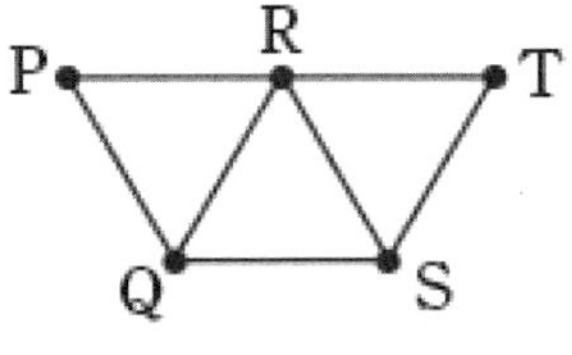

① 1   ② 2

③ 3   ④ 4

⑤ 5

05 다음 그래프에서 꼭짓점 사이의 연결 관계를 나타내는 행렬을 구하여라.

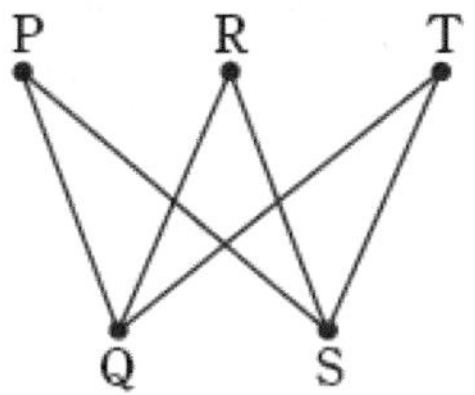

06 다음 그래프는 네 개의 도시 A, B, C, D 사이의 도로 상태를 나타낸 것이다. 다음 물음에 답하여라.

(1) 그래프의 인접행렬 P를 구하여라.

(2) 행렬 P를 이용하여 행렬 P^2을 구하고, 이를 이용하여 도시 A에서 한 도시만을 거쳐 도시 C로 이동할 수 있는 방법의 수를 구하여라.

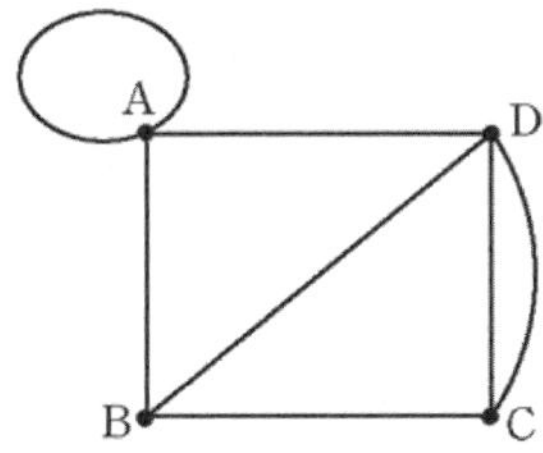

문제 B

01 한 꼭짓점에서 자기 자신으로 가는 변이 없고, 두 꼭짓점 사이에 많아야 한 개의 변이 존재하는 꼭짓점이 n개인 그래프의 두 꼭짓점을 잇는 변의 개수를 성분으로 하는 행렬을 A라 할 때, 항상 옳은 것만을 보기에서 있는 대로 고른 것은?

ㄱ. 행렬 A의 모든 성분의 합은 2의 배수이다.

ㄴ. 행렬 A의 각 행의 성분의 합이 n인 경우가 있다.

ㄷ. 행렬 A의 모든 성분의 합을 k라 하면 $0 \le k \le n(n-1)$을 만족한다.

① ㄱ ② ㄱ, ㄴ
③ ㄱ, ㄷ ④ ㄴ, ㄷ
⑤ ㄱ, ㄴ, ㄷ

02 꼭짓점이 a, b, c, d, e인 그래프 G를 나타내는 행렬 A에 대하여 오른쪽 행렬은 A^2을 나타낸 것이다. 꼭짓점 a에서 세 개의 변을 지나 꼭짓점 c로 가는 방법의 수를 구하시오.(단, 행렬 A는 1행 1열에 꼭짓점 a를 대응시키고 b, c, d, e의 순서로 행과 열을 정한 것이다.)

$$A^2 = \begin{pmatrix} 4 & 2 & 3 & 3 & 2 \\ 2 & 3 & 2 & 2 & 3 \\ 3 & 2 & 4 & 3 & 2 \\ 3 & 2 & 3 & 4 & 2 \\ 2 & 3 & 2 & 2 & 3 \end{pmatrix}$$

03 그래프 G는 1, 2, 3, 4, 5, 6, 7, 8을 꼭짓점으로 하고, 약수 또는 배수 관계에 있는 서로 다른 두 꼭짓점을 연결한 선 모두를 변으로 한다. 그래프 G에서 차수가 3인 꼭짓점의 개수는?

① 1   ② 2

③ 3   ④ 4

⑤ 5

04 다음은 5개의 꼭짓점이 a, b, c, d, e인 어느 그래프의 인접행렬이다.

$$\begin{array}{c@{}c} & \begin{array}{ccccc} a & b & c & d & e \end{array} \\ \begin{array}{c} a \\ b \\ c \\ d \\ e \end{array} & \left(\begin{array}{ccccc} 0 & 1 & 1 & 1 & 0 \\ 1 & 0 & 1 & 0 & 1 \\ 1 & 1 & 0 & 1 & 1 \\ 1 & 0 & 1 & 0 & 1 \\ 0 & 1 & 1 & 1 & 0 \end{array}\right) \end{array}$$

이 그래프에 대한 보기의 설명에서 옳은 것을 모두 고른 것은?

ㄱ. 변의 개수는 8이다.

ㄴ. 차수가 3인 꼭짓점의 개수는 4이다.

ㄷ. 꼭짓점 a와 꼭짓점 c를 잇는 두 개의 변으로 이루어진 경로의 개수는 2이다.

① ㄱ   ② ㄷ

③ ㄱ, ㄴ   ④ ㄴ, ㄷ

⑤ ㄱ, ㄴ, ㄷ

05 네 개의 꼭짓점 v_1, v_2, v_3, v_4를 갖는 그래프 G의 두 꼭짓점 v_i와 v_j를 잇는 변의 개수를 (i, j) 성분으로 하는 행렬을 M이라 할 때, 행렬 M이 나타내는 그래프 G는 다음과 같다.

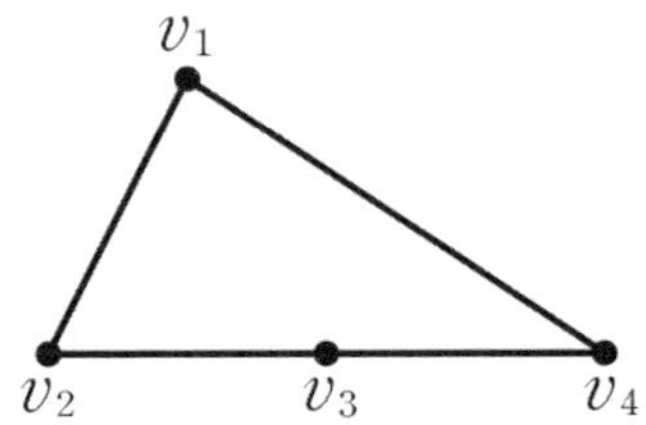

행렬 $M^2 = \begin{pmatrix} a & b & c & d \\ b & e & f & g \\ c & f & h & i \\ d & g & i & j \end{pmatrix}$ 일 때, 〈보기〉에서 옳은 것만을 있는 대로 고른 것은?

ㄱ. $a+e+h+j=8$

ㄴ. 행렬 M^2의 모든 성분은 짝수이다.

ㄷ. 행렬 M^2의 성분 중 최솟값은 2, 최댓값은 4이다.

① ㄱ   ② ㄱ, ㄴ

③ ㄱ, ㄷ   ④ ㄴ, ㄷ

⑤ ㄱ, ㄴ, ㄷ

 **memo**

Ⅱ.
지수함수와
로그함수

1. 거듭제곱

a를 n번 곱한 것을 a의 n제곱이라 하고 a^n으로 나타낸다.

또한, n제곱해서 a가 되는 수, 곧 $x^n = a$를 만족시키는 x를 a의 n제곱근이라 한다.

2. a의 n제곱근과 $\sqrt[n]{a}$의 관계

(1) n이 홀수이고 a가 실수일 때 a의 n제곱근이 되는 실수는 오직 한 개이며 $\sqrt[n]{a}$로 나태난다.

(2) n이 짝수이고 $a > 0$일 때는 a의 n제곱근이 되는 실수는 $\sqrt[n]{a}$, $-\sqrt[n]{a}$ 두 개가 있다.

　　n이 짝수이고 $a < 0$일 때는 n제곱근이 되는 실수는 없다.

3. 지수의 정의

a를 실수, m, n을 양의 정수라 할 때

(1) $a^0 = 1$(단, $a \neq 0$)

(2) $a^{-n} = \dfrac{1}{a^n}$(단, $a \neq 0$)

(3) $\sqrt[m]{a^n} = a^{\frac{n}{m}}$(단, m이 짝수, n이 홀수일 때는 $a \geq 0$)

4. 확장된 지수법칙

$a > 0$, $b > 0$이고, m, n이 유리수일 때

(1) $a^m \times a^n = a^{m+n}$　　　　(2) $a^m \div a^n = a^{m-n}$

(3) $(a^m)^n = a^{mn}$　　　　(4) $(ab)^n = a^n \cdot b^n$

(5) $\left(\dfrac{b}{a}\right)^n = \dfrac{b^n}{a^n}$

보기 1 다음을 간단히 하여라.

　　(1) $(a^3)^5 \times (a^2)^4$　　　　(2) $\sqrt{a^3} \times \sqrt[4]{a^3} \div \sqrt[4]{a}$

:: 풀이 :: (1) (주어진 식) $= a^{15} \times a^8 = a^{23}$

　　(2) (주어진 식) $= a^{\frac{3}{2}} \times a^{\frac{3}{4}} \div a^{\frac{1}{4}} = a^{\frac{3}{2}+\frac{3}{4}-\frac{1}{4}} = a^2$

보기 2 다음 거듭제곱근 중에서 실수인 것을 구하여라.

　　(1) 9의 제곱근　　　　(2) 27의 3제곱근

:: 풀이 :: (1) $x^2 = 9$에서 $x = \pm 3$　　　　(2) $x^3 = 27$에서 $x = 3$

보기 3 다음 값을 구하여라.

(1) $\sqrt[3]{64}$ (2) $\sqrt[4]{81}$

(3) $\sqrt[5]{-\dfrac{32}{243}}$ (4) $\sqrt{108}$

(5) $(\sqrt[6]{25})^3$ (6) $\sqrt{\sqrt[3]{64}}$

:: 풀이 :: (1) $\sqrt[3]{64}=x$ 라 놓고 양변을 세제곱하면 $4^3=x^3\,(x>0)$ $\therefore x=4$

(2) $\sqrt[4]{81}=x$ 라 하면 $\sqrt[4]{3^4}=x\,(x>0)$ 양변을 네제곱하면 $3^4=x^4$ $\therefore x=3$

(3) $\sqrt[5]{-\dfrac{32}{243}}=x$ 라 하면 $\sqrt[5]{-\dfrac{2^5}{3^5}}=x\,(x>0)$ 양변을 다섯제곱하면 $\left(-\dfrac{2}{3}\right)^5=x^5$ $\therefore x=-\dfrac{2}{3}$

(4) $\sqrt{108}=x$ 라 하면 $\sqrt{2^2\cdot 3^3}=x\,(x>0)$

$\therefore \sqrt{2^2}\sqrt{3^3}=x$ 제곱근의 성질에 의하여 $\sqrt{2^2}=2,\ \sqrt{3^3}=3\sqrt{3}$ $\therefore x=6\sqrt{3}$

(5) $(\sqrt[6]{25})^3=x$ 라 하면 $(\sqrt[6]{5^2})^3=x\,(x>0)$ 거듭제곱근의 성질에 의하여 $\sqrt[6]{5^6}=x$ $\therefore x=5$

(6) $\sqrt{\sqrt[3]{64}}=x$ 라 하면 거듭제곱근의 성질로부터 $\sqrt[6]{64}=x\,(x>0),\ \sqrt[6]{2^6}=x$ $\therefore x=2$

보기 4 다음 식을 간단히 하여라.

(1) $\sqrt[3]{6}\,\sqrt[3]{4}$ (2) $\sqrt[4]{81}\div\sqrt[4]{27}$

:: 풀이 :: 거듭제곱근의 공식에 따라 계산하면

(1) $\sqrt[3]{6}\,\sqrt[3]{4}=\sqrt[3]{24}=\sqrt[3]{8}\,\sqrt[3]{3}=\sqrt[3]{2^3}\,\sqrt[3]{3}=2\sqrt[3]{3}$ $\therefore 2\sqrt[3]{3}$

(2) $\sqrt[4]{81}\div\sqrt[4]{27}=\dfrac{\sqrt[4]{81}}{\sqrt[4]{27}}=\sqrt[4]{\dfrac{81}{27}}=\sqrt[4]{3}$ $\therefore \sqrt[4]{3}$

보기 5 다음을 분수 또는 정수로 고쳐라.

(1) $(3^{-2})^0$ (2) $2^{-3}\div 2^4$

(3) $(2^3)^{-2}$ (4) $3^5 3^{-2}\div 3^{-3}$

(5) $\left(\dfrac{3}{2}\right)^{-3}$ (6) $\left(\dfrac{1}{-3}\right)^{-2}$

:: 풀이 :: (1) $(3^{-2})^0=\left(\dfrac{1}{3^2}\right)^0=\left(\dfrac{1}{9}\right)^0=1$ 지수법칙에 의하여 $(3^{-2})^0=3^{-2\times 0}=3^0=1$과 같이 계산하여도 좋다.

(2) $2^{-3}\div 2^4=\dfrac{2^{-3}}{2^4}$ 지수법칙에 의하여 $\dfrac{2^{-3}}{2^4}=2^{-3-4}=2^{-7}=\dfrac{1}{2^7}=\dfrac{1}{128}$ $\therefore \dfrac{1}{128}$

(3) 지수법칙에 의하여 $(2^3)^{-2}=2^{3\cdot(-2)}=2^{-6}=\dfrac{1}{2^6}=\dfrac{1}{64}$ $\therefore \dfrac{1}{64}$

(4) $3^5 3^{-2}\div 3^{-3}=3^{5+(-2)}\div 3^{-3}=\dfrac{3^3}{3^{-3}}=3^{3-(-3)}=3^6=729$ $\therefore 729$

(5) $\left(\dfrac{3}{2}\right)^{-3}=\dfrac{3^{-3}}{2^{-3}}=\dfrac{\dfrac{1}{3^3}}{\dfrac{1}{2^3}}=\dfrac{\dfrac{1}{27}}{\dfrac{1}{8}}=\dfrac{8}{27}$ $\therefore \dfrac{8}{27}$

다음과 같이 계산하여도 좋다. $(\frac{3}{2})^{-3} = \dfrac{1}{(\frac{3}{2})^3} = \dfrac{1}{\frac{3^3}{2^3}} = \dfrac{1}{\frac{27}{8}} = \dfrac{8}{27}$

(6) $(\dfrac{1}{-3})^{-2} = \dfrac{1}{(-\frac{1}{3})^2} = \dfrac{1}{\frac{1}{9}} = 9 \qquad \therefore 9$

보기 6 다음 식을 간단히 하여라.

(1) $(ab)^0$

(2) $\dfrac{a^{-2}}{(a^3)^{-1}}$

(3) $(\dfrac{a}{b})^{-3}$

(4) $\dfrac{1}{(\frac{b^2}{a})^{-2}}$

(5) $\sqrt[5]{a^2 b}$

:: **풀이** :: (1) $(ab)^0 = 1$

(2) $\dfrac{a^{-2}}{(a^3)^{-1}} = \dfrac{a^{-2}}{a^{-3}} = \dfrac{a^3}{a^2} = a$

(3) $(\dfrac{a}{b})^{-3} = (\dfrac{b}{a})^3 = \dfrac{b^3}{a^3}$

(4) $\dfrac{1}{(\frac{b^2}{a})^{-2}} = \dfrac{1}{\frac{b^{-4}}{a^{-2}}} = \dfrac{1}{\frac{a^2}{b^4}} = \dfrac{b^4}{a^2}$

(5) $\sqrt[5]{a^2 b} = a^{\frac{2}{5}} \cdot b^{\frac{1}{5}}$

보기 7 다음 식을 간단히 하여라.

(1) $\sqrt{a^3} \cdot \sqrt[3]{a^2}$

(2) $\sqrt[3]{\sqrt{a} \cdot \sqrt[3]{a}}$

(3) $\sqrt{a^5} \cdot \sqrt[3]{a^{-6}} \div \sqrt{a^2}$

(4) $(\dfrac{1}{3})^{-\frac{2}{3}} \div (\dfrac{1}{3})^{\frac{1}{2}}$

:: **풀이** :: (1) $\sqrt{a^3} \cdot \sqrt[3]{a^2} = a^{\frac{3}{2}} a^{\frac{2}{3}} = a^{\frac{3}{2}+\frac{2}{3}} = a^{\frac{13}{6}}$

(2) $\sqrt[3]{\sqrt{a} \cdot \sqrt[3]{a}} = (\sqrt{a} \cdot \sqrt[3]{a})^{\frac{1}{3}} = (a^{\frac{1}{2}} \cdot a^{\frac{1}{3}})^{\frac{1}{3}} = (a^{\frac{1}{2}+\frac{1}{3}})^{\frac{1}{3}} = (a^{\frac{5}{6}})^{\frac{1}{3}} = a^{\frac{5}{18}}$

(3) $\sqrt{a^5} \cdot \sqrt[3]{a^{-6}} \div \sqrt{a^2} = a^{\frac{5}{2}} a^{-\frac{6}{3}} \div a^{\frac{2}{2}} = a^{\frac{5}{2}-2-1} = a^{-\frac{1}{2}}$

(4) $(\dfrac{1}{3})^{-\frac{2}{3}} \div (\dfrac{1}{3})^{\frac{1}{2}} = (\dfrac{1}{3})^{-\frac{2}{3}-\frac{1}{2}} = (\dfrac{1}{3})^{-\frac{4}{6}-\frac{3}{6}} = (\dfrac{1}{3})^{-\frac{7}{6}}$

$a > 0$이고 $\sqrt[3]{a^2} = \sqrt[4]{a\sqrt{a^k}}$ 이면 k의 값은?

① $-\dfrac{10}{3}$ 　　② $\dfrac{10}{3}$ 　　③ $-\dfrac{22}{3}$ 　　④ $\dfrac{22}{3}$ 　　⑤ $\dfrac{11}{3}$

✏️힌트 / $\sqrt[n]{\sqrt[m]{a^p}} = a^{\frac{p}{mn}}$ 이다.

:: 풀이 :: $a > 0,\ \sqrt[3]{a^2} = \sqrt[4]{a\sqrt{a^k}}$ 　　$a^{\frac{2}{3}} = a^{\frac{1}{4}}\left(a^{\frac{k}{2}}\right)^{\frac{1}{4}}$ 　　$a^{\frac{2}{3}} = a^{\frac{1}{4}} \cdot a^{\frac{k}{8}} = a^{\frac{1}{4} + \frac{k}{8}}$

그러므로 $\dfrac{2}{3} = \dfrac{1}{4} + \dfrac{k}{8}$ 　　$\therefore 16 = 6 + 3k$ 　　$\therefore k = \dfrac{10}{3}$

정답 ②

🔊 예제 2

$\sqrt{2},\ \sqrt[3]{3},\ \sqrt[6]{6}$ 을 크기순으로 나열하면?

① $\sqrt{2} > \sqrt[3]{3} > \sqrt[6]{6}$ 　　② $\sqrt[3]{3} > \sqrt{2} > \sqrt[6]{6}$ 　　③ $\sqrt[3]{3} > \sqrt[6]{6} > \sqrt{2}$

④ $\sqrt[6]{6} > \sqrt[3]{3} > \sqrt{2}$ 　　⑤ $\sqrt{2} > \sqrt[6]{6} > \sqrt[3]{3}$

✏️힌트 / 각각을 6연승하여 비교한다.

:: 풀이 :: $2^{\frac{1}{2}},\ 3^{\frac{1}{3}},\ 6^{\frac{1}{6}}$ 양변을 6승하면 $2^3,\ 3^2,\ 6$ 　　$3^{\frac{1}{3}} > 2^{\frac{1}{2}} > 6^{\frac{1}{6}}$

정답 ②

🔊 예제 3

$\sqrt{\sqrt{2}+1} \times \sqrt[4]{3 - 2\sqrt{2}}$ 의 값은?

① 1 　　② 2 　　③ $\sqrt{2}$ 　　④ $\sqrt{2} - 1$ 　　⑤ 3

✏️힌트 / $\sqrt[4]{(a+b) - 2\sqrt{ab}} = \sqrt[4]{(\sqrt{a} - \sqrt{b})^2} = \sqrt{(\sqrt{a} - \sqrt{b})}$ 를 이용한다.

:: 풀이 :: $\sqrt[4]{3 - 2\sqrt{2}} = \sqrt{\sqrt{3 - 2\sqrt{2}}} = \sqrt{\sqrt{2} - 1}$

$\therefore$ 준식 $= \sqrt{\sqrt{2}+1} \times \sqrt{\sqrt{2}-1} = \sqrt{(\sqrt{2})^2 - 1} = 1$

정답 ①

함수 $f(x) = \dfrac{e^x - e^{-x}}{e^x + e^{-x}}$ 에서 $f(a) = \dfrac{1}{2}$ 이면 e^{2a}의 값을 구하면?

① 8   ② 3   ③ 4   ④ 2   ⑤ 1

✏️ 힌트 / $f(a) = \dfrac{e^a - e^{-a}}{e^a + e^{-a}}$, $\dfrac{1}{2} = \dfrac{e^{2a} - 1}{e^{2a} + 1}$ 을 이용한다.

:: 풀이 :: $f(x) = \dfrac{e^x - e^{-x}}{e^x + e^{-x}}$ 에서 분자, 분모에 e^x를 각각 곱하면 $f(x) = \dfrac{e^{2x} - 1}{e^{2x} + 1}$ …… ㉠

㉠식에서 $f(a)$를 구하기 위해서 x 대신에 a를 대입하면

$$f(a) = \dfrac{e^{2a} - 1}{e^{2a} + 1} \ (\because f(a) = \dfrac{1}{2})$$

$$\dfrac{1}{2} = \dfrac{e^{2a} - 1}{e^{2a} + 1} \ \cdots\cdots ㉡$$

㉡식을 풀면 $2(e^{2a} - 1) = e^{2a} + 1$

그러므로 $2e^{2a} - 2 = e^{2a} + 1$ $\therefore e^{2a} = 3$

정답 ②

$x = \sqrt[3]{2} - \dfrac{1}{\sqrt[3]{2}}$ 일 때 $2x^2 + 6x$의 값은?

① 0   ② 1   ③ 2   ④ 3   ⑤ 4

✏️ 힌트 / x^3을 계산하면 된다.

:: 풀이 :: $x^3 = \left(\sqrt[3]{2} - \dfrac{1}{\sqrt[3]{2}}\right)^3 = 2 - 3(\sqrt[3]{2})^2 \cdot \dfrac{1}{\sqrt[3]{2}} + 3\sqrt[3]{2} \cdot \left(\dfrac{1}{\sqrt[3]{2}}\right)^2 - \dfrac{1}{2}$

$\qquad = 2 - \dfrac{1}{2} - 3\left(\sqrt[3]{2} - \dfrac{1}{\sqrt[3]{2}}\right) = \dfrac{3}{2} - 3x$

$\qquad \therefore 2x^3 + 6x = 2\left(\dfrac{3}{2} - 3x\right) + 6x = 3$

정답 ④

$67^x = 27, 603^y - 81$일 때 $\dfrac{3}{x} - \dfrac{4}{y}$의 값은?

① -2　　　② -1　　　③ 1　　　④ 2　　　⑤ 3

✏️힌트 / $x^n = a$이면 $x = a^{\frac{1}{n}}$ (단, $x > 0$일 때)

:: 풀이 :: $67^x = 27$이면 $67 = 27^{\frac{1}{x}} = 3^{\frac{3}{x}}$

$603^y = 81$이면 $603 = 81^{\frac{1}{y}} = 3^{\frac{4}{y}}$　∴ $3^{\frac{3}{x}} \div 3^{\frac{4}{y}} = \dfrac{67}{603} = \dfrac{1}{9}$

그러므로 $3^{\frac{3}{x} - \frac{3}{y}} = 3^{-2}$　　∴ $\dfrac{3}{x} - \dfrac{4}{y} = -2$

정답 ①

$\sqrt{a} + \dfrac{1}{\sqrt{a}} = 2$일 때 $a\sqrt{a} + \dfrac{1}{a\sqrt{a}}$의 값을 구하면?

① 2　　　② 4　　　③ 8　　　④ 16　　　⑤ 18

✏️힌트 / 양변을 세제곱한다.

:: 풀이 :: $\sqrt{a} + \dfrac{1}{\sqrt{a}} = 2$의 양변을 세제곱 하면 $\left(\sqrt{a} + \dfrac{1}{\sqrt{a}}\right)^3 = 2^3$

$a\sqrt{a} + 3a \cdot \dfrac{1}{\sqrt{a}} + 3\sqrt{a} \cdot \dfrac{1}{a} + \dfrac{1}{a\sqrt{a}} = 8$

$a\sqrt{a} + 3\left(\sqrt{a} + \dfrac{1}{\sqrt{a}}\right) + \dfrac{1}{a\sqrt{a}} = 8$

∴ $a\sqrt{a} + \dfrac{1}{a\sqrt{a}} = 8 - 6 = 2$

:: 별해 :: $\sqrt{a} = x$, $\dfrac{1}{\sqrt{a}} = y$라 놓으면

$x + y = 2$, $xy = 1$이므로

$a\sqrt{a} + \dfrac{1}{a\sqrt{a}} = x^3 + y^3 = (x+y)^3 - 3xy(x+y) = 2^3 - 3 \times 1 \times 2 = 8 - 6 = 2$

정답 ①

1. 지수함수

$a > 0$이고 $a \neq 0$일 때 임의의 실수 x에 a^x를 대응시키는 함수 $y = a^x$를 a를 밑으로 하는 지수함수라고 한다.

2. 지수함수 $y = a^x (a > 0,\ a \neq 1)$의 성질

(1) 정의역은 실수 전체의 집합이고, 치역은 양의 실수 전체의 집합이다.

(2) $a > 1$일 때, x의 값이 증가하면 y의 값도 증가한다. (증가함수)

$0 < a < 1$일 때, x의 값이 증가하면 y의 값은 감소한다. (감소함수)

(3) 그래프는 두 점 $(0, 1), (1, a)$를 지나고 x축을 점근선으로 한다.

(4) 지수함수 $y = a^x (a > 0,\ a \neq 1)$의 그래프

① $a > 1$ ② $0 < a < 1$

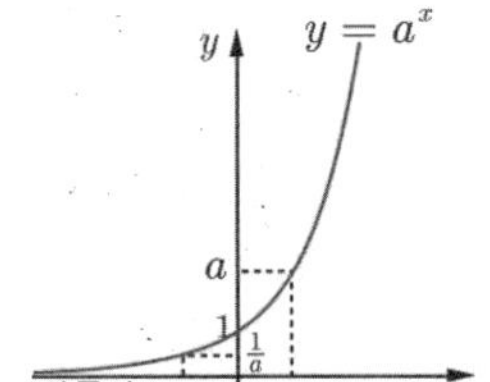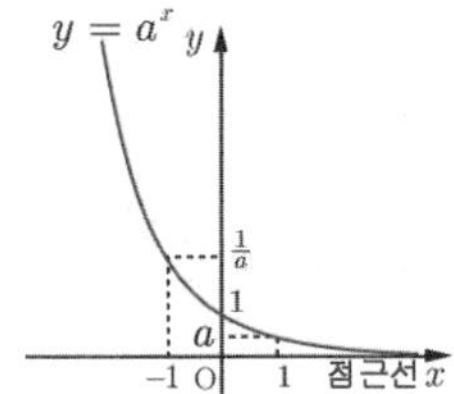

3. 지수 방정식의 풀이

(1) $a^{f(x)} = a^{g(x)}$의 꼴일 때

 ① $a = 1$인 경우 모든 x에 대하여 성립한다.

 ② $a \neq 1$인 경우 $f(x) = g(x)$를 푼다.

(2) $a^{f(x)} = b$의 꼴일 때는 $\log$를 취한다.

(3) 방정식이 a^x를 포함할 경우에는 $a^x = t\,(t > 0)$로 치환하여 푼다.

4. 지수부등식의 풀이

(1) $a^{f(x)} > a^{g(x)}$의 꼴일 때

 ① $a > 1$인 경우 $f(x) > g(x)$를 푼다.

 ② $0 < a < 1$인 경우 $f(x) < g(x)$를 푼다.

(2) $a^{f(x)} > b$의 꼴일 때는 양변에 $\log$를 취한다.

(3) 부등식이 a^x를 포함할 경우에는 $a^x = t\,(t > 0)$로 치환하여 푼다.

보기 1 다음 함수 중에서 증가함수를 모두 구하여라.

    (1) $y = 3^x$ (2) $y = 5^{-x}$

    (3) $y = (\frac{1}{4})^x$ (4) $y = (\frac{1}{6})^{-x}$

:: 풀이 :: (1) 증가함수이다.

    (2) $y = (\frac{1}{5})^x$이므로 증가함수가 아니다.

    (3) $y = (\frac{1}{4})^x$는 증가함수가 아니다.

    (4) $y = (\frac{1}{6})^{-x} = 6^x$이므로 증가함수이다.

보기 2 (1) 방정식 $2^{x+5} = 8$을 풀어라.

    (2) 방정식 $2^x = 5$를 풀어라.

    (3) 방정식 $4^x - 2^{x+2} - 32 = 0$을 풀어라

:: 풀이 :: (1) $2^{x+5} = 2^3$이므로 $x + 5 = 3$ $\therefore x = -2$

    (2) 양변에 $\log$를 취하면 $\log 2^x = \log 5, x\log 2 = \log 5$ $\therefore x = \dfrac{\log 5}{\log 2}$

    (3) $2^x = t$라 놓으면 $t^2 - 4t - 32 = 0, (t+4)(t-8) = 0$
       이 때, $t > 0$이므로 $t = 8$ $\therefore x = 3$

보기 3 (1) 부등식 $3^{x+1} \leq 27$을 풀어라

    (2) 부등식 $(\frac{1}{3})^{x+5} > (\frac{1}{3})^{-4x+10}$를 풀어라.

:: 풀이 :: (1) $3^{x+1} \leq 3^3$이므로 $x + 1 \leq 3 \therefore x \leq 2$
      (2) $x + 5 < -4x + 10$이므로 $5x < 5$ $\therefore x < 1$

🔊 **예제 1**

함수 $y = 5^{2x}$의 그래프를 x축의 방향으로 m만큼, y축의 방향으로 n만큼 평행이동 시켰더니 함수 $y = 25 \cdot 5^{2x} + 2$ 의 그래프가 되었다. 이때, $m + n$의 값은?

① 2   ② 1   ③ 0   ④ -1   ⑤ -2

✏️힌트 / $x \to x - m,\ y \to y - n$을 대입한다.

:: 풀이 :: $y = 25 \cdot 5^{2x} + 2 = 5^2 \cdot 5^{2x} + 2 = 5^{2(x+1)} + 2$이므로 $y = 5^{2x}$의 그래프를 x축의 방향으로 -1만큼,
      y축의 방향으로 2만큼 평행이동 시키면 $y = 25 \cdot 5^{2x} + 2$이다.
      $\therefore m = -1,\ n = 2$ $\therefore m + n = 1$

정답 ②

지수함수의 그래프에 대한 〈보기〉의 설명 중 옳은 것을 모두 고른 것은?

> **〈보기〉**
>
> ㄱ. $y = 2^x$의 그래프를 x축에 대하여 대칭이동하면 $y = \dfrac{1}{2^x}$의 그래프가 된다.
>
> ㄴ. $y = 2^x$의 그래프를 x축의 방향으로 1만큼 평행이동하면 $y = 2^x$의 그래프보다 아래에 놓이게 된다.
>
> ㄷ. $y = \sqrt{2} \times 2^x$의 그래프를 x축의 방향으로 평행이동하여 $y = 2^x$의 그래프를 얻을 수 있다.

① ㄱ 　　 ② ㄴ 　　 ③ ㄴ, ㄷ 　　 ④ ㄱ, ㄷ 　　 ⑤ ㄱ, ㄴ, ㄷ

✎ 힌트 / x축에 대칭은 $y \to -y$를 대입한다.

:: 풀이 :: ㄱ. $y = 2^x$의 그래프를 x축에 대하여 대칭이동하면 $y = -2^x$의 그래프가 된다. ∴ 거짓

ㄴ. $y = 2^x$의 그래프를 x축의 방향으로 1만큼 평행이동하면 $y = 2^{x-1}$의 그래프가 된다.

이때 $x > x - 1$이므로 $2^x > 2^{x-1}$

따라서, $y = 2^{x-1}$의 그래프는 $y = 2^x$의 그래프보다 아래에 놓이게 된다. ∴ 참

ㄷ. $y = \sqrt{2} \cdot 2^x = 2^{\frac{1}{2}} \cdot 2^x = 2^{x + \frac{1}{2}}$

$y = \sqrt{2} \cdot 2^x$의 그래프를 x축 방향으로 $-\dfrac{1}{2}$만큼 평행이동하면 $y = 2^x$의 그래프를 얻을 수 있다.

∴ 참

정답 ③

$0 \leq x \leq 6$에서 함수 $y = 3^{x-3} \times 5^{5-x}$의 최솟값을 구하면?

① 3^2 　　 ② $\dfrac{3^2}{5}$ 　　 ③ $\dfrac{5^3}{3^3}$ 　　 ④ $\dfrac{3}{5}$ 　　 ⑤ $\dfrac{3^3}{5}$

✎ 힌트 / $y = a^x$에서 $a > 1$이면 증가함수, $0 < a < 1$이면 감소함수

:: 풀이 :: $y = \left(\dfrac{3}{5}\right)^x \cdot \dfrac{5^3}{3^3}$

감소함수이므로 $x = 6$일 때 최소가 된다.

∴ $\left(\dfrac{3}{5}\right)^6 \cdot \dfrac{5^5}{3^3} = \dfrac{3^3}{5}$

정답 ⑤

함수 $y = f(x)$의 그래프가 다음 그림과 같을 때, 함수 $y = 2^{f(x)}$의 그래프의 개형은?

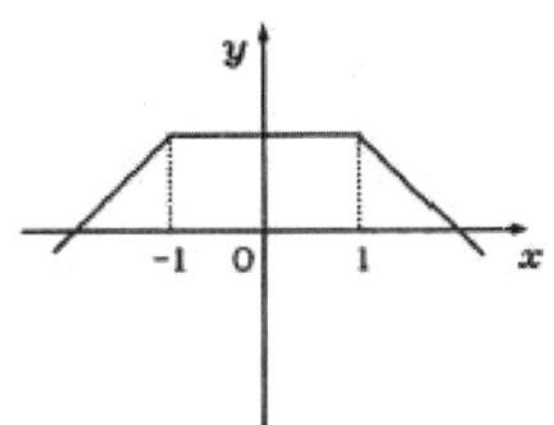

① 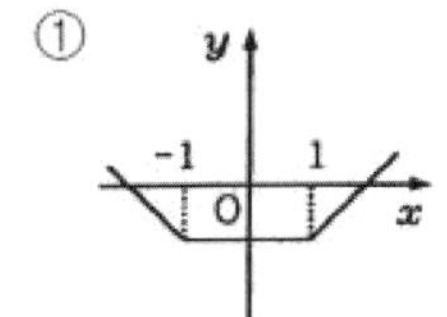 ② 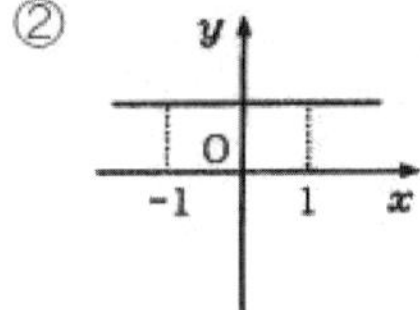 ③ 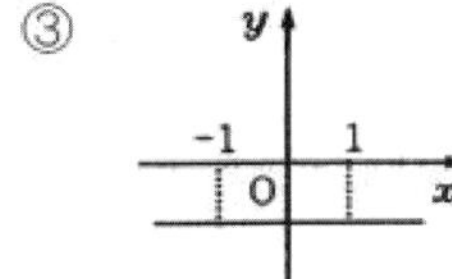

④ 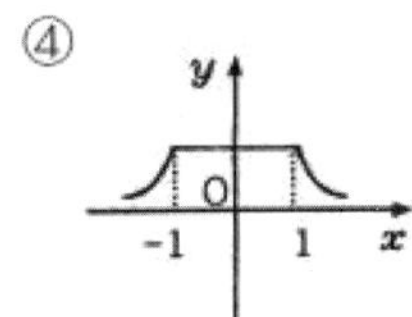 ⑤ 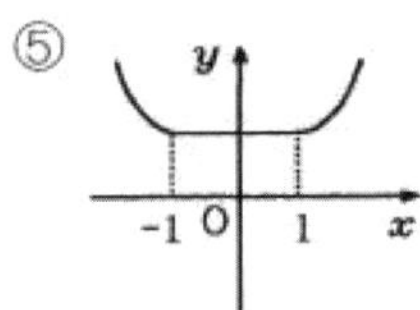

✎ 힌트 / $x < -1$, $-1 \leq x < 1$, $x \geq 1$로 나누어 생각한다.

:: 풀이 :: $x < -1$ $y = 2^{f(x)}$는 밑이 1보다 큰 지수함수

          $-1 \leq x < 1$ $y = 2^{f(x)}$는 x축과 평행한 직선

          $x \geq 1$ $y = 2^{f(x)}$는 밑이 1보다 작은 지수함수

정답 ④

x에 대한 방정식 $9^x - 4 \times 3^{x+1} + 9 = 0$ 의 두 근이 α, β일 때, $\alpha + \beta$의 값은?

① 1   ② 2   ③ 3   ④ 9   ⑤ 12

✎ 힌트 / 두 근의 곱의 값을 구한다.

:: 풀이 :: $3^x = t$로 치환하면 $t^2 - 12t + 9 = 0$의 두 근은 3^α, 3^β이다. 근과 계수와의 관계에 의하여

      (두 근의 곱) $= 3^\alpha \cdot 3^\beta = 3^{\alpha+\beta} = 9 = 3^2$

      $\therefore \alpha + \beta = 2$

정답 ②

$(\frac{1}{2})^a = (\frac{1}{b})^b$을 만족하는 두 양수 a, b에 대하여 다음 〈보기〉 중 옳은 것을 모두 고르면?

〈보기〉

ㄱ. $(\frac{1}{2})^{a-1} = (\frac{1}{3})^{b-1}$

ㄴ. $(\frac{1}{2})^a > (\frac{1}{3})^a$, $(\frac{1}{2})^b > (\frac{1}{3})^b$

ㄷ. $b > a$

① ㄱ   ② ㄴ   ③ ㄷ   ④ ㄱ, ㄴ   ⑤ ㄱ, ㄴ, ㄷ

✏️ 힌트 / 지수함수의 그림표를 이용한다.

:: 풀이 :: ㄱ. 준식에서 $(\frac{1}{2})^a \times 2 \neq (\frac{1}{3})^b \times 3$

ㄴ. $y = (\frac{1}{2})^x$, $y = (\frac{1}{3})^x$의 그래프를 그려보면 $x > 0$일 때 $(\frac{1}{2})^x > (\frac{1}{3})^x$이므로   ∴참

ㄷ. $(\frac{1}{3})^b = (\frac{1}{2})^a$일 때, $a > b$이다.   ∴거짓

정답 ②

🔊 예제 7

지수부등식 $9^x + a \times 3^{x-1} + b \leq 0$의 해가 $-1 \leq x \leq 1$일 때, 두 상수 a, b의 차 $a - b$의 값은?

① -11 ② -9 ③ -5 ④ 5 ⑤ 10

✏️ 힌트 / $3^x = t$로 치환한다.

:: 풀이 :: $3^x = t$라 놓으면 준식은 $t^2 + \frac{a}{3}t + b \leq 0$

$-1 \leq x \leq 1$일 때 $3^{-1} \leq 3^x \leq 3^1$에서 $\frac{1}{3} \leq t \leq 3$이다.

$\frac{1}{3}, 3$은 $t^2 + \frac{a}{3}t + b = 0$의 두 근이 되므로

$\frac{1}{3} + 3 = -\frac{\frac{a}{3}}{1}$에서 $\frac{10}{3} = -\frac{a}{3}$ ∴$a = -10$

$\frac{1}{3} \times 3 = \frac{b}{1}$에서   ∴$b = 1$

∴$a - b = -10 - 1 = -11$

정답 ①

지수함수 $y = 2 \times 11^x + \dfrac{8}{11^x}$ 이 $x = \alpha$ 에서 최솟값 β 를 가질 때, $11^\alpha \times \beta$ 의 값을 구하면?

① 14　　　② 15　　　③ 16　　　④ 17　　　⑤ 20

✎힌트 / $\alpha + \beta \geq 2\sqrt{\alpha\beta}$ 를 이용한다.

:: 풀이 :: $y = 2 \cdot 11^x + \dfrac{8}{11^x} \geq 2\sqrt{2 \cdot 11^x \cdot \dfrac{8}{11^x}} = 2\sqrt{16} = 8$

y 의 최솟값 8이고 $2 \cdot 11^x = \dfrac{8}{11^x}$ 에서 $(11^x)^2 = 4$ 　∴ $11^x = 2$

$11^\alpha = 2$ 이므로 $11^\alpha \cdot \beta = 2 \times 8 = 16$

정답 ③

방정식 $(4^x + 4^{-x}) - (2^x + 2^{-x}) - 4 = 0$ 의 두 근을 α, β 라 할 때 $\alpha + \beta$ 의 값을 구하면?

① -1　　　② 0　　　③ 1　　　④ 2　　　⑤ 5

✎힌트 / $2^x + 2^{-x} = t$ 로 놓고 푼다.

:: 풀이 :: $2^x + 2^{-x} = t$ 라 놓으면 $t \geq 2$

준식은 $t^2 - t - 6 = 0$, $(t-3)(t+2) = 0$　∴ $t = 3$

따라서 $2^x + 2^{-x} = 3$ 에서 $2^\alpha \cdot 2^\beta = 2^{\alpha+\beta} = 1 = 2^0$　　∴ $\alpha + \beta = 0$

정답 ②

1. 로그의 정의

a가 1이 아닌 양수이고, 양수 N이 어떤 실수 m에 대하여 $a^m = N$인 관계로 나타내어질 때, 이 m을 $m = \log_a N$으로 나타내고, a를 밑으로 하는 N의 로그라고 한다. 또 N을 로그 m의 진수라고 한다. 즉,

$$N = a^m \Leftrightarrow m = \log_a N \,(a > 0,\ a \neq 1)$$

2. 로그의 기본성질

$a > 0,\ b > 0, a \neq 1$이고 $x > 0,\ y > 0$일 때

(1) $\log_a a = 1$

(2) $\log_a 1 = 0$

(3) $\log_a xy = \log_a x + \log_a y$

(4) $\log_a \dfrac{x}{y} = \log_a x - \log_a y$

(5) $\log_a x^n = n \log_a x$

(6) $\log_{a^m} b^n = \dfrac{n}{m} log_a b$

(7) $\log_a b = \dfrac{\log_c b}{\log_c a}$

(8) $\log_a b = \dfrac{1}{\log_b a}\,(b \neq 1)$

(9) $\log_a b = \log_{a^m} b^m$

(10) $a^{\log_m b} = b^{\log_m a}$

보기 1 다음 관계를 로그 기호를 써서 나타내어라.

(1) $243 = 3^5$ 　　　　　(2) $81 = 3^4$

(3) $10^{-2} = 0.01$

:: 풀이 :: (1) $243 = 3^5$을 로그 관계로 변형하면 밑이 3, 진수가 243 　　　　$\therefore 5 = \log_3 243$

(2) $81 = 3^4$을 로그 관계로 변형하면 밑이 3, 진수가 81 　　　　$\therefore 4 = \log_3 81$

(3) $10^{-2} = 0.01$을 로그 관계로 변형하면 밑이 10, 진수가 0.01 　$\therefore -2 = \log_{10} 0.01$

보기 2 다음 관계를 지수를 써서 나타내어라.

(1) $\log_2 4 = 2$ 　　　　　(2) $\log_3 81 = 4$

(3) $\log_{10} 0.01 = -2$

:: 풀이 :: (1) 지수 관계로 변형하면 지수가 2, 밑이 2 　　　　$\therefore 2^2 = 4$

(2) 지수 관계로 변형하면 지수가 4, 밑이 3 　　　　$\therefore 3^4 = 81$

(3) 지수 관계로 변형하면 지수가 -2, 밑이 10 　　　　$\therefore 10^{-2} = 0.01$

 다음 로그의 값을 구하여라.

(1) $\log_2 32$ (2) $\log_5 0.2$

(3) $\log_5 1$ (4) $\log_9 \dfrac{1}{3}$

(5) $\log_5 \dfrac{1}{25}$ (6) $\log_{125} 5$

:: 풀이 :: (1) $\log_2 32 = x$라 놓으면 $2^x = 32 = 2^5$ $\therefore x = 5$

(2) $\log_5 0.2 = x$라 놓으면 $5^x = 0.2 = \dfrac{1}{5} = 5^{-1}$ $\therefore x = -1$

(3) $\log_5 1 = x$라 놓으면 $5^x = 1 = 5^0$ $\therefore x = 0$

(4) $\log_9 \dfrac{1}{3} = x$라 놓으면 $9^x = \dfrac{1}{3} = \sqrt{\dfrac{1}{9}} = \sqrt{9^{-1}} = 9^{-\frac{1}{2}}$ $\therefore x = -\dfrac{1}{2}$

(5) $\log_5 \dfrac{1}{25} = x$라 놓으면 $5^x = \dfrac{1}{25} = 5^{-2}$ $\therefore x = -2$

(6) $\log_{125} 5 = x$라 놓으면 $125^x = 5$ $\therefore 5^{3x} = 5$ 따라서 $3x = 1$ $\therefore x = \dfrac{1}{3}$

 (1) $\log_x (x^2 - 5x + 6)$의 값이 존재하기 위한 x의 범위를 구하여라.

(2) $\{y \,|\, y = \log(ax^2 + ax + 1),\ x는\ 임의의\ 실수\} \neq \varnothing$ 일 때, a의 범위를 구하여라.

:: 풀이 :: (1) 밑수 x는 1이 아닌 양수이므로 $x \neq 1,\ x > 0$

진수 $x^2 - 5x + 6 > 0,\ (x-2)(x-3) > 0$ $\therefore x < 2, x > 3$

위 두 범위의 공통범위를 구하면 $0 < x < 1,\ 1 < x < 2,\ x > 3$

(2) 진수 > 0의 규약에 의하여 $ax^2 + ax + 1 > 0$

ⅰ) 그런데 이 식은 $a = 0$이면 $1 > 0$처럼 항상 성립된다. 따라서 $a = 0$은 성립된다.

ⅱ) $a \neq 0$이면 이차 부등식 $ax^2 + ax + 1 > 0$이 모든 실수 x에 대하여 항상 성립될 조선은

$a > 0$이고 $D = a^2 - 4a < 0$ 즉, $0 < a < 4$

따라서 ⅰ), ⅱ)에 의하여 구하는 a의 범위는 $0 \leq a < 4$

 다음 식을 $\log_a x,\ \log_a y,\ \log_a z$를 써서 나타내어라.

(1) $\log_a x^3 yz$ (2) $\log_a \dfrac{x^2 y^2}{z^2}$

(3) $\log_a \dfrac{\sqrt{xy}}{(\sqrt{z})^3}$ (4) $\log_2 xy$

(5) $\log_{10} \dfrac{xy}{z}$

:: 풀이 :: (1) 로그의 성질을 쓰면

$$\log_a x^3 yz = \log_a x^3 + \log_a y + \log_a z = 3\log_a x + \log_a y + \log_a z$$

(2) $\log_a \dfrac{x^2 y^2}{z^2} = \log_a x^2 y^2 - \log_a z^2 = \log_a x^2 + \log_a y^2 - \log_a z^2 = 2\log_a x + 2\log_a y - 2\log_a z$

(3) $\log_a \dfrac{\sqrt{xy}}{(\sqrt{z})^3} = \log_a \sqrt{xy} - \log_a(\sqrt{z})^3 = \dfrac{1}{2}\log_a xy - 3\log_a \sqrt{z}$

$\dfrac{1}{2}(\log_a x + \log_a y) - \dfrac{3}{2}\log_a z = \dfrac{1}{2}\log_a x + \dfrac{1}{2}\log_a y - \dfrac{3}{2}\log_a z$

(4) $\log_2 xy = \dfrac{\log_a xy}{\log_a 2} = \dfrac{\log_a x + \log_a y}{\log_a 2}$

(5) $\log_{10} \dfrac{xy}{z} = \dfrac{\log_a \dfrac{xy}{z}}{\log_a 10} = \dfrac{\log_a x + \log_a y - \log_a z}{\log_a 10}$

보기 6 다음 등식이 성립함을 증명하여라.

(1) $\log_a b \log_b c = \log_a c$ 　　　　　　　(2) $\log_{\frac{1}{b}} a = -\log_b a$

:: **풀이** :: (1) $\log_a b = m, \log_b c = n$이라 하면

$b = a^m, c = b^n$ 　　$\therefore c = b^n = (a^m)^n = a^{mn}$

따라서 $\log_a b \log_b c = mn$ ……… ㉠

$\log_a c = \log_a a^{mn} = mn$ ……… ㉡

$\therefore \log_a b \log_b c = \log_a c$

(2) $\log_{\frac{1}{b}} a = m$이라 하면

$a = \left(\dfrac{1}{b}\right)^m = (b^{-1})^m = b^{-m}$

$-\log_b a = -\log_b b^{-m} = m = \log_{\frac{1}{b}} a$

$\therefore \log_{\frac{1}{b}} a = -\log_b a$

보기 7 $8^{\log_2 3}$의 값을 구하여라.

:: **풀이** :: $\log_2 3 = \log_{2^3} 3^3 = \log_8 27$이므로

준식 $= 8^{\log_2 3} = 8^{\log_8 27} = 27$ 　　　$\therefore 27$

보기 8 다음 식의 x에 알맞은 수를 써 넣어라.

(1) $\log_{10} 1 = x$ 　　　　　　　(2) $\log_3 x = -\dfrac{3}{2}$

(3) $\log_{\sqrt{a}} x = -2$ 　　　　　　　(4) $\log_2 x = 0$

(5) $\log_x 16 = \dfrac{3}{4}$ 　　　　　　　(6) $\log_4 \sqrt{8} = x$

(7) $\log_{0.1} 0.001 = x$ 　　　　　　　(8) $\log_{\frac{1}{4}} 64 = x$

:: 풀이 :: (1) $10^x = 1$ $\quad \therefore x = 0$ $\qquad$ (2) $3^{-\frac{3}{2}} = x$ $\quad \therefore x = \dfrac{1}{\sqrt{27}}$

(3) $\sqrt{a^{-2}} = x$ $\quad \therefore x = \dfrac{1}{a}$ $\qquad$ (4) $2^0 = x$ $\quad \therefore x = 1$

(5) $x^{\frac{3}{4}} = 16$ $\quad \therefore x = 16^{\frac{4}{3}}$

(6) $4^x = \sqrt{8}$ 에서 $2^{2x} = 2^{\frac{3}{2}}$, $2x = \dfrac{3}{2}$ $\qquad \therefore x = \dfrac{3}{4}$

(7) $(0.1)^x = 0.001$ 에서 $(0.1)^x = (0.1)^3$ $\qquad \therefore x = 3$

(8) $\left(\dfrac{1}{4}\right)^x = 64$ 에서 $\left(\dfrac{1}{4}\right)^x = \left(\dfrac{1}{4}\right)^{-3}$ $\qquad \therefore x = -3$

📢 예제 1

$\log_3 2 = a$일 때 $\log_6 9$를 a로 나타내면 그 결과는?

① $\dfrac{2}{1-a}$ $\qquad$ ② $\dfrac{1}{1-a}$ $\qquad$ ③ $\dfrac{2}{1+a}$ $\qquad$ ④ $\dfrac{1}{1+a}$ $\qquad$ ⑤ $\dfrac{1}{a}$

✏️ 힌트 / 밑수를 통일한다.

:: 풀이 :: $\log_6 9 = \dfrac{1}{\log_9 6} = \dfrac{1}{\frac{1}{2}\log_3 6} = \dfrac{2}{\log_3(2\times 3)} = \dfrac{2}{\log_3 2 + 1} = \dfrac{2}{a+1}$

:: 별해 :: 주어진 조건의 밑수가 3이므로

$$\log_6 9 = \dfrac{\log_3 9}{\log_3 6} = \dfrac{\log_3 3^2}{\log_3(2\times 3)} = \dfrac{2}{\log_3 2 + \log_3 3} = \dfrac{2}{\log_3 2 + 1} = \dfrac{2}{a+1}$$

정답 ③

📢 예제 2

$\log_{\sqrt{x}} 3 = \log_y 27$일 때 $\log_{xy} x$의 값은?

① 0 $\qquad$ ② 1 $\qquad$ ③ $\dfrac{2}{5}$ $\qquad$ ④ $\dfrac{5}{2}$ $\qquad$ ⑤ 2

✏️ 힌트 / $\log_{xy} x = \dfrac{1}{\log_x xy} = \dfrac{1}{1 + \log_x y}$

:: 풀이 :: $\log_{\sqrt{x}} 3 = \log_y 27$, $\quad \dfrac{\log 3}{\log \sqrt{x}} = \dfrac{\log 27}{\log y}$

$$\dfrac{\log 3}{\frac{1}{2}\log x} = \dfrac{3\log 3}{\log y} \qquad \therefore 2\log y = 3\log x \qquad \therefore \log_x y = \dfrac{3}{2}$$

$$\therefore \text{준식} = \log_{xy} x = \dfrac{1}{\log_x xy} = \dfrac{1}{1 + \log_x y} = \dfrac{1}{1 + \frac{3}{2}} = \dfrac{2}{5}$$

정답 ③

1. 상용로그의 지표와 가수의 성질

$$\log x = n + \alpha$$

n(지표)
 ① 정수로 나타냄
 ② 자릿수 결정
 ③ $n, \times\times\times \Rightarrow n+1$ 자릿수
   $\overline{n}, \times\times\times \Rightarrow$ 소수 제n자리에서 처음으로 0이 아닌 숫자가 나온다.

α(가수)
 ① $0 \le \alpha < 1$
 ② 유효숫자 결정

$\log x = n - \alpha$ (단, $n \in z$, $0 \le \alpha < 1$)

(1) $\alpha = 0$일 때 가수 $= -\alpha$, 지표 $= n$

(2) $0 < a < 1$일 때 가수 $= 1 - a$, 지표 $= n - 1$

2. 비례 부분의 법칙

$y = \log x$에서 x의 변화가 0에 가까울 정도로 작으면 y는 x에 비례한다. 이것을 로그함수의 비례 부분의 법칙이라 한다.

(연속함수 $y = \log x$, $y = \sqrt{x}$, $y = \cos x$ 등에서는 비례 부분의 법칙이 성립된다.

보기 1 $\log 3.25 = 0.5119$이다. 다음 로그의 지표와 가수를 구하여라.

(1) $\log 32.5$ (2) $\log 325$

(3) $\log 0.325$

:: 풀이 :: (1) $\log 32.5 = \log(3.25 \times 10) = \log 3.25 + \log 10 = 0.5119 + 1 = 1.5119$ $\therefore$ 지표 1, 가수 0.5119

(2) $\log 325 = \log(3.25 \times 100) = \log 3.25 + \log 100 = 0.5119 + 2 = 2.5119$ $\therefore$ 지표 2, 가수 0.5119

(3) $\log 0.325 = \log(3.25 \times 0.1) = \log 3.25 + \log 0.1 = 0.5119 + (-1)$ $\therefore$ 지표 -1, 가수 0.5119

보기 2 $\log 3.62 = 0.5587$일 때 다음 $\boxed{}$ 속을 적당히 채워라.

(1) $\log 362 = \boxed{}$ (2) $\log 0.0362 = \boxed{}$

(3) $\log 36.2 = \boxed{}$ (4) $\log \boxed{} = 1.5587$

(5) $\log \boxed{} = \overline{1}.5587$ (6) $\log \boxed{} = 5.5587$

:: 풀이 :: (1) 2.5587   (2) $\overline{2}.5587$ (3) 1.5587

(4) 36.2   (5) 0.362   (6) 362000

보기 3 $\log 7.4 = 0.8692$이다. 이것을 이용하여 다음 각 수의 로그를 구하여라.

(1) $(0.74)^3$ (2) $\sqrt{74}$

(3) $\sqrt[5]{0.074}$

:: 풀이 :: (1) $\log(0.74)^3 = 3\log 0.74 = 3 \times (-1 + 0.8692) = -3 + 2.6076 = -1 + 0.6076 = \overline{1}.6076$

(2) $\log\sqrt{74} = \dfrac{1}{2}\log 74 = \dfrac{1}{2} \times 1.8692 = 0.9346$

(3) $\log\sqrt[5]{0.074} = \dfrac{1}{5}\log 0.074 = \dfrac{1}{5} \times \overline{2}.8692 = \dfrac{1}{5}(-2 + 0.8692)$

$= \dfrac{1}{5}(-5 + 3.8692) = -1 + 0.7738 = \overline{1}.7738$

보기 4 (1) 2^{100}, 6^{52}는 각각 몇 자릿수인가?

(2) $(\dfrac{1}{5})^{30}$은 소수 몇 자리부터 0이 아닌 수가 시작되는가?

(단, $\log 2 = 0.3010$, $\log 3 = 0.4771$)

:: 풀이 :: (1) $x = 2^{100}$이라 놓으면 $\log x = \log 2^{100} = 100\log 2 = 100 \times 0.3010 = 30.1$

지표가 30 $\therefore x = 2^{100}$은 31자리의 수이다.

$y = 6^{52}$라 놓으면 $\log y = 52\log 6 = 52(\log 2 + \log 3) = 52(0.3010 + 0.4771) = 40.4612$

지표가 40 $\therefore y = 6^{52}$은 41자리의 수이다.

(2) $x = (\dfrac{1}{5})^{30}$라 놓으면 $\log x = 30\log 0.2 = 30 \times \overline{1}.3010 = 30(-1 + 0.3010) = -30 + 9.03 = \overline{21}.03$

지표가 -21 $\therefore x = (\dfrac{1}{5})^{30}$은 소수 21자리부터 시작하는 수이다.

보기 5 $\log 3 = 0.4771$, $\log 7 = 0.8451$이라 한다.

(1) 7^x이 15자릿수일 때, 정수 x를 구하여라.

(2) 7^{100}을 3진법으로 표시하면 몇 자릿수인가?

(3) 3진법으로 20자리 정수는 10진법으로 몇 자리 정수인가?

:: 풀이 :: (1) 7^x이 15자릿수이므로 $14 \le \log 7^x < 15$, $14 \le x\log 7 < 15$

$\therefore \dfrac{14}{\log 7} \le x < \dfrac{15}{\log 7}$, $\dfrac{14}{0.8451} \le x < \dfrac{15}{0.8451}$

$16.\text{xxx} \le x < 17.\text{xxx}$, $\therefore x$는 정수이므로 $x = 17$

(2) $\log_3 7^{100} = 100 \times \log_3 7 = \dfrac{100 \times \log_{10} 7}{\log_{10} 3} = \dfrac{100 \times 0.8451}{0.4771} = 177.\times\times\times$

$\therefore 7^{100}$은 3진법으로 178자릿수

(3) 3진법으로 20자리 정수를 10진법으로 N이라 하면

$\log_3 N = 19.\times\times\times$ $\therefore 19 \le \log_3 N < 20$, $3^{19} \le N < 3^{20}$

이 양변을 상용로그로 잡으면

$19\log 3 \le \log N < 20\log 3$, $19 \times 0.4771 \le \log N < 20 \times 0.4771$

$9.0\times\times\times \le \log N < 9.5\times\times\times$

$\therefore \log N$의 지표는 9이므로 N은 10자리 정수

보기 6 $10 < x < 100$인 x에 대하여 $\log x$의 가수와 $\log x^3$의 가수가 같을 때, x의 값을 구하여라.

:: 풀이 :: $\log x$와 $\log x^3$의 가수가 같으므로 두 수의 차는 정수이다.

곧, $\log x^3 - \log x = 3\log x - \log x = 2\log x \rightarrow$ 정수

한편, $10 < x < 100$에서 $\log 10 < \log x < \log 100$

$\therefore 1 < \log x < 2 \qquad \therefore 2 < 2\log x < 4$

여기서 $2\log x$는 정수이므로 $2\log x = 3 \qquad \therefore \log x = \dfrac{3}{2} \qquad\qquad \therefore x = 10^{\frac{3}{2}} = \sqrt{10^3} = 10\sqrt{10}$

보기 7 $\log x^2$의 가수와 $\log \sqrt{x}$의 가수의 합이 1일 때, x의 값을 구하여라. (단, $1 < x < 10$)

:: 풀이 :: 가수의 합이 1이므로 $\log x^2 + \log \sqrt{x}$이 정수이다.

$\therefore \log x^2 + \log \sqrt{x} = 2\log x + \dfrac{1}{2}\log x = \dfrac{5}{2}\log x$

$1 < x < 10$ 이므로 $0 < \dfrac{5}{2}\log x < \dfrac{5}{2}$에서 $\quad \dfrac{5}{2}\log x = 1 \qquad \log x = \dfrac{2}{5}$에서 $x = 10^{\frac{2}{5}}$

$\hspace{9.5cm} \dfrac{5}{2}\log x = 2 \qquad \log x = \dfrac{4}{5}$에서 $x = 10^{\frac{4}{5}}$

보기 8 삼각형의 세 변의 길이가 a, b, c 사이에 $\log_{a+b} c + \log_{a-b} c = 2\log_{a+b} c \cdot \log_{a-b} c$인 관계식이 성립할 때 이 삼각형은 어떤 삼각형인가?

:: 풀이 :: 로그의 밑을 모두 c로 고치면 주어진 등식은

$\dfrac{1}{\log_c(a+b)} + \dfrac{1}{\log_c(a-b)} = \dfrac{2}{\log_c(a+b)} \cdot \dfrac{1}{\log_v(a-b)}$ 양변에 $\log_c(a+b) \cdot \log_c(a-b)$를 곱하면

$\log_c(a-b) + \log_c(a+b) = 2 \qquad \therefore \log_c(a+b)(a-b) = 2$ 따라서 $a^2 - b^2 = c^2$ 즉, $a^2 = b^2 + c^2$

$\therefore$ 빗변의 길이가 a인 직각삼각형

보기 9 $\log 2.34 = 0.3692$ $\log 2.35 = 0.3711$이다. $\log 2.346$의 값을 구하여라.

:: 풀이 ::

	(진수)	(가수)	
	2.34	0.3692	
0.006	2.346	(?)	x
	2.35	0.3711	

0.01 에서 0.0019

$x : 0.0019 = 0.006 : 0.01$

$x = 0.0019 \times \dfrac{0.006}{0.01} = 0.0011$

$\therefore \log 2.346 = 0.3692 + 0.0011 = 0.3703$

보기 10 $\log 2 = a$, $\log 7 = b$일 때 $\log 49.2$의 값을 구하여라.

:: 풀이 :: $\log 7 = b$ 이므로 $\log 49 = \log 7^2 = 2\log 7 = 2b$

$\log 2 = a$ 이므로 $\log 50 = \log \dfrac{100}{2} = \log 100 - \log 2 = 2 - a$

따라서 비례 부분의 법칙에 의하면

$\log 49.2 \fallingdotseq \log 49 + (\log 50 - \log 49) = 2b + 0.2(2 - a - 2b) = \dfrac{1}{5}(-a + 8b + 2)$

🔊 **예제 1**

$\log x$의 지표가 2이고, $\log y$의 지표가 1일 때, $x-y$가 취하는 값의 범위는?

① $0 < x-y < 990$ 　　② $0 \le x-y \le 990$ 　　③ $90 \le x-y < 990$

④ $90 \le x-y < 990$ 　　⑤ $90 < x-y < 990$

✏️ 힌트 / $2 \le \log x < 3,\ 1 \le \log y < 2$가 된다.

:: 풀이 :: $\log x$의 지표가 2이므로 $2 \le \log x < 3$

$\therefore \log 10^2 \le \log x < \log 10^3$에서 $10^2 \le x < 10^3$

$\log y$의 지표가 1이므로 $1 \le \log y < 2$

$\therefore \log 10 \le \log y < \log 10^2$에서 $10 \le y < 10^2$

$x-y$의 범위를 구하여 보면 $0 < x-y < 990$

정답 ①

🔊 **예제 2**

$\log 2 = 0.3010$일 때 1.25^{100}은 몇 자릿수인가?

① 8자릿수 　　② 9자릿수 　　③ 10자릿수 　　④ 11자릿수 　　⑤ 12자릿수

✏️ 힌트 / 자릿수 문제이면 $\log$를 취한다.

:: 풀이 :: $\log 1.25^{100} = 100 \log \dfrac{125}{100} = 100 \log \dfrac{10}{8} = 100(\log 10 - 3\log 2) = 100(1 - 3 \times 0.3010) = 9.7$

$\therefore \log 1.25^{100}$의 지표가 9이므로 1.25^{100}은 10자릿수

정답 ③

🔊 **예제 3**

$\log x^2 = \overline{2}.3256$일 때 $\log x^3$의 값은?

① $\overline{3}.4884$ 　　② $\overline{2}.2352$ 　　③ $\overline{1}.4264$ 　　④ $\overline{3}.4235$ 　　⑤ $\overline{2}.4884$

✏️ 힌트 / $2\log x = -2 + 0.3256,\ \log x = -1 + 0.1628$을 이용한다.

:: 풀이 :: $\log x^2 = \overline{2}.3256$에서

$2\log x = \overline{2}.3256 = -2 + 0.3256$

$\therefore \log x = -1 + 0.1628 = \overline{1}.1628$

$\log x^3 = 3\log x = 3(\overline{1}.1628) = 3(-1 + 0.1628) = -3 + 0.4884 = \overline{3}.4884$

정답 ①

$\log A$의 지표와 가수가 이차방정식 $2x^2+7x+k=0$의 두 근일 때, k의 값은?

① -3 ② -4 ③ 3 ④ 4 ⑤ -2

✏ 힌트 / $\log A=n+\alpha$로 놓고 풀어라.(n: 정수 $0\le\alpha<1$)

:: 풀이 :: $\log A=n+\alpha$라 하면 n,α가 $2x^2+7x+k=0$의 두 근이므로 $n+\alpha=-\dfrac{7}{2}$ $\therefore n=-4,\ \alpha=\dfrac{1}{2}$

$\qquad n\alpha=\dfrac{k}{2},\ -4\times\dfrac{1}{2}=\dfrac{k}{2}$ $\therefore k=-4$

정답 ②

$\log x,\ \log\dfrac{10}{x}$의 지표를 각각 $a,\ b$라 하면 a^2-2b^2의 최댓값은?

① 0 ② 1 ③ 2 ④ 3 ⑤ 4

✏ 힌트 / $\log x=a+\alpha\,(0\le\alpha<1)$라 놓으면 $\log\dfrac{10}{x}=1-\log x=1-a-\alpha$

:: 풀이 :: $\log x=a+\alpha\,(0\le\alpha<1)$ $\therefore$ $\log\dfrac{10}{x}=1-\log x=1-a-\alpha$

ⅰ) $\alpha=0$일 때 $\log\dfrac{10}{x}=1-\alpha$ $\therefore b=1-a$ $a^2-2b^2=-(a-2)^2+2$ $\therefore$ 최댓값 2

ⅱ) $\alpha\ne0$일 때 $\log\dfrac{10}{x}=-a+(1-\alpha)$ $\therefore b=-a$ $a^2-2b^2=-a^2$ $\therefore$ 최댓값 0

ⅰ), ⅱ)에서 최댓값은 2이다.

정답 ③

$\log_2 10$의 정수 부분을 x, 소수 부분을 y라 할 때 $\dfrac{2^y-2^{-y}}{2^y+2^{-y}}$의 값은?

① $\dfrac{18}{325}$ ② $\dfrac{19}{326}$ ③ $\dfrac{20}{327}$ ④ $\dfrac{21}{328}$ ⑤ $\dfrac{18}{329}$

✏ 힌트 / $\log_2 8<\log_2 10<\log_2 16,\ 3<\log_2 10<4$

$\qquad\therefore x=3,\ y=\log_2 10-3$

:: 풀이 :: $\log_2 10=3.\times\times\times$ $\therefore x=3$

$\qquad y=\log_2 10-3=\log_2\dfrac{10}{8}=\log_2\dfrac{5}{4}$ $2^y=2^{\log_2\frac{5}{4}}=\dfrac{5}{4}$

$\qquad\therefore$ 준식 $=\dfrac{\dfrac{5}{4}-\dfrac{4}{5}}{2^3+2^{-3}}=\dfrac{\dfrac{5}{4}-\dfrac{4}{5}}{8+\dfrac{1}{8}}=\dfrac{50-32}{320+5}=\dfrac{18}{325}$

정답 ①

1. 로그함수

$a > 0$이고 $a \neq 1$일 때, 임의의 양의 실수 x에 $\log_a x$를 대응시키는 함수 $y = \log_a x$를 a를 밑으로 하는 로그 함수라고 한다.

$y = \log_a x \, (a > 0, \ a \neq 1)$의 성질

(1) 정의역은 양의 실수 전체의 집합이고, 치역은 실수 전체의 집합이다.

(2) $a > 1$일 때, x의 값이 증가하면 y의 값도 증가한다. (증가함수)

　　$0 < a < 1$일 때, x의 값이 증가하면 y의 값은 감소한다. (감소함수)

(3) 그래프는 두 점 $(1,0)$, $(a,1)$를 지나고 y축을 점근선으로 한다.

(4) 로그함수 $y = \log_a x \, (a > 0, a \neq 1)$의 그래프

① $a > 1$　　　　　　　　　　　　　　② $0 < a < 1$

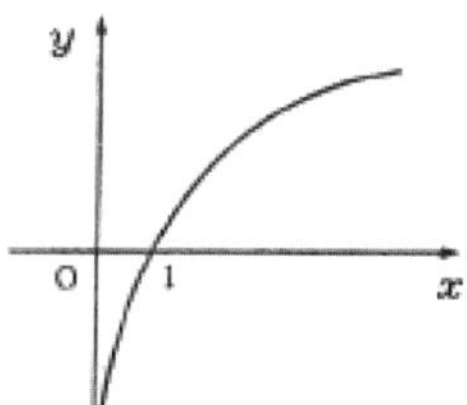 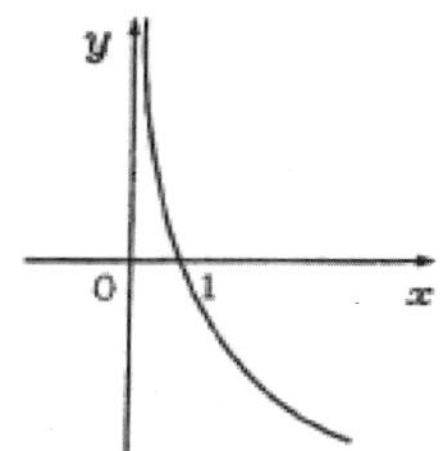

2. 로그방정식의 풀이

(1) $\log_a f(x) = b$의 꼴일 때, $f(x) = a^b$, $f(x) > 0$을 푼다.

(2) $\log_a f(x) = \log_a g(x)$의 꼴일 때 $f(x) = g(x)$, $f(x) > 0, g(x) > 0$을 푼다.

(3) 지수에 로그가 있을 때 즉, $f(x)^{\log_z x} = g(x)$의 꼴일 때, 양변에 a를 밑으로 하는 로그를 취한다.

(4) 방정식이 $\log_a x$를 포함할 때, $\log_a x = X$로 치환하여 푼 후 $x = a^X$를 이용한다.

3. 로그부등식의 풀이

(1) $\log_a f(x) > b$의 꼴일 때,

　　ⅰ) $a > 1$인 경우 $f(x) > a^b$을 푼다.

　　ⅱ) $0 < a < 1$인 경우 $0 < f(x) < a^b$을 푼다.

(2) $\log_a f(x) > \log_a g(x)$의 꼴일 때,

　　ⅰ) $a > 1$인 경우 $f(x) > g(x) > 0$을 푼다.

　　ⅱ) $0 < a < 1$인 경우 $0 < f(x) < g(x)$을 푼다.

(3) 지수에 로그가 있을 때 즉, $f(x)^{\log_a x} > g(x)$의 꼴일 때, 양변에 a를 밑으로 하는 로그를 취한다.

(4) 부등식이 $\log_a x$를 포함할 때, $\log_a x = X$로 치환하여 푼 후 $x = a^X$를 이용한다.

4. 로그자

기점으로부터의 거리가 $\log x$ 되는 곳에 x의 눈금을 매긴 자를 로그자 한다. 로그자에는 다음과 같은 성질이 있다.

(1) 기점의 눈금은 1이다.

(2) 눈금 $a,\ b(a < b)$ 사이의 거리는 $\log b - \log a$이다.

보기 1 다음 함수 중에서 증가함수를 모두 구하여라.

    (1) $y = \log_3 x$ (2) $y = \log_{\frac{1}{2}} x$

:: 풀이 :: (1) 밑수가 1보다 크므로 증가함수이다.

         (2) 밑수가 1보다 작으므로 증가함수가 아니다.

보기 2 $\log_2(3x - 1) = \log_2(x + 7)$를 풀어라.

:: 풀이 :: $3x - 1 = x + 7$에서 $2x = 8$ $\therefore x = 4$

보기 3 다음 로그부등식을 풀어라.

    (1) $\log_3(2x + 1) > \log_3(x + 7)$

    (2) $\log_{\frac{1}{2}}(3x - 2) > \log_{\frac{1}{2}}(x + 10)$

:: 풀이 :: (1) $\log_3(2x + 1) > \log_3(x + 7)$에서

        $2x + 1 > 0,\ x + 7 > 0$ 두 부등식이 동시에 만족하는 x의 범위는

        $x > -\dfrac{1}{2}$ ……………………… ㉠

        $2x + 1 > x + 7$에서 $x > 6$ …… ㉡

        $\therefore$ ㉠, ㉡이 동시에 만족하는 x의 범위는 $x > 6$

      (2) $\log_{\frac{1}{2}}(3x - 2) > \log_{\frac{1}{2}}(x + 10)$에서

        $3x - 2 > 0,\ x + 10 > 0$ 두 부등식이 동시에 만족하는 x의 범위는

        $x > \dfrac{2}{3}$ ………………………… ㉠

        $3x - 2 < x + 10$ 에서 $2x < 12$ $\therefore x < 6$ …… ㉡

        $\therefore$ ㉠, ㉡이 동시에 만족하는 x의 범위는 $\dfrac{2}{3} < x < 6$

보기 4 $x > 1$일 때 다음 세 수의 대소를 비교하여라.

$$A = \log x^2, \ B = (\log x)^2, \ C = \log(\log x)$$

:: 풀이 :: 차를 셈해 보아도 되지만 그림표로도 해결할 수 있다.

$\log x = X$ 라 놓으면 $x > 1$이므로 $X > 0$

$A = 2\log x = 2X$

$B = (\log x)^2 = X^2$

$C = \log(\log x) = \log X$

오른쪽 그림으로부터

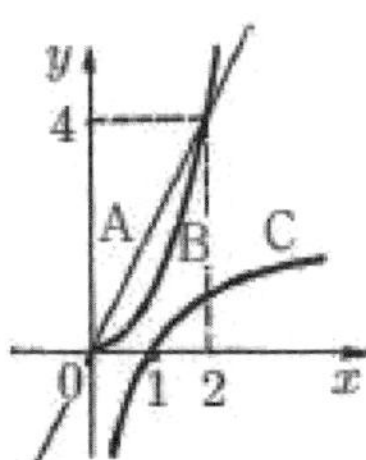

$0 < X < 2$ $\therefore \ 1 < x < 100$일 때 $A > B > C$

$X = 2$ $\therefore \ x = 100$일 때 $A = B > C$

$X > 2$ $\therefore \ x > 100$일 때 $B > A > C$

보기 5 $\log 4 + \log 25$가 로그자 위에 있는 눈금을 구하여라.

:: 풀이 :: $\log 4 + \log 25 = \log(4 \times 25) = \log 100$

따라서 구하는 눈금은 100이다.

◀)) 예제 1

함수 $f(x) = \log_4 x$일 때 〈보기〉에서 옳은 것을 모두 고른 것은?

> **보기**
> ㄱ. 양수 x에 대하셔 $f\left(\dfrac{x}{4}\right) = f(x) + 1$이다.
> ㄴ. 수열 $\{f(2^n)\}$은 등차수열이다.
> ㄷ. $x > 1$일 때 $f(f(x)) > 0$이다.

① ㄱ   ② ㄴ   ③ ㄱ, ㄷ   ④ ㄴ, ㄷ   ⑤ ㄱ, ㄴ, ㄷ

✎ 힌트 / $f(2^n) = \dfrac{n}{2}$가 된다.

:: 풀이 :: ㄱ. 양수 x에 대하여

$$f\left(\frac{x}{4}\right) = \log_4 \frac{x}{4} = \log_4 x - \log_4 4 = \log_4 x - 1 = f(x) - 1 \ \text{(거짓)}$$

ㄴ. $f(2^n) = \log_4 2^n = \dfrac{n}{2}\log_2 2 = \dfrac{n}{2}$

따라서 수열 $\{f(2^n)\}$은 첫째항이 $\dfrac{1}{2}$이고, 공차가 $\dfrac{1}{2}$인 등차수열이다. (참)

ㄷ. (반례) $x = 2$일 때,

$$f(f(2)) = f(\log_4 2) = f\left(\frac{1}{2}\right) = \log_4 \frac{1}{2} = -\frac{1}{2} < 0 \ \text{(거짓)}$$

따라서 보기에서 옳은 것은 ㄴ이다.

정답 ②

x와 y사이의 관계가 다음 그림과 같은 모양일 때, $\log x$와 $\log y$ 사이의 관계를 옳게 나타낸 것은?

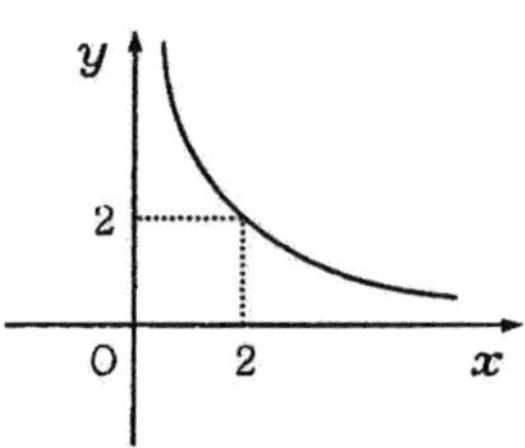

①	②	③
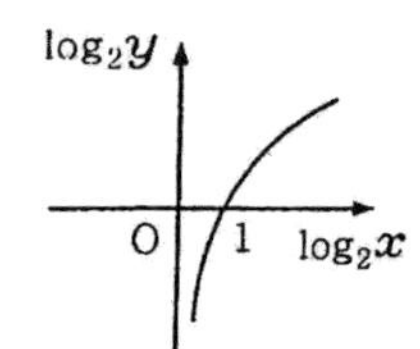	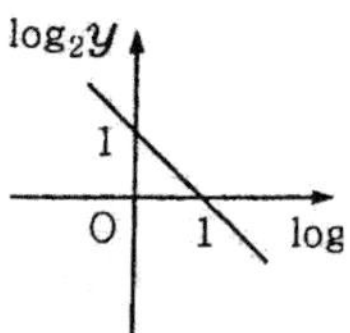	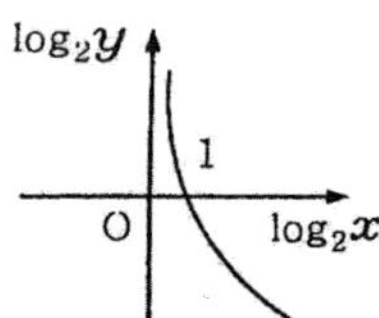

④	⑤
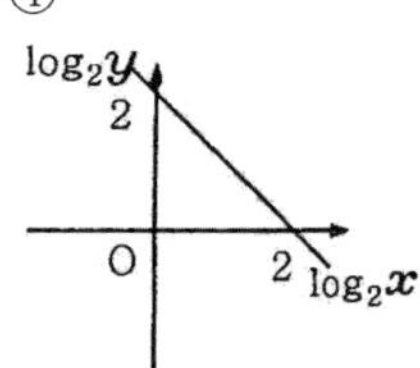	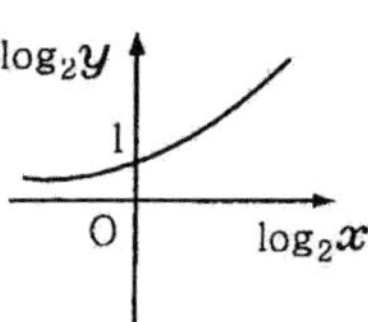

✏️힌트 / $y=\dfrac{k}{x}$에서 k를 구한다.

:: 풀이 :: $y=\dfrac{k}{x}$에서 $x=2$일 때 $y=2$이므로 $k=4$ $\therefore\ y=\dfrac{4}{x}$

양변에 $\log 2$를 취하면 $\log_2 y=\log_2\dfrac{4}{x}=\log_2 4-\log_2 x\ =-\log_2 x+2$

정답 ④

🔊 예제 3

x에 관한 방정식 $2^{x+1}=3^{2x}$의 근은?

① $\dfrac{\log 2}{2\log 3+\log 2}$ ② $\dfrac{\log 2}{2\log 3-\log 2}$ ③ $\dfrac{-\log 2}{2\log 3+\log 2}$

④ $\dfrac{-\log 2}{2\log 3-\log 2}$ ⑤ $\dfrac{-\log 2}{\log 2-2\log 3}$

✏️힌트 / 양변에 $\log$를 취한다.

:: 풀이 :: $2^{x+1}=3^{2x}$의 양변에 $\log$를 취하면

$(x+1)\log 2=2x\log 3,\ (2\log 3-\log 2)x=\log 2$ $\therefore\ x=\dfrac{\log 2}{2\log 3-\log 2}$

정답 ②

방정식 $9^{\log x} \cdot x^{\log 9} - 2(9^{\log x} + x^{\log 9}) + 3 = 0$을 풀면?

① $x = 1, \ x = \sqrt{10}$ ② $x = 2, \ x = 10$ ③ $x = \dfrac{1}{10}, \ x = \dfrac{1}{\sqrt{10}}$

④ $x = \dfrac{1}{2}, \ x = \dfrac{1}{10}$ ⑤ $x = 1, \ x = 10$

✎ 힌트 / $9^{\log x} = x^{\log 9}$

:: 풀이 :: $(9^{\log x})^2 - 4 \times 9^{\log x} + 3 = 0$

$(9^{\log x} - 3)(9^{\log x} - 1) = 0, \ \log x = \dfrac{1}{2}, \ \log x = 0$

$\therefore x = \sqrt{10}, \ x = 1$

정답 ①

방정식 $\log_3(2x - 1) = \log_9(x^2 - x + 7)$을 만족하는 x의 값은?

① $x = -1$ 또는 2 ② $x = -1$ 또는 3 ③ $x = 3$

④ $x = 2$ ⑤ $x = -1$

✎ 힌트 / $\log_a b = \log_{a^2} b^2$

:: 풀이 :: 진수조건 $2x - 1 > 0, \ x^2 - x + 7 > 0$

$\therefore \ x > \dfrac{1}{2}$ ··········· ㉠

$\dfrac{\log(2x - 1)}{\log 3} = \dfrac{\log(x^2 - x + 7)}{2\log 3}$

$2\log(2x - 1) = \log(x^2 - x + 7)$

$\therefore \ (2x - 1)^2 = x^2 - x + 7, \ (x + 1)(x - 2) = 0$

$\therefore \ x = 2 \ (\because ㉠에서)$

정답 ④

$x > 1$, $y > 1$이고 $2\log_x y - 2\log_y x + 3 = 0$가 성립할 때, $x^2 - 4y^2$의 최솟값은?

① 0　　　　② 2　　　　③ -4　　　　④ -1　　　　⑤ 4

✏️힌트 / $\log_x y = X$라 하여 방정식을 풀면 x, y의 관계식이 나온다.

:: 풀이 :: $\log_x y = X$라 하면 $2X - \dfrac{2}{X} + 3 = 0$

$$\therefore\ 2X^2 + 3X - 2 = 0,\ (2X-1)(X+2) = 0$$

$x > 1$, $y > 1$이므로 $X > 0$　　$\therefore\ X = \dfrac{1}{2}$

$$\log_x y = \dfrac{1}{2}\qquad \therefore\ y = x^{\frac{1}{2}}$$

즉, $x = y^2$, $x^2 - 4y^2 = x^2 - 4x = (x-2)^2 - 4$

$\therefore\ x > 1$이므로 $x = 2$에서 최솟값은 -4

정답 ③

방정식 $x^2 - 4x + 2 = 0$의 두 근이 $\log a$, $\log b$일 때 $\log_a b^2 + \log_b a^2$의 값은?

① 24　　　　② 18　　　　③ 16　　　　④ 12　　　　⑤ 10

✏️힌트 / $\log a + \log b = 4$, $\log a \cdot \log b = 2$를 이용한다.

:: 풀이 :: $\log a + \log b = 4$, $\log a \cdot \log b = 2$이므로

$$\log_a b^2 + \log_b a^2 = 2(\log_a b + \log_b a)$$

$$= 2\left\{ \frac{\log b}{\log a} + \frac{\log a}{\log b} \right\}$$

$$= 2\left\{ \frac{(\log a)^2 + (\log b)^2}{\log a \cdot \log b} \right\}$$

$$= \frac{2\{(\log a + \log b)^2 - 2\log a \cdot \log b\}}{\log a \cdot \log b}$$

$$= \frac{2(4^2 - 4)}{2} = 12$$

정답 ④

정수 부분이 2자리인 두 수 x, y에서 $\log x$의 가수가 $\log y$의 가수의 $\dfrac{1}{2}$과 같을 때 x와 y와의 관계식은?(단, $x > 0$, $y > 0$)

① $y = \dfrac{x^2}{10}$ ② $y = 10x^2$ ③ $y = \dfrac{1}{2}x$ ④ $y = \dfrac{\sqrt{x}}{10}$ ⑤ $y = x^2$

✍ **힌트** / 관계식에서 가수를 소거시킨다.

:: **풀이** :: $\log y$의 가수를 α라 하면

$$\log x = 1 + \frac{1}{2}\alpha \quad \cdots\cdots\cdots\cdots ㉠$$

$$\log y = 1 + \alpha \quad \cdots\cdots\cdots\cdots ㉡$$

㉠ $\times 2 - ㉡$ 하면 $\log \dfrac{x^2}{y} = 1$ $\qquad \therefore \dfrac{x^2}{y} = 10 \qquad \therefore y = \dfrac{1}{10}x^2$

정답 ①

부등식 $2^{2x} - 3 \cdot 2^{x+2} + 32 < 0$ 의 해집합은?

① $\{x | 2 < x < 3\}$ ② $\{x | x < 2, x > 3\}$ ③ $\{x | 3 < x < 4\}$

④ $\{x | x < 3, x > 4\}$ ⑤ $\{x | 1 < x < 2\}$

✍ **힌트** / $2^x = X(>0)$라 놓으면 $X^2 - 3 \cdot 2^2 X + 32 < 0$

:: **풀이** :: $2^{2x} - 3 \cdot 2^{x+2} + 32 < 0$, $X^2 - 12 \cdot X + 32 < 0$

$(X-8)(X-4) < 0$ $\therefore 4 < X < 8$, $4 < 2^x < 8$ $\qquad \therefore 2 < x < 3$

정답 ①

$0 < a < b < 1$일 때 다음에서 옳은 것은?

① $\log_a \dfrac{b}{a} < \log_a b < \log_b a$ ② $\log_a b < \log_b a < \log_a \dfrac{b}{a}$ ③ $\log_b a < \log_a \dfrac{b}{a} < \log_a b$

④ $\log_a \dfrac{b}{a} < \log_a b < \log_a b$ ⑤ $\log_b a < \log_a b < \log_a \dfrac{b}{a}$

✍ **힌트** / $\log_a b < 1(\because 0 < a < b < 1)$, $\log_b a > 1(\because 0 < a < b < 1)$

:: **풀이** :: $0 < a < b < 1$ 이므로 밑이 a, b인 로그를 취하면 $\log_a b < 1$이고 $\log_b a > 1$이다.

$$\log_a \frac{b}{a} = \log_a b - 1 < 0$$

$$\therefore \log_a \frac{b}{a} < \log_a b < \log_b a$$

정답 ①

세 실수 $A = 3^{\log_3 2}$, $B = \dfrac{1}{\log_2 3} + \dfrac{1}{\log_3 2}$, $C = \log_4 2 + \log_9 3$의 대소관계를 옳게 나타내고 있는 것은?

① $A < B < C$ ② $C < B < A$ ③ $B < C < A$

④ $C < A < B$ ⑤ $B < A < C$

✎ 힌트 / $\log_2 3 = a\,(a > 1)$로 치환한다.

:: 풀이 :: $A = 2$, $\log_2 3 = a\,(a > 1)$로 놓으면

$$B = \frac{1}{\log_2 3} + \log_2 3 = \frac{1}{a} + a = \frac{a^2 + 1}{a}$$

$$B - A = \frac{a^2 + 1}{a} - 2 = \frac{a^2 - 2a + 1}{a} = \frac{(a-1)^2}{a} > 0 \qquad \therefore\ B > A$$

$$C = \frac{1}{2} + \frac{1}{2} = 1 \qquad \therefore\ C < A < B$$

정답 ④

로그자에서 눈금 1과 5 사이를 삼등분하는 점의 눈금을 구하면?

① $\dfrac{5}{3}, \dfrac{10}{3}$ ② $\sqrt[3]{5}, \sqrt[3]{25}$ ③ $\sqrt{5}, 2\sqrt{5}$

④ $\dfrac{4}{3}, \dfrac{8}{3}$ ⑤ 6

✎ 힌트 / 그림을 참고로 한다.

:: 풀이 :: 그림에서

$$3\log a = \log 5$$

$$\log_{10} a = \frac{1}{3}\log_{10} 5 \qquad \therefore\ a = \sqrt[3]{5}$$

$$\log_{10} b = \frac{2}{3}\log_{10} 5 \qquad \therefore\ b = \sqrt[3]{5^2}$$

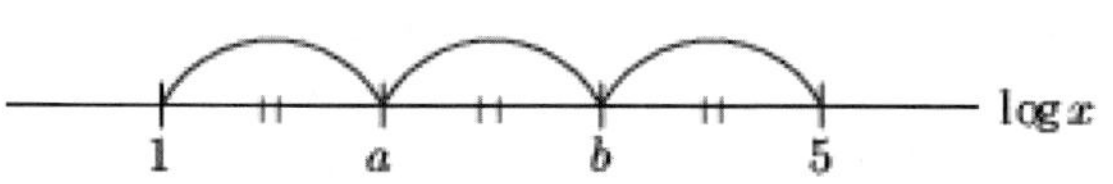

정답 ②

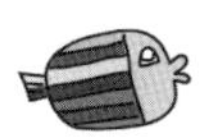

 **문제 A**

01 다음 중 옳은 것을 고르면?

① 81의 네제곱근은 ± 2이다.

② 27의 세제곱근 중 실수인 것은 3개다.

③ 9의 제곱근은 3이다.

④ -8의 세제곱근 중 실수인 것은 없다.

⑤ $\sqrt{16}$의 네제곱근 중 실수인 것은 $\pm\sqrt{2}$이다.

02 $\sqrt{3\sqrt[3]{9\sqrt[4]{81}}}$ 의 값을 구하여라.

03 다음 값을 구하여라.

(1) $\left\{\left(\dfrac{27}{8}\right)^{-\frac{4}{9}}\right\}^{\frac{3}{2}}$

(2) $\left\{\left(\dfrac{25}{81}\right)^{\frac{3}{4}}\right\}^{\frac{2}{3}} \times \left\{\left(\dfrac{5}{9}\right)^{-\frac{4}{3}}\right\}^{\frac{3}{2}}$

04 $5^{2x}=3$일 때, $\dfrac{5^{3x}-5^{-x}}{5^x+5^{-x}}$의 값을 구하여라.

05 $x=2^{\frac{1}{3}}+2^{-\frac{1}{3}}$일 때, $2x^3-6x-4$의 값은?

① 5

② $3\cdot 2^{\frac{1}{3}}$

③ 3

④ $2\cdot 2^{\frac{1}{3}}$

⑤ 1

06 $3^x=4^y=12^z$일 때, $\dfrac{1}{x}+\dfrac{1}{y}-\dfrac{1}{z}$의 값은?

(단, $xyz\neq 0$)

① -1

② $-\dfrac{1}{2}$

③ 0

④ $\dfrac{1}{2}$

⑤ 1

07 어떤 호수의 수면에서의 빛의 세기가 A일 때, 수심이 $k(\mathrm{m})$인 곳의 빛의 세기는 $A_k=A\left(\dfrac{1}{2}\right)^{\frac{k}{4}}$으로 나타내어진다고 한다. 수심이 $7\,\mathrm{m}$인 곳에서의 빛의 세기 A_7은 수심이 $27\,\mathrm{m}$인 곳에서의 빛의 세기 A_{27}의 몇 배인가?

① 2배

② 4배

③ 8배

④ 16배

⑤ 32배

08 어떤 음식점에서 n인분의 식사를 준비하는 데 걸리는 시간을 t분이라고 하면

$$t = 3 \times n^{0.5}$$

의 관계식이 성립한다고 한다. 이때, 32인분의 식사를 준비하는 데 걸리는 시간은 8인분의 식사를 준비하는 데 걸리는 시간의 몇 배인지 구하여라.

🎯 문제 B

01 세 양수 a, b, c에 대하여 $a^6 = 3$, $b^5 = 7$, $c^2 = 11$일 때, $(abc)^n$이 자연수가 되는 최소의 자연수 n의 값을 구하여라.

02 세 양수 a, b, c에 대하여 $\dfrac{3}{a} + \dfrac{2}{b} = \dfrac{1}{c}$일 때, $2^a = 3^b = k^c$를 만족하는 양수 k의 값을 구하여라.

03 양수 a에 대하여

$$\frac{1}{a^{-10}+1} + \frac{1}{a^{-9}+1} + \cdots$$
$$+ \frac{1}{a^{-1}+1} + \frac{1}{a^0+1} + \frac{1}{a^1+1} + \cdots$$
$$+ \frac{1}{a^9+1} + \frac{1}{a^{10}+1}$$ 의 값은?

04 $2^{x+2} + 2^y = 16$인 실수 x, y에 대하여 $2^{x+2} \cdot 2^y$가 최댓값을 가질 때, $\sqrt[x+y]{(x+y)^4}$의 값을 구하시오.

05 2이상의 자연수 n과 실수 a에 대하여 $f(n, a)$를 $f(n, a) = (a$의 n제곱근 중 실수인 것의 개수)로 정의할 때, 옳은 것만을 〈보기〉에서 있는 대로 고른 것은? (단, b는 실수이다.)

〈보기〉
ㄱ. n이 홀수일 때, $f(n, -2^a) = 2$
ㄴ. $f(4, \sin 4) + f(5, \cos 5) + f(6, \tan 6) = 1$
ㄷ. $f(m, a) = 2$이고 $f(n, b) = 0$이면 $f\left(m+n, \dfrac{a}{b}\right) = 0$

① ㄱ   ② ㄴ
③ ㄷ   ④ ㄱ, ㄴ
⑤ ㄴ, ㄷ

06 세 실수 x, y, z에 대하여 $2^{x^2+z^2} \cdot 16^{xy+y^2} = 1$, $3^{|x-2y-4|} \cdot 9^{|x+2y-z|} = 1$일 때, $(x+z)^y$의 값을 구하여라.

07 $(\sqrt{26})^a = 4\sqrt{3}$, $3^b = 2\sqrt[3]{5}$, $5^c = 7$일 때, 세 양수 a, b, c의 대소 관계를 바르게 나타낸 것은?

① $a < b < c$ ② $b < c < a$
③ $c < a < b$ ④ $b < a < c$
⑤ $a < c < b$

문제 A

01 다음 지수함수의 최댓값과 최솟값을 각각 구하여라.

(1) $y = 2^{x-1} - 1 \ (-1 \leq x \leq 2)$

(2) $y = 9^{-x} - 12 \cdot 3^{-x-1} - 1 \ (-2 \leq x \leq 0)$

02 함수 $y = a^{-x^2 + 6x - 5} \ (a > 1)$의 최댓값이 81일 때, 상수 a의 값은?

① 1   ② 2

③ 3   ④ 4

⑤ 5

03 다음 그림과 같이 함수 $y = 2^x$의 그래프 위의 두 점 A, B에서 x축에 내린 수선의 발을 각각 C, D라 하고, y축에 내린 수선의 발을 각각 E, F라 하자. $\overline{CD} = 1$이고 사각형 $ACDB$의 넓이가 48일 때, 사각형 $ABFE$의 넓이를 구하여라.

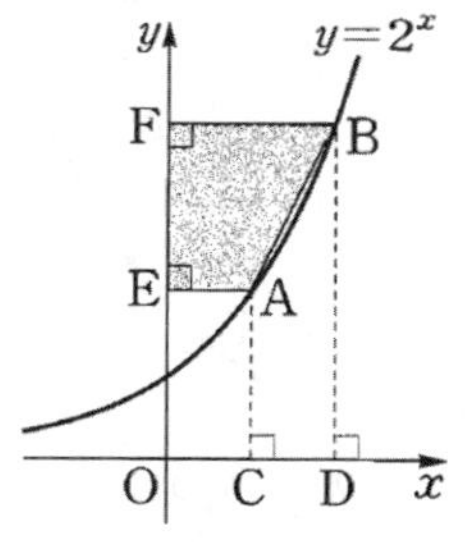

04 함수 $y = k \cdot 3^x \ (0 < k < 1)$의 그래프가 두 함수 $y = 3^{-x}$, $y = -4 \cdot 3^x + 8$의 그래프와 만나는 점을 각각 P, Q라고 하자. 점 P와 점 Q의 x좌표의 비가 $1:2$일 때, 상수 k의 값을 구하여라.

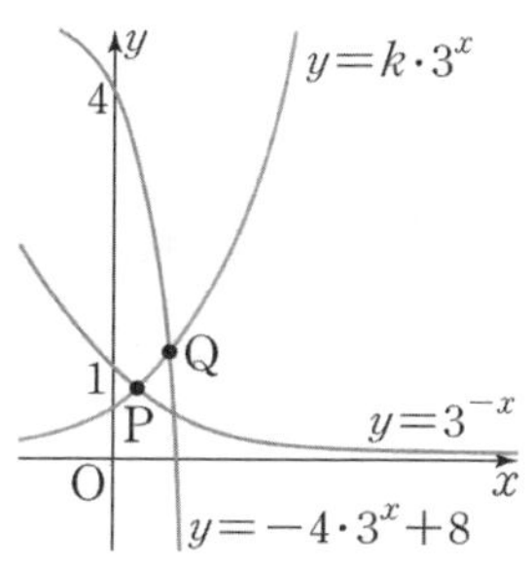

05 다음 그림에서 함수 $f(x) = -\left(\dfrac{1}{2}\right)^{ax+b}$의 그래프는 함수 $y = 2^x$의 그래프를 x축의 방향으로 c만큼 평행이동한 후 x축에 대하여 대칭이동한 것이다. a, b, c의 값을 구하여라.

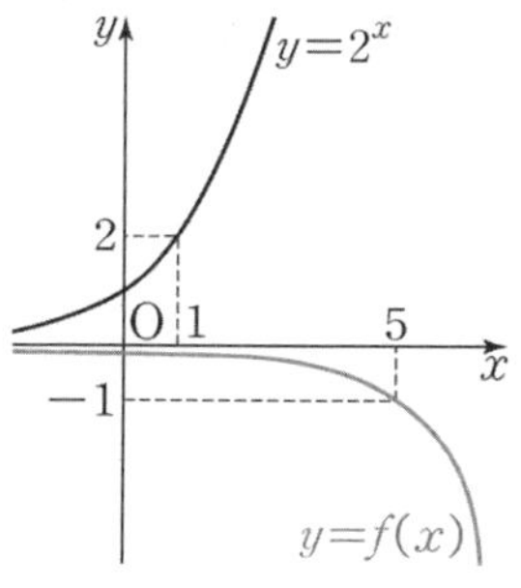

06 다음 지수방정식을 풀어라.

(1) $4^x = 0.125$

(2) $0.09^{-x+1} = \dfrac{3}{10}$

(3) $25^{|x|} - 3 \cdot 5^{|x|} = 10$

(4) $3 \cdot \left(\sqrt{2}\right)^x = 2^{x+1} + 1$

07 다음 지수부등식을 풀어라.

(1) $\left(\dfrac{1}{6}\right)^{2x+1} < \left(\dfrac{1}{36}\right)^{3-2x}$

(2) $2^{-x} < 2 \cdot \sqrt[3]{2} < \left(\dfrac{1}{2}\right)^{2x-3}$

(3) $3^{2x+1} + 3^{x+1} - 6 \geq 0$

(4) $4^x - 5 \cdot 2^{x+1} + 16 \leq 0$

08 지수방정식 $2^x + 2^{4-x} = 10$의 두 근을 α, β라고 할 때, $2^\alpha + 2^\beta + 2^{\alpha+\beta}$의 값을 구하여라.

문제 B

01 양의 실수 전체의 집합을 정의역으로 하는 함수 $y = \dfrac{2^x - 2^{-x}}{2^x + 2^{-x}}$의 치역은?

① $\{y \mid 0 < y < 1\}$

② $\{y \mid y > 0\}$

③ $\{y \mid y < 0\}$

④ $\{y \mid -1 < y < 1\}$

⑤ $\{y \mid y \geq 1\}$

02 지수함수 $f(x) = a^{x-m}$의 그래프와 그 역함수의 그래프가 두 점에서 만나고, 두 교점의 x좌표가 1과 3일 때, $a+m$의 값을 구하여라.(단, $a>0$, $a \neq 1$)

03 다음 그림은 두 함수 $y = 2^x$과 $y = 2^{x-1}$의 그래프이다. 직선 $x = k$가 x축 및 두 곡선과 만나는 점을 각각 A, B, C라 하고, 직선 $x = k+1$이 x축 및 두 곡선과 만나는 점을 각각 D, E, F라 할 때, $\dfrac{\triangle \mathrm{CEF}}{\square \mathrm{ADEB}}$의 값을 구하여라.

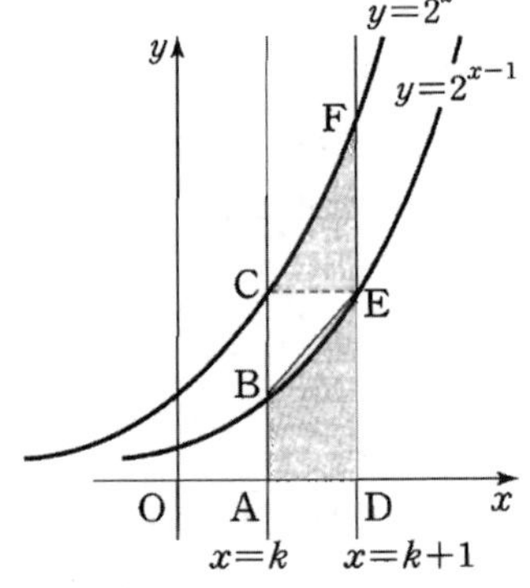

04 방정식 $9^x+9^{-x}+9=4\,(3^x+3^{-x}+3)$의 실

근을 각각 $\alpha,\ \beta$라 할 때, $\dfrac{9^{\alpha+\beta}}{3^\alpha+3^\beta}$의 값은?

① $\dfrac{1}{9}$　　　　② $\dfrac{1}{5}$

③ $\dfrac{2}{3}$　　　　④ 1

⑤ 3

05 이차방정식 $x^2-2^{a+1}x+2^a+20=0$의 서로

다른 두 실근이 모두 2보다 클 때, 실수

a의 값의 범위는 $p<a<q$이다. 이때,

4^p+4^q의 값을 구하시오.

06 $-3\le x\le 2$에서

지수부등식 $4^x-5\cdot2^{x+2}\ge 4^\alpha-5\cdot2^{x+2}$이

항상 성립하도록 하는 모든 정수 α의 값

의 합은?

① 3　　　　② 5

③ 7　　　　④ 9

⑤ 11

07 양의 실수 전체의 집합에서 정의된 두 함

수 $f(x)=\sqrt[m]{x^n},\ g(x)=\sqrt[n]{x^m}$에 대하여 옳

은 것만을 보기에서 있는 대로 고른 것

은? (단, $m,\ n$은 2 이상의 자연수이다.)

> ㄱ. $f(2)>g(2)$이면 $m<n$이다.
>
> ㄴ. $0<x<1$일 때,
> 　　$f(x)<g(x)$이면 $m<n$이다.
>
> ㄷ. $x>1$일 때, $f(x)g(x)\ge x^2$이다.

① ㄱ　　　　② ㄱ, ㄴ

③ ㄱ, ㄷ　　　　④ ㄴ, ㄷ

⑤ ㄱ, ㄴ, ㄷ

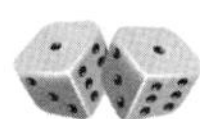 **문제 A**

01 $\log_{a-1}(5-a)$가 값을 가지기 위한 정수 a의 값을 모두 구하여라.

02 모든 실수 x에 대하여 $\log_3(x^2+ax+a+3)$이 정의되기 위한 실수 a의 범위를 구하여라.

03 $\dfrac{3}{2}\log_3 2 - \log_3 \sqrt{6} + \log_3 \sqrt{3}$을 간단히 하면?

① $-\log_3 2$
② $1-\log_3 2$
③ 1
④ $1+\log_3 2$
⑤ $\log_3 2$

04 $3\log_2 5 + 4\log_4 5 + \log_{\sqrt{2}} 5 + \log_{\frac{1}{2}} 5 = a\log_2 5$를 만족시키는 자연수 a의 값은?

① 5
② 6
③ 7
④ 8
⑤ 9

05 $(\log_4 9 + \log_2 27)(\log_3 2 + \log_9 8)$을 간단히 하면?

① 2
② 4
③ 6
④ 8
⑤ 10

06 $\log 2 = 0.3010$, $\log 3 = 0.4771$일 때, 3^{45}은 몇 자리 정수인지 구하고, 최고 자리의 숫자를 말하여라.

07 이차방정식 $2x^2+11x+k=0$의 두 근이 $\log A$의 지표와 가수일 때, 상수 k와 A의 값을 각각 구하여라. (단, $\log 3.162 = 0.5$)

08 $10 \le x < 100$이고, $\log x$의 가수와 $\log x^2$의 가수가 같을 때, x의 값은?

① 1   ② 5
③ 10   ④ 15
⑤ 20

09 $10^2 < x < 10^4$인 x에 대하여 $\log x$의 가수와 $\log \sqrt{x}$의 가수의 합이 1이 되는 x를 모두 곱한 값을 구하여라.

문제 B

01 모든 실수 x에 대하여

$\log_{(6-p)}(x^2-2qx+3p^2)$의 값이 정의되기 위한 자연수 $p,\ q$의 순서쌍 $(p,\ q)$의 개수는?

① 12   ② 13
③ 14   ④ 15
⑤ 16

02 두 양수 $p,\ q$에 대하여

$\log_{49} p = \log_{21} q = \log_9 \dfrac{p+2q}{15}$가 성립할 때, $\dfrac{p}{q}$의 값은?

① 1   ② 2
③ 3   ④ 4
⑤ 5

03 $a^x = b^{2y} = a^2 b^4$ 인 관계가 성립할 때,

$\dfrac{3xy}{2(x+y)}$ 의 값은?

(단, $a,\ b$ 는 1이 아닌 양수, $ab \ne 1$)

① 1   ② $\dfrac{3}{2}$
③ 2   ④ 3
⑤ $\dfrac{2}{3}$

04 다음 조건을 모두 만족하는 두 양의 실수 x, y 에 대하여 $\log(x-y)$ 의 지표는?

> (가) 두 양수 x, y 에 대하여 $\log(x+y)$ 의 지표는 2 이다.
> (나) 두 양수 x, y 에 대하여 $\log xy$ 의 지표는 1 이다.
> (다) $x > y$

① 0

② 1

③ 2

④ 0 또는 1

⑤ 1 또는 2

05 자연수 a, b, c가 다음 조건을 만족시킨다.

> (가) $a : b : c = 1 : 2 : 4$
> (나) 세 수 a, b, c의 최소공배수는 64 이다.

이때, $[\log_a b + \log_b c + \log_c a]$ 의 값은?
(단, $[x]$는 x보다 크지 않은 최대의 정수 이다.)

① 1

② 2

③ 3

④ 4

⑤ 5

06 정수 n에 대하여 양의 실수 x가 $n \le \log x < n+1$일 때, $f(x) = n$이라 하자. $f(x) + f(x^2) + f(x^3) = 14$를 만족시키는 $f(x)$의 값은?

① 1

② 2

③ 3

④ 4

⑤ 5

07 x가 자연수일 때, $f(x)$를 $f(x) = \log_2 x - [\log_2 x]$라 하자. 옳은 것만을 보기에서 있는 대로 고른 것은?(단, $[x]$는 x보다 크지 않은 최대의 정수이다.)

> ㄱ. $f(16) = 0$
> ㄴ. $x_1 \ne x_2$이면 $f(x_1) \ne f(x_2)$
> ㄷ. $f(x_1) + f(x_2) = 1$이면 두 수 x_1, x_2 는 모두 짝수이다.

① ㄱ

② ㄴ

③ ㄱ, ㄴ

④ ㄱ, ㄷ

⑤ ㄱ, ㄴ, ㄷ

Ⅱ. 지수함수와 로그함수 - 4. 로그함수

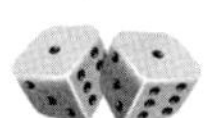 **문제 A**

01 다음 함수의 최댓값 또는 최솟값을 구하여라.

(1) $y = \log_3(x+2)$ (단, $1 \le x \le 7$)

(2) $y = \log_{\frac{1}{3}}(x^2 + 2x + 10)$

(3) $y = \left(\log_2 2x\right)\left(\log_2 \dfrac{8}{x}\right)$

(단, $\dfrac{1}{16} \le x \le 4$)

02 $a > 0$, $b > 0$이고 $3a + b = 200$일 때, 함수 $y = \log 3a + \log b$의 최댓값을 구하여라.

03 다음 그림에서 사각형 ABCD는 한 변의 길이가 2인 정사각형이고, 점 A는 $y = \log_2 x$의 그래프 위에 있다. 이때, 점 D의 좌표를 구하여라.

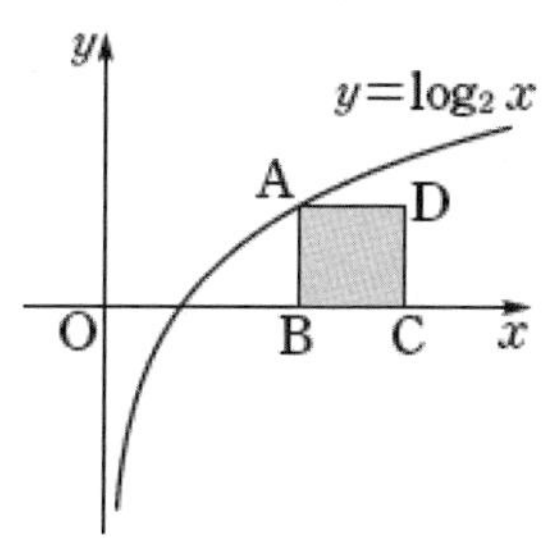

04 두 곡선 $y = \log_2 x$, $y = \log_2 4x$와 두 직선 $x = 1$, $x = 4$ 로 둘러싸인 부분의 넓이는?

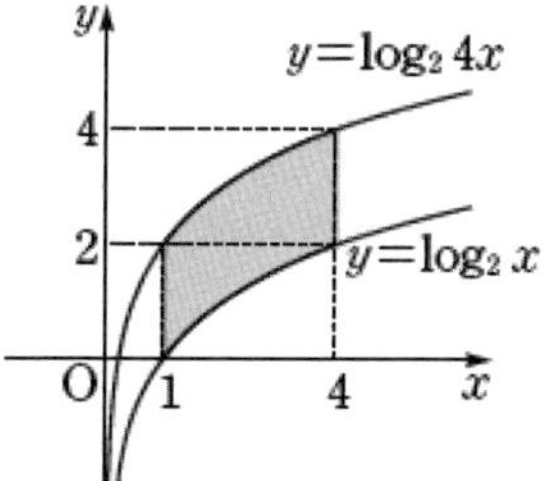

① 6   ② 8

③ 9   ④ $8\log_2 3$

⑤ $9\log_2 3$

05 다음 로그방정식을 풀어라.

(1) $\log(x+2) + \log(x-2) = 1$

(2) $\log_3 x = 1 + \log_9(x-2)$

(3) $\log_2 x = 9\log_x 2$

(4) $(\log_3 x)^2 - \log_3 x^2 - 8 = 0$

06 방정식 $x^{\log x} = 10^4 x^3$의 해를 구하여라.

07 다음 로그부등식을 풀어라.

(1) $\log_3(x^2+3x) < \log_3 4$

(2) $\log_2 x + \log_2(x-1) < 1$

08 로그부등식 $(\log_2 x)^2 - \log_2 x^5 + 6 \le 0$의 해를 $\alpha \le x \le \beta$라고 할 때, $\alpha\beta$의 값은?

① 32 　　② 28

③ 24 　　④ 20

⑤ 16

09 모든 실수 x에 대하여 부등식

$x^2 + 2x\log_2 a + 4\log_2 a - 3 > 0$이 항상 성립하도록 하는 상수 a의 값의 범위를 구하여라.

문제 B

01 두 함수 $f(x) = |x| + |x-3| - 2$, $g(x) = \log_2 x$에 대하여 $y = (g \circ f)(x)$의 그래프와 직선 $y = 4$로 둘러싸인 도형의 내부에 있는 점 (x, y) 중에서 x좌표와 y좌표가 모두 정수인 점의 개수는?

① 13 　　② 15

③ 16 　　④ 18

⑤ 20

02 어느 작업장에 먼지의 양이 $1 m^3$ 당 $200\,\mu g\,(1\,\mu g = 10^{-6} g)$ 이 되면 자동으로 가동되기 시작하는 먼지 제거 장치가 있다. 이 장치가 가동되기 시작하고 t초 후 $1 m^2$ 당 먼지의 양 $x(t)$ 는

$$x(t) = 20 + 180 \times 3^{-\frac{t}{256}}\ (\mu g / m^2)\ \text{이라 한다.}$$

먼지 제거 장치가 가동되기 시작하고 n초 후 작업장의 $1 m^2$ 당 먼지의 양이 $50\,\mu g$ 이 되었다고 할 때, n의 값은?

(단, $\log 2 = 0.30$, $\log 3 = 0.48$ 로 계산한다.)

03 함수 $f(x) = \log_5 x$ 이고 $a > 0$, $b > 0$ 일 때, 보기 중에서 항상 옳은 것을 모두 고른 것은?

> ㄱ. $\left\{f\left(\dfrac{a}{5}\right)\right\}^2 = \left\{f\left(\dfrac{5}{a}\right)\right\}^2$
>
> **보기** ㄴ. $f(a+1) - f(a) > f(a+2) - f(a+1)$
>
> ㄷ. $f(a) < f(b)$ 이면 $f^{-1}(a) < f^{-1}(b)$ 이다.

① ㄱ 　　② ㄷ

③ ㄱ, ㄴ 　　④ ㄴ, ㄷ

⑤ ㄱ, ㄴ, ㄷ

04 다음 그림과 같이 함수 $y=\log_a x\,(a>1)$의 그 래프 위의 점 A와 함수 $y=\log_b x\,(b>1)$의 그 래프 위의 점 B를 잇는 선분 AB를 한 변으로 하는 정사각형 $ABCD$가 있다. 점 C는 함수 $y=\log_a x$의 그래프 위의 점이고 두 점 A, C의 y좌표가 각각 2, 4일 때, 직선 $y=8$과 두 곡선 $y=\log_a x$, $y=\log_b x$가 각각 만나는 두 점사이의 거리를 구하시오.

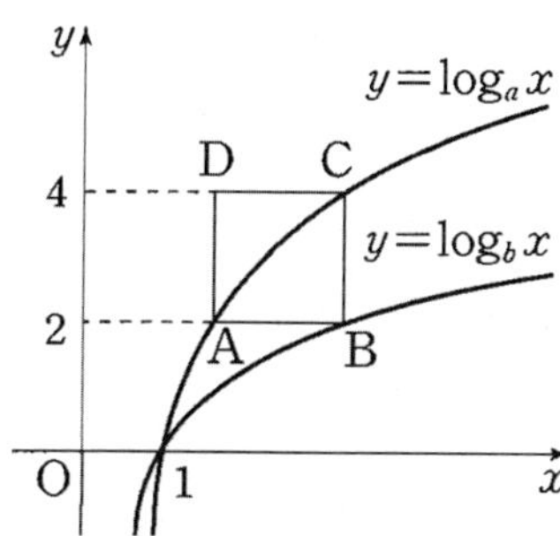

05 지수함수 $f(x)=a^x-k$의 그래프와 로그함수 $g(x)=\log_a(x+k)$의 그래프가 두 점에서 만 날 때, 만나는 두 점을 각각 A, B라 하자. $\overline{AB}$의 수직이등분선의 방정식이 $y=-x+2$ 이고 $\overline{AB}=2\sqrt{2}$일 때, 상수 a, k에 대하여 $a+k$의 값은?

① $2-\sqrt{3}$ ② 2
③ $1+\sqrt{3}$ ④ 3
⑤ $2+\sqrt{3}$

06 함수 $f(x)$가
$$f(x)=\begin{cases} -2^x+10 & (x<3) \\ 2^{x-3}+1 & (x\geq 3) \end{cases}$$
일 때, 함수 $y=f(x)$의 그래프와 직선 $y=a$는 서로 다른 두 점 A, B에서 만난다. 선분 AB의 길이가 3일 때, 상수 a의 값은?

① 5 ② $\dfrac{11}{2}$
③ 6 ④ $\dfrac{13}{2}$
⑤ 7

07 세 부등식 $y-x\leq 0$, $2x+y\leq 0$, $y\geq 0$ 을 모두 만족하는 두 실수 x,y 에 대하여 $2^{-x}3^y$ 의 최댓값은?

① $\dfrac{1}{2}$ ② $\dfrac{2}{3}$
③ 1 ④ $\dfrac{3}{2}$
⑤ $\dfrac{9}{4}$

08 연립부등식
$$\begin{cases} 2\log_{\frac{1}{2}}(x-2)\geq \log_{\frac{1}{2}}(2x-1) \\ \log_2(\log_4 x)\leq 0 \end{cases}$$
을 만족하는 모든 정수 x의 값의 합은?

① 15 ② 13
③ 11 ④ 9
⑤ 7

Ⅲ.
수열과
수열의 극한

1. 등차수열의 정의

어떤 수에서 시작하여 일정한 수를 차례로 더하여 만든 수열을 뜻한다. 이때, 더해주는 일정한 수를 공차라 한다. 즉, 첫째항이 a이고 공차가 d인 등차수열에서 제n항을 a_n이라 하면 $a_{n+1} = a_n + d$의 관계가 성립한다.

2. 등차수열의 일반항

첫째항이 a, 공차가 d인 등차수열의 일반항을 a_n이라 하면

$$a_n = a + (n-1)d$$

3. 등차수열의 합

등차수열의 첫째항부터 제n항까지의 합을 S_n이라 하면

(1) 첫째항과 끝항을 알 때, 즉 첫째항이 a, 끝항이 l일 때

$$S_n = \frac{n(a+l)}{2}$$

(2) 첫째항과 공차를 알 때, 즉 첫째항이 a, 공차가 d일 때

$$S_n = \frac{n}{2}\{2a + (n-1)d\}$$

4. a_n과 S_n와의 관계

(1) $a_n = S_n - S_{n-1}\,(n \geq 2)$ $a_1 = S_1$

(2) 첫째항부터 제n항까지의 합 S_n이 $S_n = an^2 + bn$의 꼴일 때 수열 a_n은 첫째항이 $a + b$이고, 공차가 $2a$인 등차수열이다.

5. 조화수열

등차수열의 역수의 수열을 조화수열이라 하고 등차수열로 고쳐서 모든 문제를 해결한다.

보기 1 등차수열 1, 3, 5, 7, $\cdots$, 51의 일반항을 구하여라.

:: 풀이 :: 첫째항이 1, 공차가 2인 등차수열이므로 $a_n = a + (n-1)d = 1 + (n-1) \cdot 2 = 2n-1$

보기 2 등차수열 1, 3, 5, 7, $\cdots$, 51의 합을 구하여라.

:: 풀이 :: 첫째항이 1, 공차가 2이고 끝항이 51이므로 $l = a + (n-1)d$에서

$$51 = 1 + (n-1) \cdot 2 \qquad \therefore n = 26$$

$$\therefore S = \frac{26(1+51)}{2} = 13 \times 52 = 676$$

보기 3 첫째항이 10, 공차가 $-\dfrac{2}{3}$인 등차수열에서 처음으로 음이 되는 항을 구하여라.

:: 풀이 :: 제n항부터 음이 된다고 하면

$$a_n = a + (n-1)d = 10 + (n-1)\left(-\frac{2}{3}\right) < 0$$

이것을 풀면 $10 - \dfrac{2}{3}n + \dfrac{2}{3} < 0 \quad -\dfrac{2}{3}n < -\left(\dfrac{2}{3}+10\right) \qquad \therefore n > 16$

그러므로 제17항부터 처음으로 음이 된다.

보기 4 첫째항이 9, 제7항이 -27일 때 공차를 구하여라.

:: 풀이 :: $a_n = a + (n-1)d$에서

$a_n = -27$일 때 $n = 7$, $a = 9$이므로 $-27 = 9 + (7-1)d$, $6d = -36 \qquad \therefore d = -6$

보기 5 a, b의 등차중항을 x라 하면 x^2은 a^2과 $-b^2$의 등차중항이 된다고 한다. 이때 a, b를 구하여라.(단, $ab \neq 0$이다.)

:: 풀이 :: $2x = a + b$, $2x^2 = a^2 - b^2$에서 x를 소거하면

$$(a+b)^2 = 2(a^2 - b^2)$$

이것에서 $a^2 - 2ab - 3b^2 = 0 \qquad \therefore a = -b,\ 3b$

$\therefore a : b = -1 : 1$ 또는 $3 : 1$

보기 6 다음 물음에 답하여라.

(1) 첫째항이 1이고 공차가 2, 끝항이 51인 등차수열의 합을 구하여라.

(2) 첫째항이 3이고 공차가 -4인 등차수열의 10항까지의 합을 구하여라.

:: 풀이 :: (1) $a = 1$, $l = 51$이므로

$$51 = 1 + (n-1)2$$에서 $2n = 52$, $n = 26$

$$\therefore S = \frac{26(1+51)}{2} = 676$$

(2) $a = 3$, $d = -4$, $n = 10$이므로

$$\therefore S = \frac{10}{2}\{2 \times 3 + (10-1) \times (-4)\} = -150$$

보기 7 자연수 200과 300 사이에 있는 7의 배수 중에서 가장 큰 수와 가장 작은 수를 구하여라. 또, 이들 7의 배수 전체의 합을 구하여라.

:: 풀이 :: $200 < 7n < 300$ $\qquad\qquad\qquad \therefore 28.5\cdots < n < 42.8\cdots$

따라서 가장 작은 수는 $203(=7\times29)$, 가장 큰 수는 $294(=7\times42)$

7의 배수의 개수는 $14(=42-29+1)$

그러므로 이들 7의 배수 전체의 합 $S = \dfrac{14(203+294)}{2} = 3479$

보기 8 첫째항부터 n까지의 합을 S_n이라 할 때 다음 수열은 어떤 수열인가?

(1) $S_n = 2n^2 + 5n$ $\qquad\qquad\qquad\qquad\qquad$ (2) $S_n = 5n^2 - 3n$

:: 풀이 :: (1) 첫째항이 7이고 공차가 4인 등차수열

(2) 첫째항이 2이고 공차가 10인 등차수열

📢)) 예제 1

$ax^2 + x + b$를 $x-1$, $x-2$, $x-3$으로 나눈 나머지가 차례로 등차수열을 이룰 때 a값은?

① $a = 0$ $\qquad$ ② $a = -1$ $\qquad$ ③ $a = 1$ $\qquad$ ④ $a = 2$ $\qquad$ ⑤ $a = 3$

✏️ 힌트 / $f(x) = ax^2 + x + b$일 때 $x - \alpha$로 나누면 나머지 $R = f(\alpha)$

a, b, c가 등차수열이기 위한 조건 $2b = a + c$를 이용한다.

:: 풀이 :: $ax^2 + x + b = f(x)$라 놓으면

$f(1) = a + 1 + b$

$f(2) = 4a + 2 + b$

$f(3) = 9a + 3 + b$

$f(1)$, $f(2)$, $f(3)$가 등차수열이 되기 위한 조건은

$2f(2) = f(1) + f(3)$

$2(4a + 2 + b) = a + 1 + b + 9a + 3 + b$

$8a + 4 + 2b = 10a + 4 + 2b$ $\qquad\qquad \therefore 2a = 0$ $\qquad\qquad \therefore a = 0$

정답 ①

$x^3 - 3x^2 - 6x + k = 0$의 세 근이 등차수열을 이룰 때 k값은?

① 5 ② 6 ③ 7 ④ 8 ⑤ 9

✎ **힌트** / ⅰ) $ax^3 + bx^2 + cx + d = 0$의 세 근을 $\alpha,\ \beta,\ \gamma$라 하면 $\alpha + \beta + \gamma = -\dfrac{b}{a}$

ⅱ) $a,\ b,\ c$가 등차수열일 때 $2b = a + c$

:: **풀이** :: $x^3 - 3x^2 - 6x + k = 0$의 세 근을 $a-d,\ a,\ a+d$라 놓으면, 근과 계수와의 관계식에서

$$a - d + a + a + d = 3 \qquad \therefore 3a = 3 \qquad 즉,\ a = 1$$

삼차방정식의 한 근이 1. 그러므로 $1 - 3 - 6 + k = 0 \qquad \therefore k = 8$

정답 ④

50과 100 사이의 자연수 중 3의 배수의 총합을 구하면?

① 1176 ② 1200 ③ 1275 ④ 1350 ⑤ 1450

✎ **힌트** / 수열 $\{a_n\}$이 등차수열일 때 $S_n = \dfrac{n(a+l)}{2}$를 이용한다.

:: **풀이** :: $51 + 54 + 57 + \cdots + 99 = \dfrac{(51+9)(33-17+1)}{2} = 17 \times 75 = 1275$

정답 ③

a와 b 사이에 n개의 등차중항을 넣을 때 공차는?

① $\dfrac{b-a}{n+1}$ ② $\dfrac{b-a}{n}$ ③ $\dfrac{b+a}{n+1}$ ④ $\dfrac{b+a}{n}$ ⑤ $\dfrac{a+b-1}{n}$

✎ **힌트** / 수열 $\{a_n\}$이 등차수열일 때 일반항 $a_n = a + (n-1)d$를 이용한다.

:: **풀이** :: 항의 개수가 $n+2$이므로

일반항 $a_{n+2} = a + (n+2-1)d = b$, 계산하면 $a + (n+1)d = b$

$$\therefore\ d = \dfrac{b-a}{n+1}$$

정답 ①

1. 등비수열의 정의

어떤 수에서 시작하여 일정한 수를 차례로 곱하여 만든 수열을 뜻한다. 이때, 곱해주는 일정한 수를 공비라 한다. 즉, 첫째항이 a이고, 공비가 r인 등비수열에서 제n항을 a_n이라 하면 $a_{n+1} = ra_n$의 관계가 성립한다.

2. 등비수열의 일반항

첫째항이 a이고 공비가 r인 등비수열의 일반항을 a_n이라 하면

$$a_n = ar^{n-1}$$

3. 등비중항

세 수 a, b, c가 이 순서로 등비수열을 이룰 때, b를 a와 c의 등비중항이라 하고 $b^2 = ac$의 관계가 성립한다.

4. 등비수열의 합

첫째항이 a, 공비가 r인 등비수열의 첫째항부터 제n항까지의 합을 S_n이라 하면

(1) $r \neq 1$일 때, $S_n = \dfrac{a(1-r^n)}{1-r} = \dfrac{a(r^n-1)}{r-1}$

(2) $r = 1$일 때, $S_n = na$

5. a_n과 S_n와의 관계

(1) $a_n = S_n - S_{n-1} \ (n \geq 2) \ a_1 = S_1$

(2) $S_n = ar^n + b \ (a+b=0)$꼴이면 수열 $\{a_n\}$은 첫째항부터 등비수열이다.

　　이 때 첫째항은 $ar+b$, 공비가 r이다.

　　$S_n = ar^n + b \ (a+b \neq 0)$꼴이면 수열 $\{a_n\}$은 둘째항부터 등비수열이다.

보기 1 (1) $1+2+2^2+\cdots+2^{29}$을 구하여라.

(2) $1-\dfrac{1}{2}+\dfrac{1}{2^2}-\dfrac{1}{2^3}+\cdots-\dfrac{1}{2^{29}}$을 구하여라.

:: **풀이** :: (1) $a=1$, $r=2$, $n=30$이므로 $S=\dfrac{2^{30}-1}{2-1}=2^{30}-1$

(2) $a=1$, $r=-\dfrac{1}{2}$, $n=30$이므로 $S=\dfrac{1-(-\frac{1}{2})^{30}}{1-(-\frac{1}{2})}=\dfrac{2}{3}\left\{1-(\dfrac{1}{2})^{30}\right\}$

보기 2 첫째항과 둘째항의 합이 8이고 제3항과 제4항의 합이 72인 등비수열의 제5항을 구하여라.

:: **풀이** :: 첫째항을 a, 공비를 r라 하면

$$\begin{cases} a+ar=8 & \cdots\cdots\cdots\ \text{㉠} \\ ar^2+ar^3=72 & \cdots\cdots\cdots\ \text{㉡} \end{cases}$$

㉡에서 $r^2(a+ar)=72$

따라서, ㉠에 의하여 $r^2=9$ $\qquad \therefore\ r=\pm 3$

ⅰ) $r=3$이면 $a=2$ $\quad$ ⅱ) $r=-3$이면 $a=-4$

$\therefore$ ⅰ)의 경우에는 $a_5=2\cdot 3^4=162$, ⅱ)의 경우에는 $a_5=(-4)\cdot(-3)^4=-324$

보기 3 등비수열을 이루는 세 수 a, b, c가 있다. a, b의 등차중항을 x라 하고 b, c의 등차중항을 y라 하면, $\dfrac{a}{x}+\dfrac{c}{y}$의 값은 얼마인가?

:: **풀이** :: 등비수열 a, b, c의 공비를 r이라 하면

a, $b=ar$, $c=ar^2$이므로

$$x=\dfrac{a(1+r)}{2}, \quad y=\dfrac{ar(1+r)}{2} \qquad \therefore\ \dfrac{a}{x}+\dfrac{c}{y}=\dfrac{2}{1+r}+\dfrac{2r}{1+r}=2$$

보기 4 다음 수열의 제 n항은 무엇인가?

$$\sqrt{5},\ \sqrt{5\sqrt{5}},\ \sqrt{5\sqrt{5\sqrt{5}}},\ \sqrt{5\sqrt{5\sqrt{5\sqrt{5}}}},\ \cdots$$

:: **풀이** :: 다시 고쳐 쓰면 $5^{\frac{1}{2}}$, $5^{\frac{1}{2}+\frac{1}{4}}$, $5^{\frac{1}{2}+\frac{1}{4}+\frac{1}{8}}$, $\cdots$

$$\therefore\ \text{제}\,n\text{항은}\ 5^{\frac{1}{2}+\frac{1}{4}+\frac{1}{8}+\cdots+\frac{1}{2n}}=5^{\frac{\frac{1}{2}\left\{1-(\frac{1}{2})^n\right\}}{1-\frac{1}{2}}}=5^{1-(\frac{1}{2})^n}$$

보기 5 첫째항부터 제n항까지 합이 S_n일 때 다음 수열은 어떤 수열인가?

(1) $S_n=5\cdot 3^n-5$ $\qquad\qquad\qquad$ (2) $S_n=-3\cdot 2^n+3$

:: **풀이** :: (1) 첫째항이 10이고, 공비가 3인 등비수열

(2) 첫째항이 -3이고, 공비가 2인 등비수열

첫째항이 $\sqrt{2}-1$, 공비가 $\sqrt{2}+1$인 등비수열의 넷째항은?

① $3-2\sqrt{2}$ ② $3+2\sqrt{2}$ ③ $7+5\sqrt{2}$ ④ $7-5\sqrt{2}$ ⑤ $5+2\sqrt{2}$

✏️**힌트** / $\{a_n\}$이 등비수열일 때 일반항 $a_n=ar^{n-1}$을 이용한다.

:: **풀이** :: $a_n=ar^{n-1}$에서

$$a_4=ar^3=(\sqrt{2}-1)(\sqrt{2}+1)^3$$
$$=(\sqrt{2}-1)(\sqrt{2}+1)(\sqrt{2}+1)^2=1\cdot(\sqrt{2}+1)^2=3+2\sqrt{2}$$

정답 ②

n항이 $a_n=3\cdot2^{1-2n}$인 등비수열에서 첫째항과 공비를 구하면?

① $\dfrac{3}{2},\ \dfrac{1}{4}$ ② $\dfrac{3}{2},\ \dfrac{1}{2}$ ③ $3,2$ ④ $3,4$ ⑤ $4,5$

✏️**힌트** / $\{a_n\}$이 등비수열일 때 $a_n=ar^{n-1}$을 이용한다.

:: **풀이** :: $a_n=3\cdot2^{1-2n}=3\cdot(\dfrac{1}{2})^{2n-1}$

$$=3\cdot(\dfrac{1}{2})^{2n-2}(\dfrac{1}{2})=\dfrac{3}{2}(\dfrac{1}{4})^{n-1} \qquad\qquad \therefore\ a=\dfrac{3}{2},\ r=\dfrac{1}{4}$$

정답 ①

$x-7,\ x+5,\ 2x\,(x>0)$의 세 수가 등비수열을 이루도록 x값을 정하면?

① 21 ② 23 ③ 25 ④ 27 ⑤ 30

✏️**힌트** / $a,\ b,\ c$가 등비수열일 때 $b^2=ac$를 이용한다.

:: **풀이** :: $(x+5)^2=2x(x-7),\ x^2+10x+25=2x^2-14x$

$$x^2-24x-25=0,\ (x-25)(x+1)=0$$
$$x=25$$

정답 ③

다음 수열의 10항까지의 합은?

$$2+\frac{1}{2},\ 4+\frac{1}{4},\ 6+\frac{1}{8},\ 8+\frac{1}{16},\ 10+\frac{1}{32},\ \cdots$$

① $111-\dfrac{1}{2^{11}}$ ② $110-\dfrac{1}{2^{11}}$ ③ $111-\dfrac{1}{2^{10}}$ ④ $110-\dfrac{1}{2^{10}}$ ⑤ $112-\dfrac{1}{2^{10}}$

✏️ **힌트** / $\{a_n\}$이 등차수열일 때 $S_n=\dfrac{n(a+l)}{2}$

$\{a_n\}$이 등비수열일 때 $S_n=\dfrac{a(1-r^n)}{1-r}$ 을 이용한다.

:: **풀이** :: $\left(2+\dfrac{1}{2}\right)+\left(4+\dfrac{1}{4}\right)+\left(6+\dfrac{1}{8}\right)+\cdots+\left(20+\dfrac{1}{2^{10}}\right)$

$$=(2+4+6+\cdots+20)+\left(\frac{1}{2}+\frac{1}{4}+\frac{1}{8}+\cdots+\frac{1}{2^{10}}\right)$$

$$=\frac{10(2+20)}{2}+\frac{\frac{1}{2}\left\{1-\left(\frac{1}{2}\right)^{10}\right\}}{1-\frac{1}{2}}=110+1-\left(\frac{1}{2}\right)^{10}=111-\left(\frac{1}{2}\right)^{10}$$

정답 ③

$a,\ b$가 서로 다른 양수라고 한다. $a,\ x,\ b$는 등차수열을 이루며 $a,\ y,\ b$는 등비수열을 이룰 때 $x,\ y$의 대소관계를 구하면?

① $x>y$ ② $x\geq y$ ③ $x<y$ ④ $x\leq y$ ⑤ $x=y$

✏️ **힌트** / $a,\ x,\ b$에서 등차수열 $2x=a+b$와 $a,\ y,\ b$에서 등비수열 $y^2=ab$를 이용한다.

:: **풀이** :: $a,\ x,\ b$가 등차수열이므로 $x=\dfrac{a+b}{2}\ (a>0)$

$a,\ y,\ b$가 등비수열이므로 $y=\pm\sqrt{ab}$

$\dfrac{a+b}{2}>0$이므로 $\dfrac{a+b}{2}>-\sqrt{ab}$ $\cdots\cdots\cdots$ ㉠

또 $\dfrac{a+b}{2}>0$, $\sqrt{ab}>0$일 때는

(산술평균) $\geq$ (기하평균)이므로 "등호는 $a=b$일 때 성립"

$\dfrac{a+b}{2}>\sqrt{ab}\ (\because a\neq b)$ $\cdots\cdots\cdots$ ㉡

㉠과 ㉡에서 $x>y$

정답 ①

둘째항에서 넷째항까지의 합이 첫째항과 넷째항의 차와 같은 등비수열의 공비 $r = \square$이다. $\square$ 안을 채워라.

① $\dfrac{1}{2}$　　　　② $\dfrac{1}{3}$　　　　③ $\dfrac{1}{4}$　　　　④ $\dfrac{1}{5}$　　　　⑤ $\dfrac{1}{6}$

✎ 힌트 / $\{a_n\}$이 등차수열일 때 일반항 $a_n = ar^{n-1}$, 두 수 x, y 차이는 $|x-y|$를 이용한다.

:: 풀이 :: $ar + ar^2 + ar^3 = |a - ar^3|$에서

$$r(1 + r + r^2) = \pm(1-r)(1 + r + r^2) \ (\because a \neq 0)$$

$$\therefore r = \pm(1-r) \qquad \therefore r = \frac{1}{2}$$

정답 ①

등비수열 $\{a_n\}$에서 $a_1 = t^{-1}$, $a_3 = t^k$, $a_{15} = t^{69}$일 때 k의 값은? (단, $k \neq 1$)

① 7　　　　② 8　　　　③ 9　　　　④ 10　　　　⑤12

✎ 힌트 / $\{a_n\}$이 등차수열일 때 $a_n = ar^{n-1}$을 이용한다.

:: 풀이 :: $a_3 = ar^2 = t^{-1}r^2 = t^k \ \cdots\cdots\cdots \text{㉠}$

$$a_{15} = ar^{14} = t^{-1}r^{14} = t^{69} \cdots\cdots\cdots \text{㉡}$$

㉡에서 $r^{14} = t^{70}$　　　　즉, $r^2 = t^{10}$

이것을 ㉠에 대입하면

$$t^{-1} \cdot t^{10} = t^k \qquad \therefore t^9 = t^k \qquad \therefore k = 9$$

정답 ③

1. 조화수열

등차수열의 역수의 수열을 말하므로 모든 문제는 등차수열로 고쳐서 생각한다.

2. 모든 수열의 합

(1) 일반항을 구한다.

(2) 일반항 n 대신에 k를 쓴 다음, 앞에 $\displaystyle\sum_{k=1}^{n}$ 를 붙인다.

(3) $\displaystyle\sum_{k=1}^{n} a = an$, $\qquad \displaystyle\sum_{k=1}^{n} k = \frac{n(n+1)}{2}$

$$\sum_{k=1}^{n} k^2 = \frac{n(n+1)(2n+1)}{6}, \quad \sum_{k=1}^{n} k^3 = \left\{ \frac{n(n+1)}{2} \right\}^2$$

3. 계차수열

$$a_n = a_1 + \sum_{k=1}^{n-1} b_k \quad \begin{cases} a_1 = \text{원수열의 초항} \\ b_k = \text{제1계차수열의 일반항에 } n\text{대신 } k\text{를 쓴 것} \end{cases}$$

4. 멱수열

공비만큼 곱해서 뺀다.

5. $a, b, a, b, a, b, \cdots$

$$a_n = \frac{a+b}{2} + (-1)^n \frac{b-a}{2}$$

보기 1 6, 3, 2, …가 이 순서로 조화수열을 이룰 때 이 수열의 일반항을 구하여라.

:: **풀이** :: 6, 3, 2, …이 조화수열이므로 $\dfrac{1}{6}$, $\dfrac{1}{3}$, $\dfrac{1}{2}$, …이 등차수열이다.

$$a_n = \frac{1}{6} + (n-1) \cdot \frac{1}{6} = \frac{n}{6}$$

$\therefore$ 조화수열의 일반항은 $\dfrac{6}{n}$

보기 2 첫째항이 a이고 제n항$(n > 2)$이 b인 조화수열에 있어서 제2항을 구하여라.

:: **풀이** :: 역수가 등차수열이므로 $\dfrac{1}{b}$은 첫째항이 $\dfrac{1}{a}$인 등차수열의 제 n항이다.

공차를 d라 하면 $\dfrac{1}{b}=\dfrac{1}{a}+(n-1)d$

$\therefore\ d=\dfrac{a-b}{(n-1)ab}$

따라서 등차수열의 제2항은 $\dfrac{1}{a}+(2-1)\times\dfrac{a-b}{(n-1)ab}=\dfrac{a+(n-2)b}{(n-1)ab}$

$\therefore\ $ 구하는 조화수열의 2항은 $\dfrac{(n-1)ab}{a+(n-2)b}$

보기 3 A, B 두 지점이 있다. 어떤 사람이 갈 때는 $a\,\mathrm{km/hr}$의 속력으로, 올 때는 $b\,\mathrm{km/hr}$의 속력으로 왕복했다면, 이 사람의 평균속력은 얼마인가?

:: 풀이 :: 두 지점 간의 거리를 $s\,\mathrm{km}$라 하면

왕복거리 : $2s$, 왕복하는 데 걸리는 시간 : $\dfrac{s}{a}+\dfrac{s}{b}$

$\therefore\ $ 평균속력 $=\dfrac{(거리)}{(시간)}=\dfrac{2s}{\dfrac{s}{a}+\dfrac{s}{b}}=\dfrac{2s}{\dfrac{(a+b)s}{ab}}=\dfrac{2ab}{a+b}$

보기 4 다음 식을 $\sum$를 써서 나타내어라.

(1) $1+2+3+\cdots+10$ (2) $1+3+5+\cdots+(2n-1)$

(3) $1+\dfrac{1}{2}+\dfrac{1}{3}+\cdots+\dfrac{1}{20}$

:: 풀이 :: (1) $\displaystyle\sum_{k=1}^{10}k$ (2) $\displaystyle\sum_{k=1}^{n}(2k-1)$ (3) $\displaystyle\sum_{k=1}^{20}\dfrac{1}{k}$

보기 5 다음 합을 구하여라.

(1) $\displaystyle\sum_{k=1}^{n}(6k^2+2k-5)$ (2) $\displaystyle\sum_{k=1}^{n}(k^3-4k)$

:: 풀이 :: (1) $\displaystyle\sum_{k=1}^{n}(6k^2+2k-5)=6\sum_{k=1}^{n}k^2+2\sum_{k=1}^{n}k-\sum_{k=1}^{n}5$

$=n(n+1)(2n+1)+n(n+1)-5n$

$=n\{(n+1)(2n+1)+(n+1)-5\}$

$=n(2n^2+4n-3)$

(2) $\displaystyle\sum_{k=1}^{n}(k^3-4k)=\sum_{k=1}^{n}k^3-4\sum_{k=1}^{n}k$

$=\left\{\dfrac{1}{2}n(n+1)\right\}^2-2n(n+1)$

$=\dfrac{1}{4}n(n+1)(n^2+n-8)$

보기 6 다음 수열의 n항까지의 합을 구하여라.

(1) $1 \cdot 4 + 3 \cdot 6 + 5 \cdot 8 + 7 \cdot 10 + \cdots$

(2) $1^2 \cdot 3 + 2^2 \cdot 5 + 3^2 \cdot 7 + \cdots$

:: 풀이 :: (1) $\displaystyle\sum_{k=1}^{n}(2k-1)(2k+2) = \frac{1}{3}n(4n^2+9n-1)$

(2) $\displaystyle\sum_{k=1}^{n}k^2(2k+1) = 2\sum_{k=1}^{n}k^3 + \sum_{k=1}^{n}k^2 = \frac{1}{2}n^2(n+1)^2 + \frac{1}{6}n(n+1)(2n+1) = \frac{1}{6}n(n+1)(3n^2+5n+1)$

보기 7 다음 각 수열의 제n항 a_n 및 제n항까지의 합 S_n을 각각 구하여라.

(1) $1, \ 2, \ 5, \ 10, \ 17, \ \cdots$ (2) $2, \ 3, \ 5, \ 9, \ 17, \ \cdots$

:: 풀이 :: (1) 주어진 수열을 $\{a_n\}$, 계차수열을 $\{b_n\}$이라 하면

$$\{a_n\} \ \ 1, 2, 5, 10, 17, \cdots$$
$$\{b_n\} \ \ \ \breve{1}, \breve{3}, \breve{5}, \ \breve{7}, \cdots \qquad \therefore \ b_n = 2n-1$$

$$\therefore \ a_n = a_1 + \sum_{k=1}^{n-1}b_k = 1 + \sum_{k=1}^{n-1}(2k-1) = 1 + 2\sum_{k=1}^{n-1}k - \sum_{k=1}^{n-1}1 = 1 + (n-1)n - (n-1) = n^2 - 2n + 2$$

$$S_n = \sum_{k=1}^{n}a_k = \sum_{k=1}^{n}(k^2 - 2k + 2) = \sum_{k=1}^{n}k^2 - 2\sum_{k=1}^{n}k + \sum_{k=1}^{n}2$$

$$= \frac{1}{6}n(n+1)(2n+1) - 2 \times \frac{1}{2}n(n+1) + 2n = \frac{1}{6}n(2n^2 - 3n + 7)$$

(2) 주어진 수열을 $\{a_n\}$, 계차수열을 $\{b_n\}$이라 하면

$$\{a_n\} \ \ 2, 3, 5, 9, 17, \cdots$$
$$\{b_n\} \ \ \ \breve{1}, \breve{2}, \breve{4}, \breve{8}, \cdots \qquad \therefore \ b_n = 2^{n-1}$$

$$\therefore \ a_n = a_1 \sum_{k=1}^{n-1}b_k = 2 + \sum_{k=1}^{n-1}2^{k-1} = 2 + \frac{1 \cdot (2^{n-1}-1)}{2-1} = 2^{n-1} + 1$$

$$S_n = \sum_{k=1}^{n}a_k = \sum_{k=1}^{n}(2^{k-1}+1) = \sum_{k=1}^{n}2^{k-1} + \sum_{k=1}^{n}1 = \frac{1 \cdot (2^n - 1)}{2-1} + n = 2^n + n - 1$$

보기 8 수열 $1, \ 2x, \ 3x^2, \ \cdots, \ nx^{n-1}$의 합을 구하여라.

:: 풀이 :: $S = 1 + 2x + 3x^2 + \cdots + nx^{n-1}$이라 하고 양변에 x를 곱하면

$xS = x + 2x^2 + 3x^3 + \cdots + nx^n$이므로

$(1-x)S = 1 + x + x^2 + x^3 + \cdots + x^{n-1} - nx^n$

ⅰ) $x \neq 1$일 때

$$(1-x)S = \frac{1-x^n}{1-x} - nx^n = \frac{1-x^n - n(1-x)x^n}{1-x} = \frac{1-(n+1)x^n + nx^{n+1}}{1-x}$$

따라서 $S = \dfrac{1-(n+1)x^n + nx^{n+1}}{(1-x)^2}$

ⅱ) $x = 1$일 때

$$S = 1 + 2 + 3 + \cdots + n = \frac{1}{2}n(n+1)$$

보기 9 다음 수열의 일반항을 구하여라.

(1) $2,\ 8,\ 2,\ 8,\ 2,\ 8,\ \cdots$ \qquad\qquad (2) $10,\ 2,\ 10,\ 2,\ 10,\ 2,\ \cdots$

:: 풀이 :: (1) $a=2,\ b=8$이므로

$$a_n=\frac{2+8}{2}+(-1)^n\frac{8-2}{2}=5+(-1)^n\cdot 3$$

(2) $a=10,\ b=2$이므로

$$a_n=\frac{10+2}{2}+(-1)^n\frac{2-10}{2}=6-(-1)^n\cdot 4$$

예제 1

다음 급수의 합을 구하면?

$$1\cdot 3+2\cdot 5+3\cdot 7+4\cdot 9+\cdots+10\cdot 21$$

① 825 \qquad ② 850 \qquad ③ 880 \qquad ④ 900 \qquad ⑤ 925

힌트 / $\displaystyle\sum_{k=1}^{n}k^2=\frac{n(n+1)(2n+1)}{6},\ \sum_{k=1}^{n}k=\frac{n(n+1)}{2}$ 를 이용한다.

:: 풀이 :: 준식 $=\displaystyle\sum_{k=1}^{10}k(2k+1)=\sum_{k=1}^{10}(2k^2+k)=\sum_{k=1}^{10}(2k^2+k)=\sum_{k=1}^{10}2k^2+\sum_{k=1}^{10}k$

$$=2\times\frac{10(10+1)(20+1)}{6}+\frac{10(10+1)}{2}=825$$

정답 ①

예제 2

첫째항부터 제 n항까지의 합 S_n이 $S_n=an^2+n-3$으로 주어지는 수열 $\{a_n\}$에서 제8항이 31일 때 a값은?

① $a=1$ \qquad ② $a=2$ \qquad ③ $a=3$ \qquad ④ $a=4$ \qquad ⑤ $a=5$

힌트 / $a_8=S_8-S_7$을 이용한다.

:: 풀이 :: $a_8=(a\times 8^2+8-3)-(a\times 7^2+7-3)$

$$=(64a+8-3)-(49a+7-3)=15a+1$$

$\therefore\ 15a+1=31,\ 15a=30 \qquad \therefore\ a=2$

정답 ②

첫째항부터 제n항까지 합 S_n이 $S_n = \dfrac{1}{3}n(n^2-1)$로 주어진 수열 $\{a_n\}$이 있다. 이 때,

$\dfrac{1}{a_2} + \dfrac{1}{a_3} + \cdots + \dfrac{1}{a_n}$ 을 구하면?

① $1 + \dfrac{1}{n+1}$　　② $1 - \dfrac{1}{n+1}$　　③ $1 + \dfrac{1}{n}$　　④ $1 - \dfrac{1}{n}$　　⑤ $1 - \dfrac{1}{2n}$

✏️**힌트** / $a_n = S_n - S_{n-1}\,(n \geq 2)$, $\dfrac{1}{n(n+1)} = \dfrac{1}{n} - \dfrac{1}{n+1}$을 이용한다.

:: **풀이** :: $a_n = S_n - S_{n-1} = \dfrac{1}{3}n(n^2-1) - \dfrac{1}{3}(n-1)\{(n-1)^2 - 1\}$

위의 식을 정리하면

$a_n = n(n-1)\ (n \geq 2)$

또, $a_1 = S_1 = 0$　　$\therefore a_n = n(n-1)\ (n \geq 1)$

따라서 주어진 식은

$$\dfrac{1}{1 \cdot 2} + \dfrac{1}{2 \cdot 3} + \cdots + \dfrac{1}{(n-1) \cdot n} = \left(1 - \dfrac{1}{2}\right) + \left(\dfrac{1}{2} - \dfrac{1}{3}\right) + \cdots + \left(\dfrac{1}{n-1} - \dfrac{1}{n}\right) = 1 - \dfrac{1}{n}$$

정답 ④

🔊 **예제 4**

$\displaystyle\sum_{k=1}^{n} a_k = 10n,\ \sum_{k=1}^{n} b_k = 5n$일 때 $\displaystyle\sum_{k=1}^{n}(2a_k - 3b_k + 4)$의 값은?

① $5n + 4$　　② $5n$　　③ $9n$　　④ $9n + 4$　　⑤ $10n$

✏️**힌트** / $\displaystyle\sum_{k=1}^{n}(a_k \pm b_k) = \sum_{k=1}^{n} a_k \pm \sum_{k=1}^{n} b_k,\ \sum_{k=1}^{n} c = nc\,(c: 상수)$를 이용한다.

:: **풀이** :: $\displaystyle\sum_{k=1}^{n}(2a_k - 3b_k + 4) = 2\sum_{k=1}^{n} a_k - 3\sum_{k=1}^{n} b_k + \sum_{k=1}^{n} 4$

$= 2 \times 10n - 3 \times 5n + 4n = 20n - 15n + 4n = 9n$

정답 ③

$\displaystyle\sum_{k=1}^{n} a_k = n^2 + 1$ 일 때 $\displaystyle\sum_{k=1}^{2n} a_{2k}$ 는?

① $n(2n+1)$ ② $2n(4n+1)$ ③ $2(2n^2+2n+1)$

④ $2(8n^2+4n+1)$ ⑤ $n(4n+1)$

✏️ 힌트 / $\displaystyle\sum_{k=1}^{n} a_k = a_1 + a_2 + \cdots + a_n = S_n,\ a_n = S_n - S_{n-1}\ (n \geq 2)$ 를 이용한다.

:: 풀이 :: $\displaystyle\sum_{k=1}^{n} a_k = S_n$ 이므로

$$a_n = S_n - S_{n-1} = n^2 + 1 - \{(n-1)^2 + 1\} = n^2 + 1 - (n^2 - 2n + 1 + 1) = 2n - 1\ (n \geq 2)$$

$$\therefore a_{2n} = 2(2n) - 1 = 4n - 1$$

따라서 $\displaystyle\sum_{k=1}^{2n} a_{2k} = \sum_{k=1}^{2n} (4k-1)$

$$= 4 \cdot \frac{2n(2n+1)}{2} - 2n$$

$$= 2n\{2(2n+1) - 1\} = 2n(4n+1)$$

정답 ②

$\displaystyle\sum_{m=1}^{n} \left(\sum_{i=1}^{m} i\right) = 35$ 를 만족하는 양의 정수 n 의 값은?

① 4 ② 5 ③ 6 ④ 7 ⑤ 8

✏️ 힌트 / $\displaystyle\sum_{i=1}^{m} i = \frac{m(m+1)}{2}$ 임을 이용한다.

:: 풀이 :: $\displaystyle\sum_{m=1}^{n} \left(\sum_{i=1}^{m} i\right) = \sum_{m=1}^{n} \frac{1}{2}(m^2 + m)$

$$= \frac{1}{2} \sum_{m=1}^{n} (m^2 + m)$$

$$= \frac{1}{2}\left\{\frac{n(n+1)(2n+1)}{6} + \frac{n(n+1)}{2}\right\} = 35 \text{에서}$$

$$n(n+1)(n+2) = 210 \quad \therefore n = 5$$

정답 ②

$$\sum_{k=1}^{n}(k^2+1)-\sum_{k=1}^{n-1}(k^2-1)\text{의 값은?}$$

① n^2+2n ② n^2+2n+1 ③ n^2-2n

④ n^2+2n-1 ⑤ n^2+n+1

✎힌트 / $\displaystyle\sum_{k=1}^{n}k^2-\sum_{k=1}^{n-1}k^2=n^2$을 이용한다.

:: 풀이 :: $\displaystyle\sum_{k=1}^{n}(k^2+1)-\sum_{k=1}^{n-1}(k^2-1)=\sum_{k=1}^{n}k^2+\sum_{k=1}^{n}1-\sum_{k=1}^{n-1}k^2+\sum_{k=1}^{n-1}1$

$$=n^2+n+(n-1)=n^2+2n-1$$

정답 ④

$$a_1+2a_2+3a_3+\cdots+na_n=n(n+1)(n+2)\text{ 가 성립할 때 }\sum_{k=1}^{12}a_k\text{값은?}$$

① 198 ② 234 ③ 270 ④ 273 ⑤ 280

✎힌트 / 일반항 S_n-S_{n-1} $(n\geq 2)$을 이용한다.

:: 풀이 :: $na_n=n(n+1)(n+2)-(n-1)\cdot n(n+1)$

따라서 $a_n=(n+1)(n+2)-(n-1)(n+1)$

$$a_n=(n+1)(n+2-n+1)=(n+1)\times 3 \qquad \therefore a_n=3(n+1)$$

$$\sum_{k=1}^{12}3(k+1)=3\times\left\{\frac{12\times(12+1)}{2}+12\right\}=3(78+12)=270$$

정답 ③

$1+2,\ 1+2+4,\ 1+2+4+8,\ \cdots$ 수열에서 처음부터 제n항까지의 합은?

① 2^n+2-n ② 2^n-2-n ③ $2^{n+1}+2-n$

④ $2^{n+1}-2-n$ ⑤ 2^n-2+n

✏️ 힌트 / $S_n=\displaystyle\sum_{k=1}^{n}a_k$를 이용한다.

:: 풀이 :: $a_n=1+2+2^2+2^3+\cdots+2^{n-1}=\dfrac{1(2^n-1)}{2-1}=2^n-1$

따라서 $S_n=\displaystyle\sum_{k=1}^{n}(2^k-1)=\dfrac{2(2^n-1)}{2-1}-n=2^{n+1}-2-n$

정답 ④

오른쪽 표와 같이 수를 써 나갈 때 위에서 넷째 줄, 왼쪽에서 일곱째 줄인 곳에 있는 수는?

① 48 ② 52 ③ 56

④ 60 ⑤ 62

1	3	6	10	15
2	5	9	14	⋯
4	8	13	⋯	⋯
7	12	⋯	⋯	⋯
11	⋯	⋯	⋯	⋯

✏️ 힌트 / 수열 $\{a_n\}$이 제1계차수열일 때 $a_n=a_1+\displaystyle\sum_{k=1}^{n-1}b_k$를 이용한다.

:: 풀이 :: 위에서 넷째 줄을 왼쪽에서 차례로 쓰면

$7,12,18,25,\cdots$
$\ \ \ 5\ \ \ 6\ \ \ 7$

따라서 $7,\ 12,\ 18,\ 25,\ \cdots$ 수열은 계차수열

$\therefore\ a_n=a_1+\displaystyle\sum_{k=1}^{n-1}b_k$에서

$a_7=7+\displaystyle\sum_{k=1}^{6}(k+4)=7+\dfrac{6(6+1)}{2}+6\times4=7+21+24=52$

정답 ②

1. 수학적 귀납법으로 증명하는 방법

자연수 n에 대한 명제 $p(n)$이 모든 자연수 n에 대하여 성립함을 증명하려면 다음 $i)$, $ii)$로 증명한다.

$i)$ $n=1$일 때 성립함을 보여준다.

$ii)$ $n=k$일 때 성립한다고 가정하면, $n=k+1$일 때에도 명제 $p(n)$이 성립함을 보여준다.

2. 점화식의 공식(1)

(1) $a_{n+1}-a_n=k$ ………… 공차가 k인 등차수열

(2) $\dfrac{a_{n+1}}{a_n}=k$ ………… 공비가 k인 등비수열

(3) $2a_{n+1}=a_n+a_{n+2}$ ………… 등차수열

(4) $(a_{n+1})^2=a_n \cdot a_{n+2}$ ………… 등비수열

(5) $\dfrac{2}{a_{n+1}}=\dfrac{1}{a_n}+\dfrac{1}{a_{n+2}}$ ………… 조화수열

3. 점화식의 공식(2)

(1) $a_{n+1}-a_n=f(n)$ ………… $a_n=a_1+\displaystyle\sum_{k=1}^{n-1}f(k)$

(2) $\dfrac{a_{n+1}}{a_n}=f(n)$ ………… $a_n=a_1(f(1) \cdot f(2) \cdot f(3) \cdots f(n-1))$

(3) $a_{n+1}=pa_n+q$ ………… $a_n=a_1+\dfrac{(a_2-a_1)(1-p^{n-1})}{1-p}$

(4) $pa_{n+2}+qa_{n+1}+ra_n=0\,(p+q+r=0)$ ………… $a_n=a_1+\dfrac{(a_2-a_1)(1-(\frac{r}{p})^{n-1})}{1-(\frac{r}{p})}$

(5) $a_{n+1}=\dfrac{a_n}{a_n+k}$인 꼴은 $\dfrac{1}{a_n}=b_n$로 놓고 푼다.

4. 알고리즘과 순서도

(1) 알고리즘 : 어떤 문제를 해결하기 위하여 단계적으로 필요한 과정과 그 과정을 처리하는 순서를 말한다.

(2) 순서도 : 알고리즘의 처리 절차를 알기 쉽게 기호로 사용하여 그림으로 나타낸 것을 말한다.

(3) 순서도에서 사용되는 기호

기호	명칭	뜻
	시작과 끝	시작과 끝
	입력	입력, 해독
	인쇄, 출력	인쇄 및 인쇄 후 출력
	처리	모든 처리 기능
	판단	다음 경로 선택의 판단

보기 1 $1+2+3+\cdots+n=\dfrac{n(n+1)}{2}$ 을 수학적 귀납법으로 증명하여라.

:: 풀이 :: ⅰ) $n=1$일 때, $1=\dfrac{1\cdot(1+1)}{2}$ 즉, (좌변) = (우변)이므로 성립한다.

ⅱ) $n=k$일 때 성립한다고 가정하면 $1+2+3+\cdots+k=\dfrac{k(k+1)}{2}$

양변에 $k+1$을 더하면

$$1+2+3+\cdots+k+(k+1)=\dfrac{k(k+1)}{2}+k+1=\dfrac{(k+1)(k+2)}{2}$$

즉, $n=k+1$일 때도 성립한다.

보기 2 다음 점화식의 일반항을 구하여라.

(1) $a_{n+1}-a_n=3$이고 $a_1=5$인 수열

(2) $\dfrac{a_{n+1}}{a_n}=3$이고 $a_1=5$인 수열

(3) $2a_{n+1}=a_n+a_{n+2}$ 이고 $a_1=1, a_2=3$인 수열

(4) $(a_{n+1})^2=a_n\cdot a_{n+2}$이고 $a_1=1, a_2=3$인 수열

(5) $\dfrac{2}{a_{n+1}}=\dfrac{1}{a_n}+\dfrac{1}{a_{n+2}}$이고 $a_1=1, a_2=3$인 수열

:: 풀이 :: (1) $a_n=5+(n-1)\cdot3=3n+2$

(2) $a_n=5\cdot3^{n-1}$

(3) $a_n=1+(n-1)(3-1)=2n-1$

(4) $a_n=1\cdot\left(\dfrac{3}{1}\right)^{n-1}=3^{n-1}$

(5) 1, $\dfrac{1}{3}$이 등차수열이므로 공차 $d=-\dfrac{2}{3}$이다. 이 때,

$$b_n=\frac{1}{1}+(n-1)(-\frac{2}{3})=1-\frac{2}{3}n+\frac{2}{3}=\frac{5-2n}{3}$$

$$\therefore a_n=\frac{2}{5-2n}$$

보기 3 다음 점화식의 일반항을 구하여라.

(1) $a_{n+1}-a_n=2n$이고 $a_1=5$인 수열

(2) $\dfrac{a_{n+1}}{a_n}=\dfrac{n}{n+1}$이고 $a_1=5$인 수열

(3) $a_{n+1}=\dfrac{1}{2}a_n+3$이고 $a_1=2$인 수열

(4) $3a_{n+2}-2a_{n+1}-a_n=0$이고 $a_1=1, a_2=3$인 수열

(5) $a_{n+1}=\dfrac{a_n}{a_n+5}$이고 $a_1=\dfrac{1}{3}$인 수열

:: 풀이 :: (1) $a_n=a_1+\displaystyle\sum_{k=1}^{n-1}2k=5+2\cdot\dfrac{(n-1)n}{2}=n^2-n+5$

(2) $a_n=5(\dfrac{1}{2},\ \dfrac{2}{3},\ \dfrac{3}{4},\ \cdots,\ \dfrac{n-1}{n})=\dfrac{5}{n}$

(3) $a_n=2+\dfrac{(4-2)\left\{1-(\dfrac{1}{2})^{n-1}\right\}}{1-\dfrac{1}{2}}=2+\dfrac{2\left\{1-(\dfrac{1}{2})^{n-1}\right\}}{\dfrac{1}{2}}=2+4\left\{1-(\dfrac{1}{2})^{n-1}\right\}$

(4) $a_n=1+\dfrac{(3-1)\left\{1-(-\dfrac{1}{3})^{n-1}\right\}}{1-(-\dfrac{1}{3})}=1+\dfrac{2\left\{1-(-\dfrac{1}{3})^{n-1}\right\}}{\dfrac{4}{3}}=\dfrac{5}{2}-\dfrac{3}{2}(-\dfrac{1}{3})^{n-1}$

(5) $\dfrac{1}{a_{n+1}}=\dfrac{a_n+5}{a_n}=\dfrac{5}{a_n}+1$이므로 $\dfrac{1}{a_n}=b_n$라 놓으면 $b_{n+1}=5b_n+1$이다.

또한, $a_1=\dfrac{1}{3}$이므로 $b_1=3$, $b_2=16$이다. 즉,

$$b_n=b_1+\frac{(b_2-b_1)(5^{n-1}-1)}{5-1}=3+\frac{(16-3)(5^{n-1}-1)}{4}=\frac{13}{4}5^{n-1}-\frac{1}{4}$$

$$\therefore a_n=\frac{4}{13\cdot 5^{n-1}-1}$$

보기 4 다음은 주어진 100개의 수 a_1, a_2, a_3, $\cdots$, a_{100}의 곱을 구하는 알고리즘과 순서도이다. 빈칸에 알맞은 것을 써 넣어라.

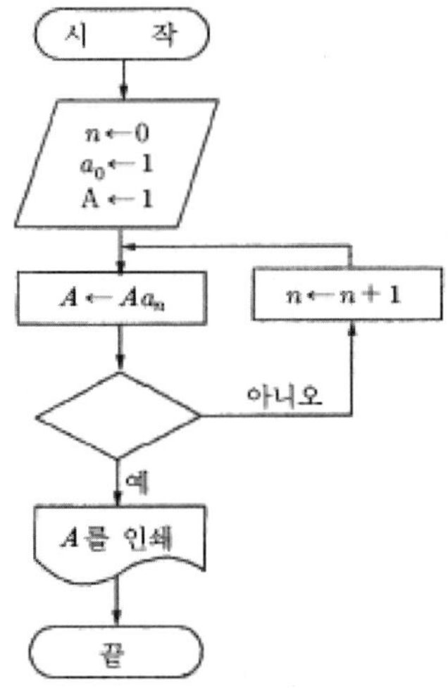

① $n \leftarrow 0$, $a_0 \leftarrow 1$, $A \leftarrow 1$　　② $n \leftarrow n+1$　　③ $A \leftarrow A a_n$

④ $n < 100$ 이면 ②로 가고 $n = 100$이면

:: 풀이 :: A를 인쇄한다. $\langle\, n \geq 100 \,\rangle$

🔊 **예제 1**

다음 순서도는 ①~⑤중 어느 것을 그린 것인가?

① $1 + \dfrac{1}{2} + \dfrac{1}{3} + \dfrac{1}{4} + \cdots + \dfrac{1}{10}$

② $1 \times \dfrac{1}{2} \times \dfrac{1}{3} \times \cdots \times \dfrac{1}{10}$

③ $1 + 2 + 3 + \cdots + 10$

④ $1 \times 2 \times 3 \times \cdots \times 10$

⑤ $1 \div 2 \div 3 \div \cdots \div 10$

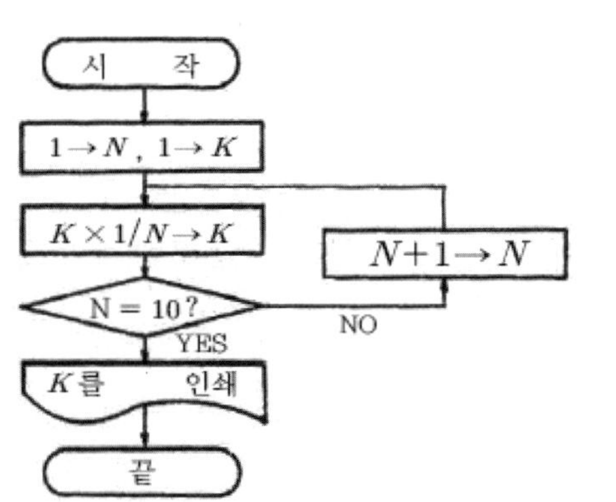

✏️ 힌트 / $K \times \dfrac{1}{N} \rightarrow K$와 $N = 10?$을 착안하면

:: 풀이 :: $1 \rightarrow N$, $1 \rightarrow K$를 놓아 $K \times \dfrac{1}{N}$를 계산하여 K라 놓는다.

    $N = 10$인가를 검산하고 10이 아니면 $N+1$을 N이라 놓아 다시 반복하면

    $1 \times \dfrac{1}{2} \times \dfrac{1}{3} \times \cdots \times \dfrac{1}{10}$

정답 ②

다음은 $ax < b$의 해를 구하는 순서도이다. A, B에 알맞은 문항은?

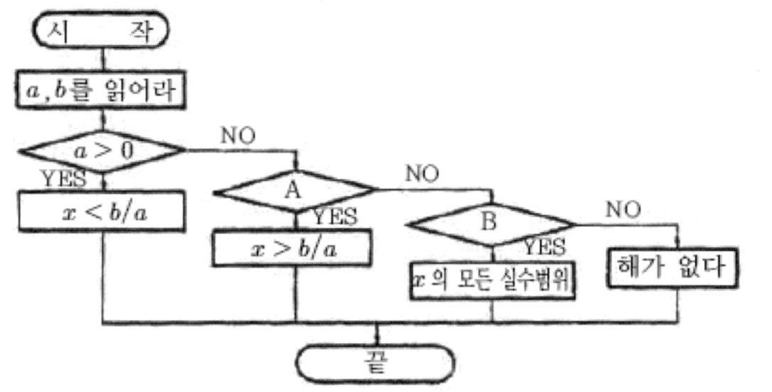

① $a > 0?$　　$b \geq 0?$

② $a \geq 0?$　　$b \leq 0?$

③ $a \leq 0?$　　$b < 0?$

④ $a < 0?$　　$b > 0?$

⑤ $a > 0?$　　$b > 0?$

힌트 / $ax < b$의 풀이는 $a > 0$, $a < 0, a = 0$일 때로 나누어서 생각한다.

:: 풀이 :: $ax < b$에서 $a > 0$일 때 $x < \dfrac{b}{a}$, $a < 0$일 때 $x > \dfrac{b}{a}$

$a = 0$일 때 $b > 0$(x의 모든 실수범위), $b \leq 0$(해가 없다)

정답 ④

다음 수열 1, 4, 7, 10, …에서 첫째항부터 20항까지 합을 구하는 순서도이다. 중간 처리 시호 안에 알맞은 식은?

① $S + (3N+1) \rightarrow S$

② $S + (3N-2) \rightarrow S$

③ $S + (3N-1) \rightarrow S$

④ $S + (3N+2) \rightarrow S$

⑤ $S + (3N+3) \rightarrow S$

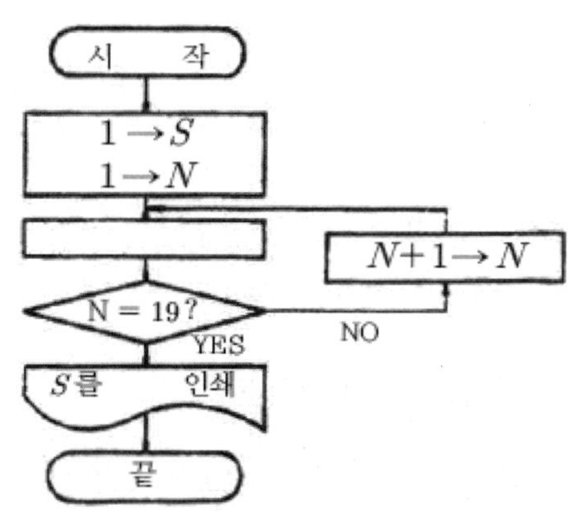

힌트 / 순서도는 초깃값 설정을 $0 \rightarrow S$, $1 \rightarrow N$ 또는 $0 \rightarrow S$, $0 \rightarrow N$하는 것이 보통이나 여기 주어진 문제는 $1 \rightarrow S$, $1 \rightarrow N$으로 주어진 것이 특별하다. 이 때문에 $N = 19$임을 주의한다.

:: 풀이 :: 이 문제의 경우는 초깃값 설정이 $1 \rightarrow S$, $1 \rightarrow N$으로 되어 있으므로 $S + (3N-2) \rightarrow S$가 아니고 $S + 3N + 1 \rightarrow S$로 처리된다. 즉, 첫째항 1은 제외하고 2항→첫째항, 3항→2항, …, 20항→19항으로 새로 만들어지는 수열의 첫째항부터 19항까지 합에다 처음 수열의 첫째항 1을 합한 것으로 생각한다.

정답 ①

1. 무한수열의 수렴과 발산

(1) 수렴

무한수열 $\{a_n\}$에서 n이 한없이 커질 때, a_n이 일정한 값 α에 가까워지면 수열 $\{a_n\}$은 α에 수렴한다고 하고, α를 수열 $\{a_n\}$의 극한값 또는 극한이라 한다.

이것을 기호로 $\displaystyle\lim_{n\to\infty} a_n = \alpha$ 와 같이 나타낸다.

(2) 발산

무한수열 $\{a_n\}$이 수렴하지 않는 모든 경우를 발산한다고 한다.

2. 무한수열의 성질

$\displaystyle\lim_{n\to\infty} a_n = \alpha, \ \lim_{n\to\infty} b_n = \beta,$ 일 때,

(1) $\displaystyle\lim_{n\to\infty} ka_n = k\lim_{n\to\infty} a_n = k\alpha$

(2) $\displaystyle\lim_{n\to\infty} (a_n \pm b_n) = \lim_{n\to\infty} a_n \pm \lim_{n\to\infty} b_n = \alpha + \beta,$

(3) $\displaystyle\lim_{n\to\infty} a_n b_n = \lim_{n\to\infty} a_n \lim_{n\to\infty} b_n = \alpha\beta$

(4) $\displaystyle\lim_{n\to\infty} \frac{a_n}{b_n} = \frac{\displaystyle\lim_{n\to\infty} a_n}{\displaystyle\lim_{n\to\infty} b_n} = \frac{\alpha}{\beta} \, (\beta \neq 0)$

3. 극한값의 계산

$\displaystyle\lim_{n\to\infty} f(n) = \infty, \ \lim_{n\to\infty} g(n) = \infty$ 일 때,

$\displaystyle\lim_{n\to\infty} \frac{f(n)}{g(n)}$ 의 극한값은

(1) 두 함수의 차수가 $f(n) > g(n)$ 이면 ∞(발산)이다.
(2) 두 함수의 차수가 $f(n) < g(n)$ 이면 0(수렴)이다.
(3) 두 함수의 차수가 $f(n) = g(n)$ 이면 최고차항의 계수의 비이다.(수렴)

4. 극한값의 대소관계

(1) $a_n \leq b_n$ 이면 $\displaystyle\lim_{n\to\infty} a_n \leq \lim_{n\to\infty} b_n$

(2) $a_n \leq b_n \leq c_n$ 이고 $\displaystyle\lim_{n\to\infty} a_n = \lim_{n\to\infty} c_n = a$ 이면 $\displaystyle\lim_{n\to\infty} b_n = a$

5. 무한등비수열의 극한

무한등비수열 $\{r^n\}$에 대하여 $\lim\limits_{n\to\infty} r^n$의 값은

(1) $r > 1$이면 $\lim\limits_{n\to\infty} r^n = \infty$ (발산)

(2) $r = 1$이면 $\lim\limits_{n\to\infty} r^n = 1$ (수렴)

(3) $|r| < 1$이면 $\lim\limits_{n\to\infty} r^n = 0$ (수렴)

(4) $r \leq -1$이면 $\{r^n\}$은 진동 (발산)

6. r^n, r^{2n}꼴의 계산법

(1) r^n꼴을 $|r| < 1,\ r > 1,\ r = 1$ 3가지로 나누어 생각한다.

(2) r^{2n}꼴은 $|r| < 1,\ |r| > 1,\ r = 1, r = -1$ 4가지로 나누어 생각한다.

보기 1 (1) 다음 극한값을 구하여라.

$$① \lim_{n\to\infty} \frac{3n^2 - 2n + 1}{2n + 1}$$

$$② \lim_{n\to\infty} \frac{3n - 1}{5n^2 + 2n + 1}$$

$$③ \lim_{n\to\infty} \frac{3n^2 + 5n + 1}{8n^2 - 4n - 1}$$

(2) $\lim\limits_{n\to\infty}(5n+1)a_n = 1$일 때 $\lim\limits_{n\to\infty}(4n-1)a_n$의 극한값을 구하여라.

:: 풀이 :: (1) ① ∞ ② 0 ③ $\dfrac{3}{8}$

(2) 분자, 분모의 차수가 같을 때, 최고차항의 계수의 비가 극한값이므로

$$\lim_{n\to\infty}(5n+1)a_n = 1 \text{이 되려면 } a_n = \frac{1}{5n+k} \text{꼴이 되어야 한다.}$$

$$\therefore \lim_{n\to\infty}(4n-1) \times \frac{1}{5n+k} = \lim_{n\to\infty}\frac{(4n-1)}{5n+k} = \frac{4}{5}$$

보기 2 수열 $\{a_n\}$에 대하여 $\dfrac{3n-2}{n} < a_n < \dfrac{3n+2}{n}$이 성립할 때 $\lim\limits_{n\to\infty} a_n$의 값을 구하여라.

:: 풀이 :: $\lim\limits_{n\to\infty}\dfrac{3n-2}{n} = 3$, $\lim\limits_{n\to\infty}\dfrac{3n+2}{n} = 3$이므로 $\lim\limits_{n\to\infty} a_n = 3$

보기 3 다음 수열의 수렴, 발산을 조사하여라.

$$(1)\ \left\{\frac{3^n}{2^n+1}\right\} \qquad\qquad (2)\ \left\{\frac{3^n-2^n}{2\cdot 3^n+2^n}\right\}$$

:: 풀이 :: (1) $3^n>2^n$이므로 ∞로 발산

(2) 분자, 분모의 차수가 같으므로 $\dfrac{1}{2}$

보기 4 (1) 무한수열 $\{(3x-1)^n\}$이 수렴하도록 x의 범위를 구하여라.

(2) $f(x)=\lim\limits_{n\to\infty}\dfrac{5\cdot r^{2n}}{r^{2n}+1}$의 값을 구하여라.

:: 풀이 :: (1) $-1<3x-1\le 1,\ 0<3x\le 2 \qquad \therefore 0<x\le \dfrac{2}{3}$

(2) ⅰ) $|r|<1$ 즉, $-1<r<1$일 때, $r^{2n}=0$ $\qquad\therefore f(x)=0$

ⅱ) $r=-1$일 때, $r^{2n}=1$ $\qquad\qquad\therefore f(x)=\dfrac{5}{2}$

ⅲ) $r=1$일 때, $r^{2n}=1$ $\qquad\qquad\therefore f(x)=\dfrac{5}{2}$

ⅳ) $|r|>1$ 즉, $r>1,\ r<-1$일 때 $\qquad\therefore f(x)=5$

보기 5 일반항이 다음과 같은 수열의 수렴, 발산을 조사하여라.

$$(1)\ \sin\left(n\cdot\frac{\pi}{2}\right) \qquad\qquad (2)\ \log\left(\frac{n}{n+1}\right)$$

$$(3)\ \log\left(\frac{2}{n-1}\right)$$

:: 풀이 :: (1) $n=4m$일 때 $\sin\left(n\cdot\dfrac{\pi}{2}\right)=\sin\left(4m\cdot\dfrac{\pi}{2}\right)=\sin 2m\pi=0$

$n=4m+1$일 때 $\sin\left(n\cdot\dfrac{\pi}{2}\right)=\sin\left\{(4m+1)\cdot\dfrac{\pi}{2}\right\}=\sin\left(2m\pi+\dfrac{\pi}{2}\right)=\sin\dfrac{\pi}{2}=1$

$n=4m+2$일 때 $\sin\left(n\cdot\dfrac{\pi}{2}\right)=\sin\left\{(4m+2)\cdot\dfrac{\pi}{2}\right\}=\sin(2m\pi+\pi)=\sin\pi=0$

$n=4m+3$일 때 $\sin\left(n\cdot\dfrac{\pi}{2}\right)=\sin\left\{(4m+3)\cdot\dfrac{\pi}{2}\right\}=\sin\left(2m\pi+\dfrac{3}{2}\pi\right)=\sin\dfrac{3}{2}\pi=-1$

(2) $n\to\infty$로 되면 $\dfrac{n}{n+1}=\dfrac{1}{1+\dfrac{1}{n}}\to 1$로 되기 때문에 $\lim\limits_{n\to\infty}\left(\log\left(\dfrac{n}{n+1}\right)\right)=\log 1=0$

$\therefore 0$에 수렴한다.

(3) $n\to\infty$로 되면 $\dfrac{2}{n-1}\to 0$로 되기 때문에 $\lim\limits_{n\to\infty}\left(\log\left(\dfrac{2}{n-1}\right)\right)=-\infty$

$\therefore -\infty$로 발산한다.

$\boxed{\textbf{보기 6}}$ $m+n=8,\ mn=12$일 때 $\displaystyle\sum_{i=1}^{m}\sum_{j=1}^{n}(i+j)$의 값을 구하여라.

:: 풀이 :: $\displaystyle\sum_{j=1}^{n}(i+j)=ni+\frac{n(n+1)}{2}$이므로

$$\sum_{i=1}^{m}\sum_{j=1}^{n}(i+j)=\sum_{i=1}^{m}\left(ni+\frac{n(n+1)}{2}\right)$$
$$=n\times\frac{m(m+1)}{2}+m\times\frac{n(n+1)}{2}$$
$$=\frac{mn}{2}(m+n+2)=\frac{12}{2}\times(8+2)=60$$

🔊 예제 1

수열 $\dfrac{1}{2^2-1},\ \dfrac{4}{3^2-1},\ \dfrac{9}{4^2-1},\ \dfrac{16}{5^2-1},\ \cdots$의 극한값을 구하면?

① 0　　　　② -1　　　　③ 1　　　　④ 2　　　　⑤ 3

✏️ 힌트 / $\displaystyle\lim_{n\to\infty}a_n$을 구한다.

:: 풀이 :: $a_n=\dfrac{n^2}{(n+1)^2-1}=\dfrac{n^2}{n^2+2n},\ \displaystyle\lim_{n\to\infty}a_n=\lim_{n\to\infty}\frac{n^2}{n^2+2n}=\lim_{n\to\infty}\frac{1}{1+\frac{2}{n}}=1\ \left(\because \frac{2}{n}\to0\right)$

$\boxed{\textbf{정답}}$ ③

🔊 예제 2

일반항이 $\dfrac{2^n}{3^n-1}$으로 주어진 무한수열의 극한을 구하면?

① 1　　　　② $\dfrac{2}{3}$　　　　③ 0　　　　④ 발산　　　　⑤ 2

✏️ 힌트 / $\displaystyle\lim_{n\to\infty}a_n$을 구한다.

:: 풀이 :: $a_n=\dfrac{2^n}{3^n-1}$이므로

$$\lim_{n\to\infty}\frac{2^n}{3^n-1}=\lim_{n\to\infty}\frac{\frac{2^n}{3^n}}{\frac{3^n}{3^n}-\frac{1}{3^n}}=\lim_{n\to\infty}\frac{(\frac{1}{3})^n}{1-\frac{1}{3^n}}=0\ \left(\because (\frac{2}{3})^n\to0,\ \frac{1}{3^n}\to0\right)$$

$\boxed{\textbf{정답}}$ ③

수열 $\{a_n\}$에서 첫째항에서 제n항까지의 합 S_n이 $S_n = n \cdot 2^n (n = 1, 2, 3, \cdots)$으로 주어질 때

$\lim\limits_{n \to \infty} \dfrac{S_n}{a_n}$의 값은?

① 0　　　　　② $\dfrac{1}{2}$　　　　　③ 1　　　　　④ 2　　　　　⑤ 3

✎ 힌트 / $a_n = S_n - S_{n-1}(n \geq 2)$임을 이용한다.

:: 풀이 :: $a_n = S_n - S_{n-1}$
$$= n \cdot 2^n - (n-1)2^{n-1} = 2n \cdot 2^{n-1} - (n-1)2^{n-1}$$
$$= (2n - n + 1) \cdot 2^{n-1} = (n+1) \cdot 2^{n-1}(n \geq 2)$$

$$\therefore \lim_{n \to \infty} \frac{S_n}{a_n} = \lim_{n \to \infty} \frac{n \cdot 2^n}{(n+1)2^{n-1}} = \lim_{n \to \infty} \frac{2n}{n+1} = \lim_{n \to \infty} \frac{2}{1 + \dfrac{1}{n}} = 2 \left(\because \frac{1}{n} \to 0 \right)$$

:: 별해 :: $\lim\limits_{n \to \infty} \dfrac{g(n)}{f(n)}$에서

(1) $g(n)$의 차수가 $f(n)$의 차수보다 클 때 : ∞

(2) $g(n)$의 차수가 $f(n)$의 차수보다 작을 때 : 0

(3) $g(n)$의 차수가 $f(n)$의 차수와 같을 때 : 최고차의 계수

정답 ④

수열 $\{a_n\}$에서 $a_1 = 5$, $a_{n+1} = a_n + 2n(n \geq 1)$일 때 $\sum\limits_{k=1}^{20} a_k$의 값은?

① 1960　　　　② 2340　　　　③ 2580　　　　④ 2760　　　　⑤ 2880

✎ 힌트 / $a_{n+1} - a_n = f(n)$인 관계가 성립하면 수열 $\{a_n\}$은 계차수열임을 이용한다.

:: 풀이 :: $a_{n+1} - a_n = 2n$이므로 수열 $\{a_n\}$은 계차수열이다.

$$따라서 \ a_n = a_1 + \sum_{k=1}^{n-1} b_k = 5 + \sum_{k=1}^{n-1} 2k = 2 + 2 \cdot \frac{n(n-1)}{2} = n^2 - n + 5$$

$$\therefore \sum_{k=1}^{20} a_k = \sum_{k=1}^{20} (k^2 - k + 5) = \frac{20 \times 21 \times 41}{6} - \frac{20 \times 21}{2} + 5 \times 20 = 2760$$

정답 ④

$a_1 = 1$, $2a_{n+1} = a_n + 3\,(n \geq 1)$인 수열의 일반항을 a_n이라 하면 $\displaystyle\lim_{n\to\infty} a_n$값은?

① 1   ② 2   ③ 3   ④ 4   ⑤ 5

✏️ 힌트 / $a_{n+1} - k = \dfrac{1}{2}(a_n - k)$인 관계가 성립하면 수열 $\{a_n - k\}$은 공비 $\dfrac{1}{2}$, 첫째항 $a_1 - k$인 등비수열임을 이용한다.

:: 풀이 :: $2a_{n+1} = a_n + 3$에서 $a_{n+1} = \dfrac{1}{2}a_n + \dfrac{3}{2}$

식을 변형하면 $a_{n+1} - 3 = \dfrac{1}{2}(a_n - 3)$

따라서 수열 $\{a_n - 3\}$은 $r = \dfrac{1}{2}$, 첫째항 $a_1 - 3$인 등비수열이다.

$$\therefore a_n - 3 = (a_1 - 3)\left(\dfrac{1}{2}\right)^{n-1} = (1 - 3)\left(\dfrac{1}{2}\right)^{n-1}$$

즉, $a_n = (-2)\left(\dfrac{1}{2}\right)^{n-1} + 3$

따라서 $\displaystyle\lim_{n\to\infty} a_n = \lim_{n\to\infty}\left\{\left(3 - 2\left(\dfrac{1}{2}\right)^{n-1}\right)\right\} = 3$

:: 별해 :: $pa_{n+1} = qa_n + r$에서 $\displaystyle\lim_{n\to\infty} a_n$의 값은 $a_{n+1} = a_n = x$라 놓고 x를 구한다.

$2a_{n+1} = a_n + 3$에서 $a_{n+1} = a_n = x$라 놓으면 $2x = x + 3$ $\therefore x = 3$

정답 ②

🔊 예제 6

다음 수열의 극한값을 구하면?

$$1,\ \dfrac{1+2}{2^2},\ \dfrac{1+2+3}{3^2},\ \dfrac{1+2+3+4}{4^2},\ \dfrac{1+2+3+4+5}{5^2},\ \cdots$$

① $\dfrac{1}{3}$ ② $\dfrac{1}{2}$ ③ 1   ④ 2   ⑤ 발산한다.

✏️ 힌트 / 일반항 $\{a_n\}$을 먼저 구한다.

:: 풀이 :: 수열의 제n항을 구하면

$$a_n = \dfrac{1+2+3+\cdots+n}{n^2} = \dfrac{\sum_{k=1}^{n} k}{n^2} = \dfrac{\dfrac{n(n+1)}{2}}{n^2} = \dfrac{n^2+n}{2n^2}$$

$$\therefore \lim_{n\to\infty} a_n = \lim_{n\to\infty} \dfrac{n^2+n}{2n^2} = \dfrac{1}{2}$$

정답 ②

다음 무한수열의 극한값을 구하면?

$$\sqrt{3}\cdot\sqrt{3\sqrt{3}}\,,\ \ \sqrt{\sqrt{3\sqrt{3}}}$$

① 2   ② 3   ③ 4   ④ 5   ⑤ 6

✏️ **힌트** / 먼저 지수꼴로 고친다.

:: **풀이** :: $3^{\frac{1}{2}},\ 3^{\frac{1}{2}+\frac{1}{4}},\ 3^{\frac{1}{2}+\frac{1}{4}+\frac{1}{8}},\cdots$

$$a_n = 3^{\left(\frac{1}{2}\right)+\left(\frac{1}{2}\right)^2+\left(\frac{1}{2}\right)^3+\cdots+\left(\frac{1}{2}\right)^n}$$

이때, $\left(\dfrac{1}{2}\right)+\left(\dfrac{1}{2}\right)^2+\cdots+\left(\dfrac{1}{2}\right)^n=\dfrac{\frac{1}{2}\left(1-\left(\frac{1}{2}\right)^n\right)}{1-\frac{1}{2}}$ 이므로 $\quad\therefore a_n = 3^{\frac{\frac{1}{2}\left\{1-\left(\frac{1}{2}\right)^n\right\}}{1-\frac{1}{2}}}\qquad \therefore \lim_{n\to\infty}a_n=3$

정답 ②

수열 $\{a_n\}$이 모든 자연수 n에 대하여 $\dfrac{n-1}{2n}<a_n<\dfrac{n+1}{2n}$ 을 만족시킬 때, $\displaystyle\lim_{n\to\infty}a_n$의 값을 구하면?

① $\dfrac{1}{2}$ ② $\dfrac{1}{3}$ ③ $\dfrac{1}{4}$ ④ $\dfrac{1}{5}$ ⑤ $\dfrac{1}{10}$

✏️ **힌트** / $b_n<a_n<c_n$ 일 때 $\displaystyle\lim_{n\to\infty}b_n=\lim_{n\to\infty}a_n=\lim_{n\to\infty}c_n$ 이다

:: **풀이** :: $\displaystyle\lim_{n\to\infty}\dfrac{n-1}{2n}=\dfrac{1}{2},\ \lim_{n\to\infty}\dfrac{n+1}{2n}=\dfrac{1}{2}\quad\therefore\lim_{n\to\infty}a_n=\dfrac{1}{2}$

정답 ①

자연수 n에 대하여 $\sqrt{4n^2+5n+1}$ 의 소수 부분을 a_n이라 할 때, $\displaystyle\lim_{n\to\infty}a_n$의 값을 구하면?

① $\dfrac{1}{2}$ ② $\dfrac{1}{3}$ ③ $\dfrac{1}{4}$ ④ $\dfrac{1}{5}$ ⑤ $\dfrac{1}{6}$

✏️ **힌트** / 정수 부분이 $2n+1$이다.

:: **풀이** :: $\sqrt{4n^2+5n+1}=\sqrt{(2n+1)^2+n}$ 이므로 $\sqrt{(2n+1)^2}<\sqrt{4n^2+5n+1}<\sqrt{(2n+2)^2}$

$\qquad\therefore 2n+1<\sqrt{4n^2+5n+1}<2n+2$

따라서 $\sqrt{4n^2+5n+1}$ 의 정수 부분은 $2n+1$

$\qquad\therefore a_n=\sqrt{4n^2+5n+1}-(2n+1)$

$\displaystyle\lim_{n\to\infty}a_n=\lim_{n\to\infty}(\sqrt{4n^2+5n+1}-(2n+1))=\dfrac{1}{4}$

정답 ③

🔊 **예제 10**

수렴하는 수열 $\{a_n\}$에서 $\lim\limits_{n \to \infty}(5n^2+2n+1)a_n = 1$일 때 $\lim\limits_{n \to \infty}2n^2a_n$을 구하면?

① $\dfrac{1}{5}$　　　　② $\dfrac{2}{5}$　　　　③ $\dfrac{3}{5}$　　　　④ $\dfrac{4}{5}$　　　　⑤ 1

✏️ 힌트 / 분자, 분모의 차수가 같아야 한다.

:: 풀이 :: $a_n = \dfrac{1}{5n^2+bn+c}$라 할 수 있으므로 $\lim\limits_{n \to \infty}\dfrac{2n^2}{5n^2+bn+c} = \dfrac{2}{5}$

정답 ②

🔊 **예제 11**

$S_n = n \cdot 2^n$일 때 $\lim\limits_{n \to \infty}\dfrac{S_n}{2a_n}$의 값을 구하면?

① 0　　　　② 1　　　　③ 2　　　　④ 5　　　　⑤ 10

✏️ 힌트 / $a_n = S_n - S_{n-1}(n \geq 2)$를 이용한다.

:: 풀이 :: $a_n = S_n - S_{n-1} = (n+1) \cdot 2^{n-1}$
$$\lim_{n \to \infty}\frac{S_n}{2a_n} = \lim_{n \to \infty}\frac{n \cdot 2^n}{(n+1)2^n} = 1$$

정답 ②

🔊 **예제 12**

$\lim\limits_{n \to \infty}a_n = \infty$, $\lim\limits_{n \to \infty}(a_n - b_n) = 2$일 때 $\lim\limits_{n \to \infty}\dfrac{a_n - 2b_n}{2a_n + b_n}$의 극한값을 구하면?

① $\dfrac{1}{2}$　　　　② $-\dfrac{1}{2}$　　　　③ $\dfrac{1}{3}$　　　　④ $-\dfrac{1}{3}$　　　　⑤ $\dfrac{1}{4}$

✏️ 힌트 / 준식을 $(a_n - b_n)$의 꼴로 변형시킨다.

:: 풀이 :: $\lim\limits_{n \to \infty}\dfrac{a_n - 2b_n}{2a_n + b_n} = \lim\limits_{n \to \infty}\dfrac{2(a_n - b_n) - a_n}{-(a_n - b_n) + 3a_n}$

이때, 분자, 분모를 a_n으로 나누면 $\lim\limits_{n \to \infty}\dfrac{\dfrac{2(a_n - b_n)}{a_n} - 1}{\dfrac{-(a_n - b_n)}{a_n} + 3} = -\dfrac{1}{3}$

정답 ④

무한등비수열 $\{a_n\}$에 대하여 $\displaystyle\sum_{n=1}^{\infty} a_n = 15$, $\displaystyle\sum_{n=1}^{\infty} (a_n)^2 = 25$일 때, 일반항 a_n을 구하면?

① $3\left(\dfrac{1}{5}\right)^{n-1}$ ② $\left(\dfrac{2}{5}\right)^{n-1}$ ③ $3\left(\dfrac{4}{5}\right)^{n-1}$ ④ $3\left(\dfrac{2}{5}\right)^{n-1}$ ⑤ $\left(\dfrac{4}{5}\right)^{n}$

✏️ 힌트 / $\displaystyle\sum_{n=1}^{\infty} a_n = \dfrac{a}{1-r}$임을 이용한다.

:: 풀이 :: 첫째항을 a, 공비를 r라 하면

$$\sum_{n=1}^{\infty} a_n = \frac{a}{1-r} = 15 \quad\cdots\cdots\cdots ㉠$$

$$\sum_{n=1}^{\infty} (a_n)^2 = \frac{a^2}{1-r^2} = 25 \quad\cdots\cdots\cdots ㉡$$

㉠과 ㉡에서 a를 소거하면 $5r^2 - 9r + 4 = 0$ $\therefore (5r-4)(r-1) = 0$

$\therefore r = \dfrac{4}{5}(\because -1 < r < 1)$ $a = 3$이 되므로

$$a_n = ar^{n-1} = 3\left(\frac{4}{5}\right)^{n-1}$$

정답 ③

오른쪽 그림과 같이 좌표평면 위에서 x축과 y축에 평행하게 움직이는 동점 P_n이 있다. 다음 조건을 만족하면서 무한히 움직일 때, 동점 P_n은 어떤 점으로 접근해 가는가?

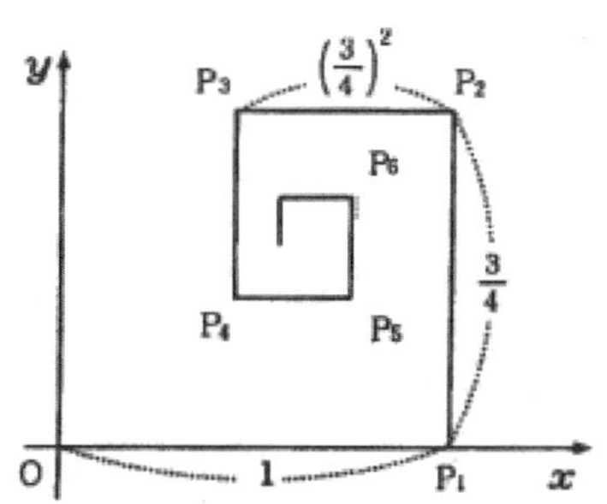

$$\overline{OP_1} = 1, \quad \overline{P_1 P_2} = \frac{3}{4}, \quad \overline{P_2 P_3} = \left(\frac{3}{4}\right)^2, \cdots$$

① $\left(\dfrac{1}{3}, \dfrac{4}{3}\right)$ ② $\left(\dfrac{2}{3}, \dfrac{5}{3}\right)$ ③ $\left(\dfrac{7}{25}, \dfrac{10}{25}\right)$

④ $\left(\dfrac{8}{25}, \dfrac{13}{25}\right)$ ⑤ $\left(\dfrac{16}{25}, \dfrac{12}{25}\right)$

✏️ 힌트 / 오른쪽 방향은 +, 위쪽 방향은 +, 왼쪽 방향은 −, 아래쪽 방향은 −임을 이용한다.

:: 풀이 :: $P_1(1, 0)$, $P_2\left(1, \dfrac{3}{4}\right)$, $P_3\left(1 - \left(\dfrac{3}{4}\right)^2, \dfrac{3}{4}\right)$, $P_4\left\{1 - \left(\dfrac{3}{4}\right)^2, \dfrac{3}{4} - \left(\dfrac{3}{4}\right)^3, \cdots\right\}$

$$\therefore \lim_{n\to\infty} x_{2n} = \frac{16}{25}, \quad \lim_{n\to\infty} y_{2n} = \frac{12}{25}$$

정답 ⑤

1. 무한급수

무한수열 $\{a_n\}$의 각 항을 + 기호로 연결한 식, 즉, $a_1 + a_2 + a_3 + \cdots = \sum\limits_{n=1}^{\infty} a_n$을 무한급수라 한다.

2. 무한급수의 수렴과 발산

(1) 무한수열 $\{a_n\}$에서 첫째항부터 제 n항까지의 합,

즉 S_n을 이 무한급수의 부분합이라 하고,

부분합으로 이루어진 수열 $\{S_n\}$이 S에 수렴할 때, 무한급수 $\sum\limits_{n=1}^{\infty} a_n$은 S에 수렴한다고 한다.

$$\sum_{n=1}^{\infty} a_n = \lim_{n \to \infty} \sum_{k=1}^{n} a_k = \lim_{n \to \infty} S_n = S$$

(2) 수열 $\{S_n\}$이 발산할 때, $\sum\limits_{n=1}^{\infty} a_n$은 발산한다.

3. 무한급수와 극한 사이의 관계

(1) 무한급수 $\sum\limits_{n=1}^{\infty} a_n$이 수렴하면 $\lim\limits_{n \to \infty} a_n = 0$

(2) $\lim\limits_{n \to \infty} a_n \neq 0$이면 무한급수 $\sum\limits_{n=1}^{\infty} a_n$은 발산한다.

(3) $\lim\limits_{n \to \infty} a_n = 0$일 때 무한급수 $\sum\limits_{n=1}^{\infty} a_n$은 수렴할 수도 있고 발산할 수도 있다.

4. 무한급수의 성질

$$\sum_{k=1}^{\infty} a_n = \alpha, \ \sum_{k=1}^{\infty} b_n = \beta$$일 때

(1) $\sum\limits_{n=1}^{\infty} k a_n = k\alpha$

(2) $\sum\limits_{n=1}^{\infty} (a_n \pm b_n) = \alpha \pm \beta$

5. 무한등비급수

(1) 첫째항이 a, 공비가 r인 무한등비수열 $\{ar^{n-1}\}$을 첫째항부터 차례로 더하여 얻어지는 식

$$a + ar + \cdots + ar^{n-1} + \cdots = \sum_{n=1}^{\infty} ar^{n-1}$$을 무한등비급수라 한다.

(2) 무한등비극수의 수렴과 발산

① $|r| < 1$이면 $\displaystyle\sum_{n=1}^{\infty} ar^{n-1} = \dfrac{a}{1-r}$이므로 수렴한다.

② $|r| \geq 1$이면 $\displaystyle\sum_{n=1}^{\infty} ar^{n-1}$은 발산한다.

6. 순환소수

$$0.\dot{\alpha_1}\alpha_2\alpha_3 \cdots \dot{\alpha_n} = \dfrac{\alpha_1\alpha_2\alpha_3 \cdots \alpha_n}{\underbrace{99 \cdots 999}_{n\text{개}}}$$

$$0.\beta_1\beta_2 \cdots \beta_m\dot{\alpha_1}\alpha_2\alpha_3 \cdots \dot{\alpha_n} = \dfrac{0.\beta_1\beta_2 \cdots \beta_m\alpha_1\alpha_2\alpha_3 \cdots \alpha_n - \beta_1\beta_2 \cdots \beta_m}{\underbrace{99 \cdots 999}_{n\text{개}}\underbrace{00 \cdots 000}_{m\text{개}}}$$

보기 1 무한급수 $\displaystyle\sum_{n=1}^{\infty}\left(\dfrac{1}{\sqrt{n+2}} - \dfrac{1}{\sqrt{n+1}}\right)$의 수렴, 발산을 조사하고 수렴하면 그 합을 구하여라.

:: 풀이 ::
$$\sum_{n=1}^{\infty}\left(\dfrac{1}{\sqrt{n+2}} - \dfrac{1}{\sqrt{n+1}}\right) = \lim_{n\to\infty}\sum_{k=1}^{n}\left(\dfrac{1}{\sqrt{k+2}} - \dfrac{1}{\sqrt{k+1}}\right)$$
$$= \lim_{n\to\infty}\left\{\left(\dfrac{1}{\sqrt{3}} - \dfrac{1}{\sqrt{2}}\right) + \left(\dfrac{1}{\sqrt{4}} - \dfrac{1}{\sqrt{3}}\right) + \cdots + \left(\dfrac{1}{\sqrt{n+2}} - \dfrac{1}{\sqrt{n+1}}\right)\right\}$$
$$= \lim\left(-\dfrac{1}{\sqrt{2}} + \dfrac{1}{\sqrt{n+2}}\right) = -\dfrac{1}{\sqrt{2}}$$

즉, 주어진 무한급수는 수렴하고, 그 합은 $-\dfrac{1}{\sqrt{2}}$이다.

보기 2 (1) 무한등비급수의 수렴, 발산을 조사하고 수렴하는 것은 그 합을 구하여라.

① $1 + \dfrac{1}{3} + \dfrac{1}{9} + \dfrac{1}{27} + \cdots$

② $1 + 2 + 4 + 8 + \cdots$

(2) 무한급수 $\displaystyle\sum_{k=1}^{\infty}\dfrac{3^n+4^n}{5^n}$의 합을 구하여라.

:: 풀이 :: (1) ① $r = \dfrac{1}{3}$이므로 $S = \dfrac{1}{1-\dfrac{1}{3}} = \dfrac{3}{2}$

② $r > 1$이므로 발산한다.

(2) $\displaystyle\sum_{k=1}^{\infty}\dfrac{3^n+5^n}{5^n} = \sum_{k=1}^{\infty}\left\{\left(\dfrac{3}{5}\right)^n + \left(\dfrac{4}{5}\right)^n\right\} = \dfrac{\dfrac{3}{5}}{1-\dfrac{3}{5}} + \dfrac{\dfrac{4}{5}}{1-\dfrac{4}{5}} = \dfrac{3}{2} + \dfrac{4}{1} = \dfrac{11}{2}$

보기 3 무한급수 $1+\dfrac{1}{1+2}+\dfrac{1}{1+2+3}+\dfrac{1}{1+2+3+4}+\cdots$의 합을 구하여라.

:: 풀이 :: 일반항 $a_n=\dfrac{1}{\frac{1}{2}n(n+1)}=2\left(\dfrac{1}{n}-\dfrac{1}{n+1}\right)$ 제n 항까지의 부분합을 S_n이라 하면

$$S_n=\sum_{k=1}^{n}a_k=2\sum_{k=1}^{n}\left(\dfrac{1}{k}-\dfrac{1}{k+1}\right)=2\left(1-\dfrac{1}{n+1}\right)$$

$$\therefore \lim_{n\to\infty}S_n=2$$

보기 4 $\displaystyle\lim_{n\to\infty}\sum_{k=1}^{n}\dfrac{1}{k(k+2)}$의 값을 구하여라.

:: 풀이 ::
$$\lim_{n\to\infty}\sum_{k=1}^{n}\dfrac{1}{k(k+2)}=\dfrac{1}{2}\lim_{n\to\infty}\sum_{k=1}^{n}\left(\dfrac{1}{k}-\dfrac{1}{k+2}\right)$$
$$=\dfrac{1}{2}\lim_{n\to\infty}\left\{\left(1-\dfrac{1}{3}\right)+\left(\dfrac{1}{2}-\dfrac{1}{4}\right)+\left(\dfrac{1}{3}-\dfrac{1}{5}\right)+\cdots+\left(\dfrac{1}{n-1}-\dfrac{1}{n+1}\right)+\left(\dfrac{1}{n}-\dfrac{1}{n+2}\right)\right\}$$
$$=\dfrac{1}{2}\lim_{n\to\infty}\left\{1+\dfrac{1}{2}-\dfrac{1}{n+1}-\dfrac{1}{n+2}\right\}$$
$$=\dfrac{1}{2}\times\dfrac{3}{2}=\dfrac{3}{4}$$

보기 5 다음 순환소수를 분수로 고쳐라

(1) $0.\dot{1}2\dot{5}$ (2) $0.15\dot{7}2\dot{8}$

:: 풀이 :: (1) $\dfrac{125}{999}$

(2) $\dfrac{15728-15}{99900}=\dfrac{15713}{99900}$

보기 6 $a,\ b,\ c$는 1에서 9까지 자연수이고, 이 순서로 등차수열이다. 이때 $0.\dot{a}+0.\dot{4}\dot{b}=1.\dot{2}\dot{c}$이다. $a+b+c$의 값을 구하여라.

:: 풀이 :: $\dfrac{a}{9}+\dfrac{40+b}{99}=1+\dfrac{20+c}{99}$

$11a+40+b=99+20+c,\ 11a+b-c=79$ $\cdots\cdots\cdots\cdots\cdots$ ㉠

$a,\ b,\ c$가 등차수열이므로 $2b=a+c$ $\cdots\cdots\cdots\cdots\cdots$ ㉡

$a,\ b,\ c$는 1~9까지 자연수 $\cdots\cdots\cdots\cdots\cdots$ ㉢

㉠, ㉡, ㉢에서 $a=7,\ b=5,\ c=3$

$\therefore a+b+c=15$

두 함수 $f(n) = \left(\frac{1}{2}\right)^{n-1}$, $g(n) = 1 + 3(n-1)$에 대하여 $\sum\limits_{n=1}^{\infty} f\{g(n)\}$ 값은?

① $\dfrac{7}{8}$ ② $\dfrac{5}{8}$ ③ $\dfrac{8}{5}$ ④ $\dfrac{8}{7}$ ⑤ $\dfrac{9}{7}$

✏️**힌트** / $\sum\limits_{n=1}^{\infty} a_n = \lim\limits_{n\to\infty} \sum\limits_{k=1}^{n} a_k$를 이용한다.

:: 풀이 :: $f(n) = \left(\frac{1}{2}\right)^{n-1}$, $g(n) = 1 + 3(n-1)$에서

$$f\{g(n)\} = \left(\frac{1}{2}\right)^{g(n)-1} = \left(\frac{1}{2}\right)^{1+3(n-1)-1} = \left(\frac{1}{2}\right)^{3(n-1)}$$

$$\therefore f\{g(n)\} = \left(\frac{1}{8}\right)^{n-1}$$

$$\sum_{n=1}^{\infty} f\{g(n)\} = \sum_{n=1}^{\infty}\left(\frac{1}{8}\right)^{n-1} = \lim_{n\to\infty}\sum_{k=1}^{\infty}\left(\frac{1}{8}\right)^{k-1} = \frac{1}{1-\frac{1}{8}} = \frac{8}{7}$$

:: 별해 :: $\sum\limits_{n=1}^{\infty} f\{g(n)\} = \sum\limits_{n=1}^{\infty}\left(\frac{1}{8}\right)^{k-1} = \left(\frac{1}{8}\right)^0 + \left(\frac{1}{8}\right)^1 + \left(\frac{1}{8}\right)^2 + \left(\frac{1}{8}\right)^3 + \cdots = 1 + \left(\frac{1}{8}\right) + \left(\frac{1}{8}\right)^2 + \left(\frac{1}{8}\right)^3 + \cdots$

첫째항이 1, 공비가 $\frac{1}{8}$인 무한등비급수이므로 $\sum\limits_{n=1}^{\infty} f\{g(n)\} = \dfrac{1}{1-\frac{1}{8}} = \dfrac{8}{7}$

정답 ④

두 급수 $\sum\limits_{n=1}^{\infty}\left(\frac{x}{2}\right)^n$과 $\sum\limits_{n=1}^{\infty}\left(\frac{1}{x}\right)^n$이 동시에 수렴할 x의 범위는?

① $1 \leq |x| \leq 2$ ② $1 < |x| < 2$ ③ $1 < |x|$
④ $|x| \leq 2$ ⑤ $|x| \leq 1$

✏️**힌트** / $\sum\limits_{n=1}^{\infty} r^n$이 수렴할 조건은 $|r| < 1$임을 이용한다.

:: 풀이 :: $\sum\limits_{n=1}^{\infty}\left(\frac{x}{2}\right)^n$의 수렴조건은 공비가 $\frac{x}{2}$이므로

$$\left|\frac{x}{2}\right| < 1 \ \ 즉, \ \frac{|x|}{2} < 1 \qquad \therefore |x| < 2 \ \cdots\cdots\cdots\cdots ㉠$$

$\sum\limits_{n=1}^{\infty}\left(\frac{1}{x}\right)^n$의 수렴조건은 공비가 $\frac{1}{x}$이므로

$$\left|\frac{1}{x}\right| < 1 \ \ 즉, \ \frac{1}{|x|} < 1 \qquad \therefore |x| > 1 \ \cdots\cdots\cdots\cdots ㉡$$

㉠과 ㉡에서 $1 < |x| < 2$

정답 ②

🔊 **예제 3**

a가 실수일 때 무한급수 $\dfrac{1}{a^2+1}-\dfrac{1}{(a^2+1)^2}+\dfrac{1}{(a^2+1)^3}-\cdots$ 의 합 S는?

① $|a|<1$일 때만 합을 가지며 $S=\dfrac{1}{a^2+2}$ 　　② $|a|<1$일 때만 합을 가지며 $S=\dfrac{1}{a^2}$

③ $a\neq0$일 때만 합을 가지며 $S=\dfrac{1}{a^2+2}$ 　　④ $a\neq0$일 때만 합을 가지며 $S=\dfrac{1}{a^2}$

⑤ $a\neq0$일 때만 합을 가지며 $S=\dfrac{1}{a^2+1}$

✏️힌트 / $|r|<1$일 때 합이 존재하면 $S=\dfrac{a}{1-r}$임을 이용한다.

:: **풀이** :: 첫째항 $\dfrac{1}{a^2+1}\neq0\,(a$는 실수$)$

공비 $\left|-\dfrac{1}{a^2+1}\right|<1$에서 $\dfrac{1}{a^2+1}<1$ $(\because a$가 실수이므로 $a^2+1\geq1)$

$\therefore 1<a^2+1$에서 $a\neq0$

이때 합 $S=\dfrac{\dfrac{1}{a^2+1}}{a+\dfrac{1}{a^2+1}}=\dfrac{1}{a^2+2}$

정답 ③

🔊 **예제 4**

$S_n=\displaystyle\sum_{k=1}^{n}\dfrac{1}{2^k}$일 때 $\displaystyle\lim_{N\to\infty}\dfrac{\displaystyle\sum_{n=1}^{N}S_n}{N}$ 값은?

① 0　　　　② $\dfrac{1}{2}$　　　③ 1　　　④ 2　　　⑤ 3

✏️힌트 / $|r|<1$이면 $\displaystyle\lim_{n\to\infty}r^n=0$임을 이용한다.

:: **풀이** :: $S_n=\dfrac{\dfrac{1}{2}\left\{1-(\dfrac{1}{2})^n\right\}}{1-\dfrac{1}{2}}=1-(\dfrac{1}{2})^n$

따라서 $\displaystyle\sum_{n=1}^{N}S_n=\sum_{n=1}^{N}\left\{1-(\dfrac{1}{2})^n\right\}=N-\dfrac{\dfrac{1}{2}\left\{1-(\dfrac{1}{2})^N\right\}}{1-\dfrac{1}{2}}=N-1+(\dfrac{1}{2})^N$

$\therefore \displaystyle\lim_{N\to\infty}\dfrac{\displaystyle\sum_{n=1}^{N}S_n}{N}=\lim_{N\to\infty}\dfrac{N-1+(\dfrac{1}{2})^N}{N}=\lim_{N\to\infty}\left(1-\dfrac{1}{N}+\dfrac{1}{N\cdot2^N}\right)=1$ $\left(\because \displaystyle\lim_{N\to\infty}\dfrac{1}{N\cdot2^N}=0\right)$

정답 ③

수열 $\{a_n\}$에 대하여 $\displaystyle\sum_{n=1}^{\infty}(a_n-2)=3$일 때, $\displaystyle\lim_{n\to\infty}a_n$의 값은?

① 2　　　② 3　　　③ 4　　　④ 5　　　⑤ 6

✏️힌트 / $\displaystyle\sum_{n=1}^{\infty}a_n$이 수렴하면 $\displaystyle\lim_{n\to\infty}a_n=0$을 이용한다.

:: 풀이 :: $\displaystyle\sum_{n=1}^{\infty}(a_n-2)=3$이므로 $\displaystyle\lim_{n\to\infty}(a_n-2)=0$

$$\therefore \lim_{n\to\infty}a_n=2$$

정답 ①

양의 수열 $\{a_n\}$이 모든 자연수 n에 대하여 $\dfrac{a_{n+1}}{a_n}<\dfrac{4}{5}$를 만족할 때, $\displaystyle\lim_{n\to\infty}\dfrac{3na_n+6n+1}{na_n+3n+4}$의 값은?

① 1　　　② 2　　　③ 3　　　④ 4　　　⑤ 5

✏️힌트 / $|r|<1$ 이면 $\displaystyle\lim_{n\to\infty}r^n=0$임을 이용한다.

:: 풀이 :: $\dfrac{a_{n+1}}{a_n}<1$이므로 $\displaystyle\lim_{n\to\infty}a_n=0$

$$\therefore \lim_{n\to\infty}\dfrac{6n+1}{3n+4}=2$$

정답 ②

$\sin^2\theta + \sin^2\theta\cos\theta + \sin^2\theta\cos^2\theta + \cdots = \dfrac{3}{2}$ 이 성립할 때, 만족하는 θ의 값을 구하면?

(단, $0 < \theta < \pi$)

① $\dfrac{\pi}{6}$ ② $\dfrac{\pi}{4}$ ③ $\dfrac{\pi}{3}$ ④ $\dfrac{2}{3}\pi$ ⑤ $\dfrac{5}{6}\pi$

✏️ **힌트** / $S = \dfrac{a}{1-r}$ 를 이용한다.

:: **풀이** :: $\dfrac{\sin^2\theta}{1-\cos\theta} = \dfrac{3}{2}$ 에서 $2\sin^2\theta = 3(1-\cos\theta)$

정리하면 $(\cos-\theta)(2\cos\theta-1) = 0$ 이므로 $\cos\theta = \dfrac{1}{2}$

$\therefore \theta = \dfrac{\pi}{3}$

정답 ③

🔊 **예제 8**

무한등비급수 $\displaystyle\sum_{n=1}^{\infty} a_n$ 에 대하여 $\displaystyle\sum_{n=1}^{\infty} a_n = 3$, $\displaystyle\sum_{n=1}^{\infty} a_n^2 = 3$ 일 때 $\displaystyle\sum_{n=1}^{\infty} (2a_n + a_n^3)$ 의 값을 구하면?

① $\dfrac{17}{7}$ ② $\dfrac{20}{7}$ ③ $\dfrac{60}{7}$ ④ $\dfrac{69}{7}$ ⑤ $\dfrac{73}{7}$

✏️ **힌트** / $\displaystyle\sum_{n=1}^{\infty} a_n = \dfrac{a}{1-r}$

:: **풀이** :: 첫째항을 a, 공비를 r라 하면

$$\sum_{n=1}^{\infty} a_n = \frac{a}{1-r} = 3 \qquad \therefore a = 3-3r \cdots\cdots\cdots ㉠$$

$$\sum_{n=1}^{\infty} a_n^2 = \frac{a^2}{1-r^2} = 3, \quad \frac{a}{1+r} = 1 \quad \therefore a = 1+r \cdots\cdots\cdots ㉡$$

㉠과 ㉡에서 $a = \dfrac{3}{2}$, $r = \dfrac{1}{2}$ $\displaystyle\sum_{n=1}^{\infty} a_n^3 = \dfrac{\left(\dfrac{3}{2}\right)^3}{1-\left(\dfrac{1}{2}\right)^3} = \dfrac{27}{7}$

$$\therefore \sum_{n=1}^{\infty} (2a_n + a_n^3) = 2 \cdot 3 + \frac{27}{7} = \frac{69}{7}$$

정답 ④

모든 실수에 대하여 정의된 함수 $f(x)$는 $f(x)=x^2\,(-1\le x\le 1)$과 $f(x+2)=f(x)$를 만족하는 주기함수이다. 좌표평면 위에서 각 자연수 n에 대하여 직선 $y=\dfrac{1}{2n}x+\dfrac{1}{4n}$과 함수 $y=f(x)$의 그래프와의 교점의 개수를 a_n이라고 할 때, $\displaystyle\lim_{n\to\infty}\dfrac{a_n}{n}$의 값은?

① 0 ② 1 ③ 2 ④ 3 ⑤ 4

✏️ **힌트** / 주기가 2인 함수이다.

:: **풀이** :: 모든 실수 x에 대하여 $f(x+2)=f(x)$이므로
함수 $y=f(x)$는 주기가 2인 함수이다.
따라서 $f(x)$의 그래프는 다음 그림과 같다.

직선 $y=\dfrac{1}{2n}x+\dfrac{1}{4n}$과 함수 $y=f(x)$의 그래프와의

교점의 개수는 a_n이므로

$n=1$일 때, $y=\dfrac{1}{2}x+\dfrac{1}{4}$이므로 $a_1=3$

$n=2$일 때, $y=\dfrac{1}{4}x+\dfrac{1}{8}$이므로 $a_2=5$

$n=3$일 때, $y=\dfrac{1}{6}x+\dfrac{1}{12}$이므로 $a_3=7$

$a_1=3$, $a_2=5$, $a_3=7$, $\cdots$이므로 일반항은 $a_n=2n+1$이다.

$$\therefore \lim_{n\to\infty}\frac{a_n}{n}=\lim_{n\to\infty}\frac{2n+1}{n}=2$$

정답 ③

무한급수 $\displaystyle\sum_{n=1}^{\infty}\left\{\dfrac{1+(-1)^n}{3}\right\}^n$의 합을 S라고 할 때, $20S$의 값을 구하면?

① 15 ② 16 ③ 18 ④ 20 ⑤ 25

✏️ **힌트** / $S=\dfrac{a}{1-r}$를 이용한다.

:: **풀이** :: $n=1,\ 2,\ 3,\cdots$을 대입하면

$$\left(\frac{1+(-1)^1}{3}\right)^1+\left(\frac{1+(-1)^2}{3}\right)^2+\left(\frac{1+(-1)^3}{3}\right)^3+\left(\frac{1+(-1)^4}{3}\right)^{4}+\cdots=\left(\frac{2}{3}\right)^2+\left(\frac{2}{3}\right)^4+\cdots$$

즉, 첫째항은 $\left(\dfrac{2}{3}\right)^2$, 공비는 $\left(\dfrac{2}{3}\right)^2$이므로 $\dfrac{\frac{4}{9}}{1-\frac{4}{9}}=\dfrac{4}{5}=S$ $\therefore 20S=20\times\dfrac{4}{5}=16$

정답 ③

문제 A

01 첫째항이 3인 등차수열에서 제2항과 제6항은 절댓값이 같고 부호가 서로 다르다. 이 수열의 공차를 구하여라.

02 첫째항이 400, 공차가 -3인 등차수열에서 처음으로 음수가 되는 항은 몇 번째 항인지를 구하여라.

03 첫째항부터 제n항까지의 합 S_n이 다음과 같을 때, 이 수열의 첫째항과 일반항 a_n을 각각 구하여라.

(1) $S_n = n^2 + 4n$

(2) $S_n = n^2 - 2n + 3$

04 세 수 a, 6, b가 이 순서대로 등비수열을 이루고, $a+b=13$일 때, a^2+b^2의 값을 구하여라.

05 두 수 2와 162 사이에 세 개의 실수를 넣어서 전체가 등비수열을 이루도록 하려고 한다. 이 세 수를 순서대로 구하여라.

06 등비수열 $\{a_n\}$에서 $a_1+a_2+\cdots+a_{10}=8$, $a_{11}+a_{12}+\cdots+a_{20}=24$일 때, $a_{21}+a_{22}+\cdots+a_{30}$의 값을 구하여라.

07 등비수열을 이루는 세 양수의 합이 14이고 곱이 64일 때, 세 수 중 최대인 수와 최소인 수의 합을 구하여라.

08 세 수 a, 4, b가 이 순서대로 등차수열을 이루고, 세 수 a, 2, b가 이 순서대로 등비수열을 이룰 때, a^2+b^2의 값을 구하여라.

09 어떤 세균의 개체 수는 1시간마다 2배 증가한다. 시험관에 이 세균 10마리를 넣은 후 최소 몇 시간이 지나야 그 수가 10000마리 이상이 되겠는가?

① 10   ② 11
③ 12   ④ 13
⑤ 14

문제 B

01 등비수열 $\{a_n\}$에 대하여 수열 $\{2a_n-a_{n+1}\}$은 첫째항이 4, 공비가 3인 등비수열일 때, a_2의 값은?

① -12 ② -6
③ 6   ④ 12
⑤ 36

02 수열 $\{a_n\}$은 첫째항이 4의 배수인 양의 정수이고 공차가 $-\dfrac{3}{4}$인 등차수열이다. $b_n=|a_n+a_{n+1}|$을 만족시키는 수열 $\{b_n\}$은 $n=11$일 때 최솟값을 갖는다고 한다. $|a_1|+|a_5|+|a_9|+\cdots+|a_{37}|$의 값을 구하시오. (단, $n=1,\ 2,\ 3,\ \cdots$이다.)

03 기울기가 m, y절편이 100인 직선 l이 있다. 자연수 n에 대하여 직선 l 위의 점 P_n의 좌표를 $(n,\ a_n)$이라 하면 수열 $\{a_n\}$은 공차가 -6인 등차수열을 이룬다. 점 P_k가 제4사분면 위의 점일 때, k의 최솟값을 구하시오.

04 세 실수 a, b, c가 이 순서로 공비가 $r\ (0<r<1)$인 등비수열을 이루고 있다. 등식 $(x-a)(x-b)(x-c)=x^3-16x^2+kx-216$이 성립할 때, 상수 k의 값을 구하시오.

05 4와 10 사이에 n개의 수 a_1, a_2, $\cdots$, a_n을 넣어 만든 수열 4, a_1, a_2, a_3, $\cdots$, a_n, 10은 공비가 1이 아닌 등비수열을 이룬다고 한다. 이때, 등식

$$a_1 + a_2 + a_3 + \cdots + a_n$$
$$= P\left(\frac{1}{a_1} + \frac{1}{a_2} + \frac{1}{a_3} + \cdots + \frac{1}{a_n}\right)$$

을 만족시키는 상수 p의 값을 구하시오.

06 첫째항이 a, 공차가 d인 등차수열 $\{a_n\}$의 첫째항부터 제n항까지의 합 S_n에 대하여 $S_5 = S_{26}$이 성립할 때, $S_{k+1} = S_k$를 만족하는 자연수 k의 값은?(단, $a \neq 0$)

① 15   ② 16
③ 17   ④ 18
⑤ 19

07 1부터 연속된 자연수가 일렬로 나열되어 있다. 첫 번째 시행에서 짝수 번째의 수를 모두 지우고, 두 번째 시행에서는 첫 번째 시행의 결과로 남은 수 중에서 다시 짝수 번째의 수를 지운다. 이와 같은 시행을 계속할 때, 6번째 시행의 결과로 남은 수 중 6번째의 수를 구하시오.

08 두 수열 $\{a_n\}$과 $\{b_n\}$이 다음 세 조건을 만족할 때, $\displaystyle\sum_{k=1}^{30} a_k b_k$의 값은?

(가)	$a_n = \begin{cases} n\text{이 짝수일 때, } 1 \\ n\text{이 홀수일 때, } -1 \end{cases}$
(나)	$b_{n+1}^2 = b_n b_{n+2}$
(다)	$b_1 = 2$, $b_2 = 4$

① $\dfrac{1}{3}\left(2^{29} - 1\right)$ ② $\dfrac{1}{3}\left(2^{29} - 2\right)$

③ $\dfrac{1}{3}\left(2^{30} - 1\right)$ ④ $\dfrac{1}{3}\left(2^{30} - 2\right)$

⑤ $\dfrac{1}{3}\left(2^{31} - 2\right)$

III. 수열과 수열의 극한 - 2. 여러 가지 수열

 **문제 A**

01 다음 합을 기호 $\sum$를 사용하여 나타내어라.

(1) $3+6+9+\cdots+60$

(2) $\dfrac{1}{2}+\dfrac{1}{2^2}+\dfrac{1}{2^3}+\cdots+\dfrac{1}{2^{10}}$

02 $\displaystyle\sum_{k=1}^{10} a_k = 15$, $\displaystyle\sum_{k=1}^{10}(a_k)^2 = 25$일 때,

$\displaystyle\sum_{k=1}^{10}(a_k+1)^2$의 값을 구하여라.

03 $\displaystyle\sum_{k=1}^{10} ka_k = 80$, $\displaystyle\sum_{k=1}^{10} ka_{k+1} = 10$, $a_{11} = \dfrac{1}{10}$일 때,

$\displaystyle\sum_{k=1}^{10} a_k$의 값을 구하여라.

04 다음 합을 구하여라.

(1) $\displaystyle\sum_{k=1}^{5}(k+1)$

(2) $\displaystyle\sum_{k=1}^{8}(k+2)(k-2)$

(3) $2+3+4+\cdots+13$

(4) $2^2+3^2+4^2+\cdots+12^2$

05 다음 물음에 답하여라.

(1) n이 자연수일 때, $\dfrac{1}{\sqrt{n}+\sqrt{n+1}}$을 유리화하여라.

(2) 다음 합을 구하여라.

$$\dfrac{1}{1+\sqrt{2}}+\dfrac{1}{\sqrt{2}+\sqrt{3}}+\dfrac{1}{\sqrt{3}+\sqrt{4}}+\cdots+\dfrac{1}{\sqrt{80}+\sqrt{81}}$$

06 $\displaystyle\sum_{k=1}^{99}\{\log(k+1)-\log k\}$의 값을 구하여라.

07 다음 합을 구하여라.

$$1 \cdot 10 + 2 \cdot 9 + 3 \cdot 8 + \cdots + 9 \cdot 2 + 10 \cdot 1$$

08 다음 수열의 첫째항부터 제10항까지의 합을 구하여라.

(1) $-1,\ 0,\ 5,\ 14,\ 27,\ 44,\ \cdots$

(2) $-1,\ 0,\ 2,\ 6,\ 14,\ 30,\ \cdots$

09 다음과 같은 군수열에서 999는 제 p군의 q번째 항이다. 이 때 $p+q$의 값을 구하여라.

$$(1,\ 3),\ (3,\ 5,\ 7),\ (7,\ 9,\ 11,\ 13),$$
$$(13,\ 15,\ 17,\ 19,\ 21),\ \cdots$$

10 수열 $\dfrac{1}{1},\ \dfrac{2}{1},\ \dfrac{1}{2},\ \dfrac{3}{1},\ \dfrac{2}{2},\ \dfrac{1}{3},\ \dfrac{4}{1},\ \dfrac{3}{2},\ \dfrac{2}{3},$

$\dfrac{1}{4},\ \cdots$ 에서 처음으로 나오는 $\dfrac{6}{13}$은 몇 번째 항인지를 구하여라.

11 자연수를 다음 그림과 같이 나열할 때, 100은 위에서 a번째 중의 왼쪽에서 b번째에 있다. 이때 $a+b$의 값은?

$$
\begin{array}{ccccc}
 & & 1 & & \\
 & & 2\ \ 3 & & \\
 & 6 & 5 & 4 & \\
7 & 8 & 9 & 10 & \\
15 & 14 & 13 & 12 & 11 \\
 & & \vdots & &
\end{array}
$$

① 14   ② 18

③ 23   ④ 27

⑤ 32

12 자연수를 그림과 같이 배열할 때, 위에서 3번째 줄의 왼쪽에서 10번째 칸에 있는 수는?

1	4	9	16	$\cdots$
2	3	8	15	
5	6	7	14	
10	11	12	13	
17	18			
$\vdots$				

① 96   ② 97

③ 98   ④ 99

⑤ 100

 **문제 B**

01 다음과 같은 수열

$$\frac{1}{2}, \ \frac{2}{2}, \ \frac{1}{3}, \ \frac{2}{3}, \ \frac{3}{3}, \ \frac{1}{4}, \ \frac{2}{4}, \ \frac{3}{4}, \ \frac{4}{4},$$

$$\frac{1}{5}, \ \frac{2}{5}, \ \frac{3}{5}, \ \frac{4}{5}, \ \frac{5}{5}, \ \cdots$$ 에서 첫째항부터 제 127항까지의 합을 S라 할 때, $4S$의 값을 구하시오.

02 수열 $\{a_n\}$에 대하여 $\displaystyle\sum_{k=1}^{n} a_k = n^2 + 3n$일 때,

$$\frac{a_1}{1+1^2} + \frac{a_2}{1+2+1^2+2^2} + \frac{a_3}{1+2+3+1^1+2^2+3^2} + \cdots$$

$$+ \frac{a_{10}}{1+2+3+\cdots+10+1^2+2^2+3^2+\cdots+10^2}$$

의 값은?

① $\dfrac{175}{132}$ ② $\dfrac{175}{88}$

③ $\dfrac{175}{44}$ ④ $\dfrac{175}{22}$

⑤ $\dfrac{175}{11}$

03 다음 그림과 같이 한 변의 길이가 1인 정사각형을 그린다. $n+1$번째 그림은 아래 보기의 그림과 같이 n번째 그림의 위쪽과 양쪽에 정사각형을 차례로 그린다. n회에 그려진 도형에 있는 정사각형의 개수가 1335개일 때, n회에 그려진 도형의 가장 아랫줄에 있는 정사각형의 개수를 구하시오.

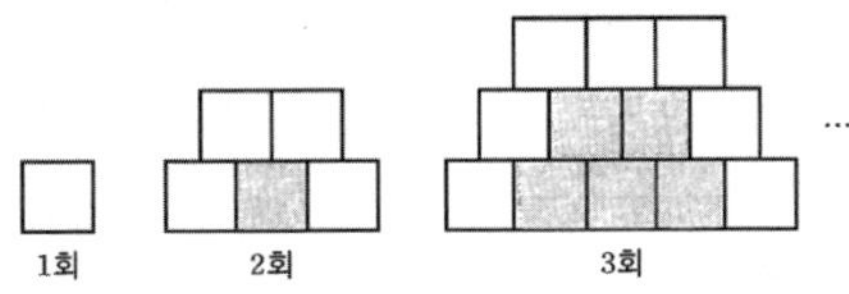

04 1 이상 200 이하의 자연수를 다음과 같이 배열하였다. 110 위에 있는 수를 a, 아래에 있는 수를 b라 할 때, $b-a$의 값은?

```
  1
 2  3  4
 5  6  7  8  9
10 11 12 13 14 15 16
17 18 19 20 21 22 23 24 25
           ...
```

① 40 ② 41

③ 42 ④ 43

⑤ 44

05 함수 $f(x) = \dfrac{1}{x}$에 대하여 다음 그림과 같이 두 곡선 $y = f(x)$, $y = f(x+1)$과 두 직선 $x = n$, $x = n+1$(n은 자연수)이 만나는 점을 각각 A_n, B_n, C_n, D_n이라 할 때, 사각형 $A_n B_n C_n D_n$의 넓이를 S_n이라 하자. 이 때, $45\displaystyle\sum_{k=1}^{8} S_k$의 값을 구하시오.

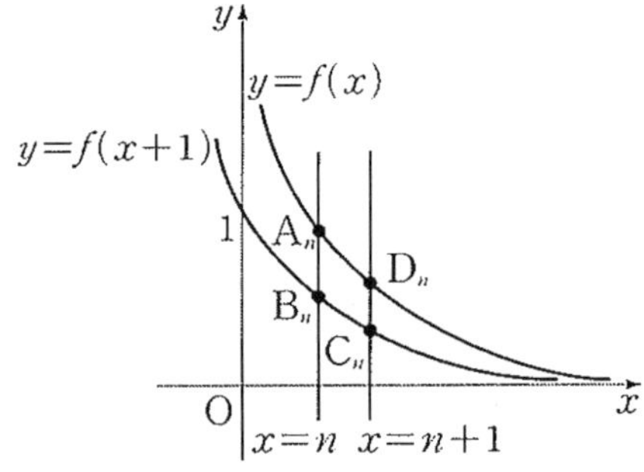

06 수열 $\{a_n\}$이 다음 조건을 만족한다.

> (가) $a_1 = 1$
>
> (나) $a_{n+1} - a_n = \displaystyle\sum_{k=1}^{n} (-1)^k \cdot k$
>
> $\quad (n = 1,\ 2,\ 3, \cdots)$

이때, $\displaystyle\sum_{k=1}^{30} a_k$의 값은?

① -90 ② -60

③ -30 ④ 30

⑤ 60

07 다음과 같이 맨 위에서 n번째 줄에는 n부터 시작하는 n개의 연속한 자연수를 차례로 배열한다. 이 때, 맨 위에서 m번째 줄의 맨 왼쪽에서 n번째에 있는 수를 $_mA_n$으로 나타내기로 하자. 예를 들면, $_3A_2 = 4$, $_5A_4 = 8$이다.

이때, $\displaystyle\sum_{k=1}^{20} (_kA_1 + _kA_k)$의 값을 구하시오.

$$
\begin{array}{ccccccc}
 & & & 1 & & & \\
 & & 2 & & 3 & & \\
 & & 3 & 4 & 5 & & \\
 & 4 & 5 & 6 & 7 & & \\
 & 5 & 6 & 7 & 8 & 9 & \\
6 & 7 & 8 & 9 & 10 & 11 & \\
 & & & \vdots & & &
\end{array}
$$

08 가로와 세로가 각각 개의 칸으로 이루어진 표에 다음 [단계]와 같은 순서로 자연수를 적는다.

	1열	2열	3열	4열	5열
1행	1	3	7	13	⋯
2행	1 → 2		6	12	⋯
3행	3 → 4 → 5			11	⋯
4행	7 → 8 → 9 → 10				⋯
5행	13 → 14 → ⋯				
⋮					

> [단계1] 1행 1열의 칸에 1을 쓴다.
>
> [단계2] 2행 1열의 칸부터 화살표 방향으로 1, 2, 3을 쓴다.
>
> $\qquad\qquad \vdots$
>
> [단계k] k행 1열부터 시작하여 화살표 방향의 순서로 이어진 $(2k-1)$개의 칸에 1행의 $(k-1)$열의 수가 첫째항이고 공차가 1인 등차수열의 첫째항부터 제$(2k-1)$항까지의 수를 차례로 쓴다.
>
> $\qquad$ (단, $2 \le k \le 20$)

이와 같은 과정으로 [단계 1]부터 시작하여 표에 수를 적어갈 때, 4행 10열의 칸에 적힌 수는?

① 84 ② 88

③ 92 ④ 96

⑤ 100

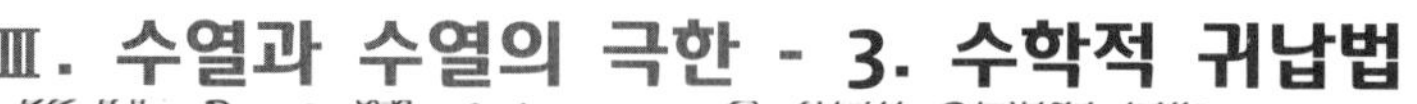

Ⅲ. 수열과 수열의 극한 - 3. 수학적 귀납법

 **문제 A**

01 다음은 모든 자연수 n에 대하여

$$\frac{1}{1 \cdot 3} + \frac{1}{3 \cdot 5} + \frac{1}{5 \cdot 7} + \cdots + \frac{1}{(2n-1)(2n+1)} = \frac{n}{2n+1}$$

이 성립함을 수학적 귀납법으로 증명한 것이다. ㈎, ㈏, ㈐에 알맞은 수 또는 식을 써넣어라.

(i) $n = \boxed{㈎}$ 일 때,

$$(좌변) = \frac{1}{1 \cdot 3} = \frac{1}{3}, \quad (우변) = \frac{1}{3}$$

따라서 주어진 등식이 성립한다.

(ii) $n = k$일 때 주어진 등식이 성립한다고 가정하면

$$\frac{1}{1 \cdot 3} + \frac{1}{3 \cdot 5} + \frac{1}{5 \cdot 7} + \cdots + \frac{1}{(2k-1)(2k+1)} = \frac{k}{2k+1}$$

$n = k+1$일 때

위의 식을 이용하면

$$\frac{1}{1 \cdot 3} + \frac{1}{3 \cdot 5} + \frac{1}{5 \cdot 7} + \cdots \boxed{㈏}$$
$$+ \frac{1}{(2k-1)(2k+1)} +$$
$$= \frac{k}{2k+1} + \boxed{㈏} = \frac{k+1}{2k+3}$$

따라서 $n = \boxed{㈐}$ 일 때에도 주어진 등식이 성립한다.

(i), (ii)에 의하여 모든 자연수 n에 대하여 주어진 등식이 성립한다.

02 다음은 모든 자연수 n에 대하여

$$1 + 2 + 2^2 + \cdots + 2^{n-1} = 2^n - 1 \quad \cdots\cdots ㉠$$

이 성립함을 수학적 귀납법으로 증명한 과정이다.

〈증명〉

(i) $n = 1$일 때,

$$(좌변) = 2^0 = 1, \quad (우변) = 2^1 - 1 = 1$$

따라서 ㉠이 성립한다.

(ii) $n = k$일 때,

㉠이 성립한다고 가정하면

$$1 + 2 + 2^2 + \cdots + 2^{k-1} = 2^k - 1$$

위의 식의 양변에 $\boxed{(가)}$ 를 더하면

$$1 + 2 + 2^2 + \cdots + 2^{k-1} + \boxed{(가)}$$
$$= 2^k - 1 + \boxed{(가)}$$
$$= \boxed{(나)}$$

따라서 $n = k+1$ 일 때도 ㉠이 성립한다.

(i), (ii)에서 모든 자연수 n에 대하여 ㉠이 성립한다.

위의 증명에서 ㈎, ㈏에 알맞은 것을 순서대로 적은 것은?

① $2^k,\ 2^{k+1} - 1$

② $2^k,\ 2^{k+1}$

③ $2^k,\ 2^{k-1} + 1$

④ $2^{k+1},\ 2^{k+1}$

⑤ $2^{k+1},\ 2^{k+1} + 1$

03 다음은 모든 자연수 n에 대하여

$\dfrac{(n+3)!}{8} > 2^n$이 성립함을 수학적 귀납법으

로 증명한 것이다. ㈎, ㈏, ㈐에 알맞은
수 또는 식을 써넣어라.

(i) $n=1$일 때,

$$(\text{좌변}) = \dfrac{4!}{8} = 3 > \boxed{\ ㈎\ } = (\text{우변})$$

따라서 주어진 부등식이 성립한다.

(ii) $n=k$일 때 주어진 부등식이 성립한
다고 가정하면

$$\dfrac{(k+3)!}{8} > 2^k$$

$n=k+1$일 때 위의 식을 이용하면

$$\dfrac{(k+4)!}{8} = \dfrac{(k+3)!}{8} \cdot \boxed{\ ㈏\ }$$

$$> 2^k \cdot \boxed{\ ㈏\ }$$

$$> 2^{k+1} \quad (\because \boxed{\ ㈏\ } > 2)$$

따라서 $n = \boxed{\ ㈐\ }$ 일 때에도 주어진
부등식이 성립한다.

(i), (ii)에 의하여 모든 자연수 n에 대
하여 주어진 부등식이 성립한다.

---

04 다음은 a, b가 양수일 때,

2 이상의 자연수 n에 대하여 부등식

$(a+b)^n > a^n + b^n$ $\cdots\cdots$ ①이 성립함을 수학

적 귀납법으로 증명한 것이다.

(i) $n=2$일 때

$$(\text{좌변}) = (a+b)^2, \quad (\text{우변}) = a^2 + b^2$$

a, b는 양수이므로

$$(a+b)^2 - (a^2+b^2) = 2ab \boxed{\ ㈎\ } 0$$

따라서 $n=2$일 때 부등식 ①이
성립한다.

(ii) $n=k\,(k \geq 2)$일 때

부등식 ①이 성립한다고 가정하면

$$(a+b)^k > a^k + b^k$$

$n=k+1$일 때 위의 식을 이용하면

$$(a+b)^{k+1} > (a^k + b^k)(a+b)$$

그런데

$$(a^k + b^k)(a+b) - (\boxed{\ ㈏\ })$$

$$= a^k b + a b^k > 0$$

즉, $(a+b)^{k+1} > a^{k+1} + b^{k+1}$

따라서 $n = \boxed{\ ㈐\ }$ 일 때에도 부등식
①은 성립한다.

(i), (ii)에 의하여 부등식 ①은 2이상의
모든 자연수 n에 대하여 성립한다.

㈎, ㈏, ㈐에 들어갈 내용을 바르게 짝지
은 것은?

	㈎	㈏	㈐
①	$>$	$a^k + b^k$	$k+1$
②	$>$	$a^{2k} + b^{2k}$	$k+2$
③	$>$	$a^{k+1} + b^{k+1}$	$k+1$
④	$<$	$a^{k+1} + b^{k+1}$	$k+2$
⑤	$<$	$(a+b)^k$	$k+1$

06 귀납적으로 정의된 다음 수열의 일반항 a_n 을 구하여라.

(1) $a_1 = 1$, $a_{n+1} = a_n + 4n$

(2) $a_1 = 1$, $a_{n+1} = \dfrac{n+3}{n+1} a_n$

(3) $a_1 = 1$, $a_{n+1} = 3a_n - 1$

(4) $a_1 = 2$, $a_2 = 3$, $a_{n+2} - 4a_{n+1} + 3a_n = 0$

07 귀납적으로 정의된 다음 수열에 대하여 $\log_2 a_{10}$의 값을 구하여라.

$$a_1 = 1, \quad a_{n+1} = 4^n a_n$$

08 귀납적으로 정의된 다음 수열에서 $a_n > 1000$을 만족시키는 자연수 n의 최솟값은?

$$a_1 = 1, \quad a_{n+1} = 2a_n + 3$$

① 5 ② 6
③ 7 ④ 8
⑤ 9

09 어떤 용기 안에 30마리의 세균이 들어 있다. 한시간마다 2마리는 죽고, 나머지는 각각 2마리로 분열한다고 할 때, 세균의 수가 처음으로 2500마리를 넘는 것은 몇 시간 후인가?

① 5시간 후 ② 6시간 후
③ 7시간 후 ④ 8시간 후
⑤ 9시간 후

10 상자 속에 들어 있는 7장의 색종이 중에서 임의로 2장을 꺼내어 버리고 나머지 색종이는 각각 2조각으로 자른다. 같은 방법으로 상자 속의 색종이 중에서 2장을 꺼내어 버리고 나머지 색종이는 각각 2조각으로 자르는 작업을 n회 반복하였을 때, 상자 속에 들어 있는 색종이의 수는?

① $3 \cdot 2^n - 4$ ② $3 \cdot 2^n - 2$
③ $3 \cdot 2^n$ ④ $3 \cdot 2^n + 2$
⑤ $3 \cdot 2^n + 4$

01 수열 $\{a_n\}$에 대하여 첫째항부터 제n항까지의 합을 S_n이라 할 때, $S_n = 1 - (n+1)a_n \,(n = 1,\ 2,\ 3,\ \cdots)$인 관계가 성립한다. 이때, $\displaystyle\sum_{k=1}^{10} \dfrac{1}{a_k}$의 값은?

① 270 ② 275
③ 280 ④ 285
⑤ 290

02 다음과 같이 정의되는 수열 $\{a_n\}$이 있다.

$$a_1 = 5, \quad a_n a_{n+1} = 2a_n - 1 \,(n = 1,\ 2,\ 3,\ \cdots)$$

$a_{10} = \dfrac{q}{p}$ 일 때, $p + q$의 값을 구하시오.

(단, $p,\ q$는 서로소인 자연수이다.)

03 수열 $\{a_n\}$의 첫째항부터 제n항까지의 곱을 P_n이라 하자. 다음은 $P_n = 2^{n^2}$일 때, $a_n = 2^{2n-1}$ $(n=1,\ 2,\ 3,\cdots)$임을 수학적 귀납법으로 증명한 것이다.

〈증명〉

(i) $n=1$일 때,
$$P_1 = 2^{1^2} = 2, \quad a_1 = 2^{2\cdot1-1} = 2$$
이므로 성립한다.

(ii) $n=k$ (k는 자연수)일 때,
$$a_k = 2^{2k-1}$$이라 가정하면
$$P_{k+1} = P_k \times \boxed{\ \text{(가)}\ }$$ 에서
$$\boxed{\ \text{(가)}\ } = 2^{\boxed{\text{(나)}}}$$ 이므로
$n=k+1$일 때도 성립한다.

(i), (ii)에서 모든 자연수 n에 대하여 $a_n = 2^{2n-1}$이다.

위의 증명에서 (가), (나)에 알맞은 것은?

① $a_{k+1},\ 2k-1$

② $a_{k+1},\ 2k$

③ $a_{k+1},\ 2k+1$

④ $a_k,\ 2k-1$

⑤ $a_k,\ 2k+1$

04 다음은 $n \geq 2$인 모든 자연수 n에 대하여 $n^3 - n$이 6의 배수임을 수학적귀납법으로 증명한 것이다.

〈증명〉

(i) $n=2$일 때,
$$2^3 - 2 = 6은\ 6의\ 배수이다.$$

(ii) $n=k$ $(k \geq 2)$일 때,
$k^3 - k$가 6의 배수라 가정하면
$n=k+1$일 때
$$(k+1)^3 - (k+1)$$
$$= (\ \boxed{\text{(가)}}\ ) + 3 \times (\ \boxed{\text{(나)}}\ )$$
이 때, $\boxed{\text{(가)}}$, $3 \times (\ \boxed{\text{(나)}}\ )$는 모두 6의 배수이므로
$(k+1)^3 - (k+1)$도 6의 배수이다.
따라서 $n=k+1$일 때도 $n^3 - n$은 6의 배수이다.

(i), (ii)에서 $n \geq 2$인 모든 자연수 n에 대하여 $n^3 - n$은 6의 배수이다.

위의 증명에서 (가), (나)에 알맞은 식을 $f(k)$, $g(k)$라 하면 $f(2) + g(1)$의 값을 구하시오.

 **문제 A**

01 다음 순서도에서 인쇄되는 S의 값을 구하여라.

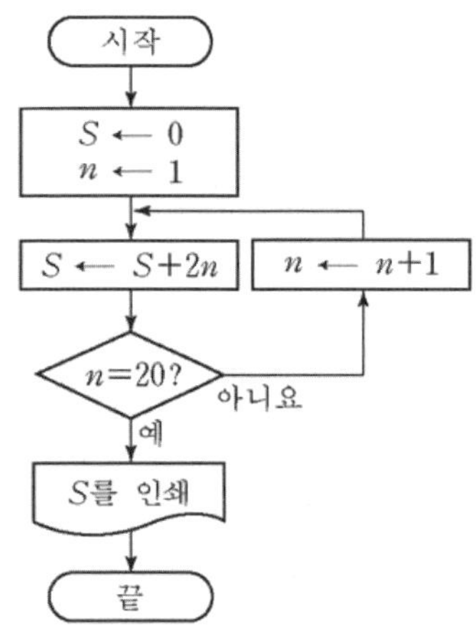

02 다음 순서도에서 인쇄되는 값은?

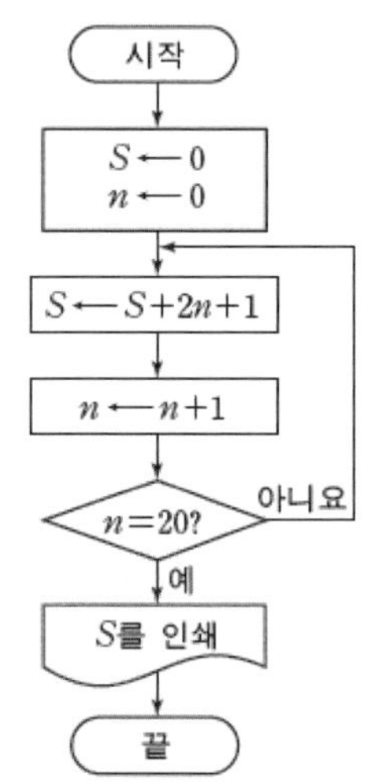

① 190 ② 361
③ 400 ④ 420
⑤ 440

03 다음 순서도에서 인쇄되는 값은?

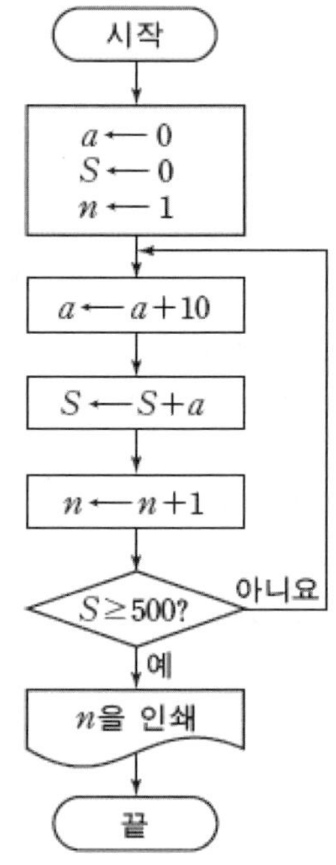

① 8 ② 9
③ 10 ④ 11
⑤ 12

04 다음 순서도에서 인쇄되는 S의 값이 210일 때, 자연수 a의 값을 구하여라.

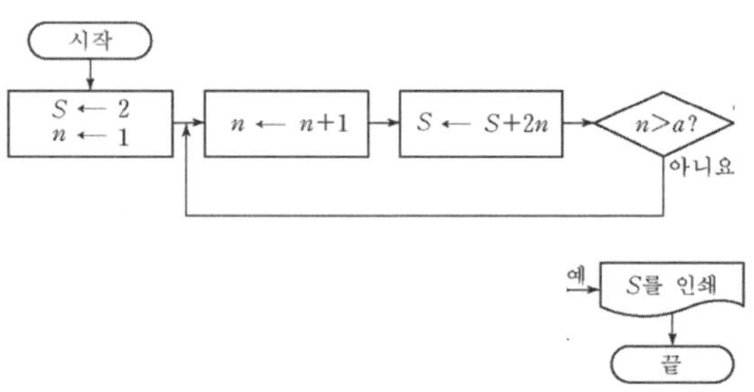

05 아래 그림은 1에서 10까지의 자연수의 합 $1+2+3+\cdots+10$을 구하는 순서도이다. ㈎, ㈏, ㈐를 바르게 나타낸 것은?

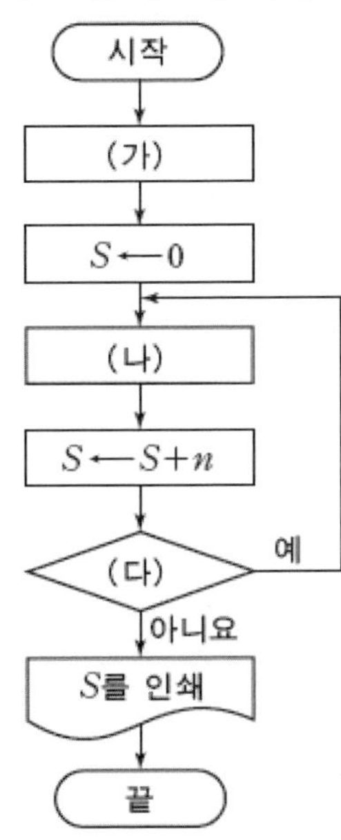

① ㈎ $n \leftarrow 1$, ㈏ $n \leftarrow n+1$, ㈐ $n < 10$
② ㈎ $n \leftarrow 1$, ㈏ $n+1 \leftarrow n$, ㈐ $n < 11$
③ ㈎ $n \leftarrow 0$, ㈏ $n \leftarrow n+1$, ㈐ $n < 10$
④ ㈎ $n \leftarrow 0$, ㈏ $n \leftarrow n+1$, ㈐ $n < 11$
⑤ ㈎ $n \leftarrow 0$, ㈏ $n+1 \leftarrow n$, ㈐ $n < 11$

 **문제 B**

01 다음 순서도에서 인쇄되는 C의 값을 구하시오.

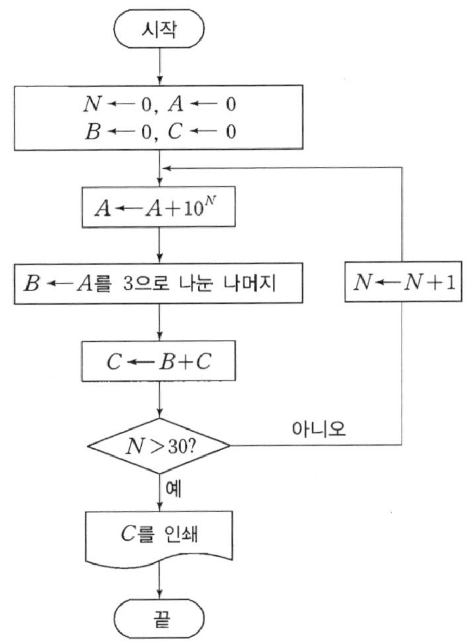

02 다음 순서도에서 인쇄되는 n의 값을 구하시오.

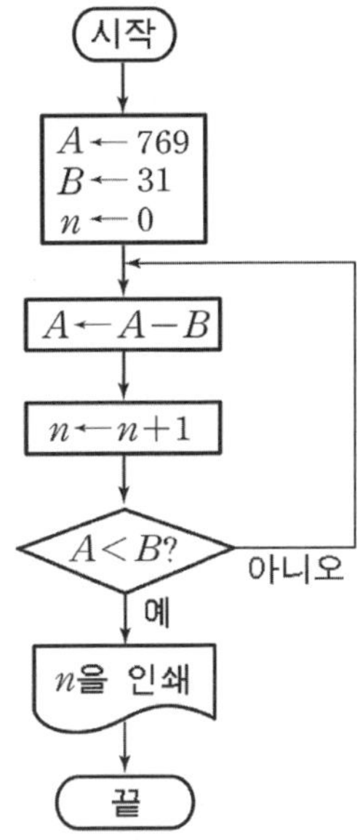

03 다음 순서도에서 인쇄되는 S의 값을 구하시오. (단, $[x]$는 x보다 크지 않은 최대의 정수이다.)

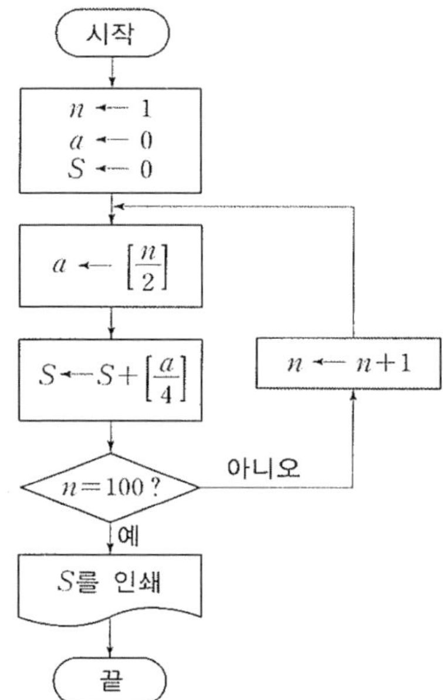

04 다음 순서도에서 인쇄되는 N의 값을 구하시오.

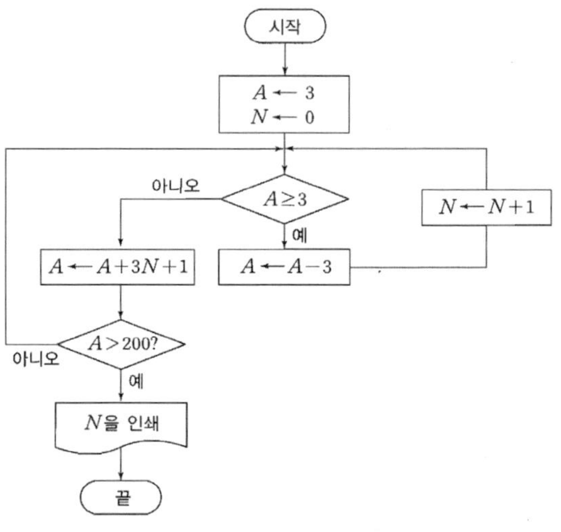

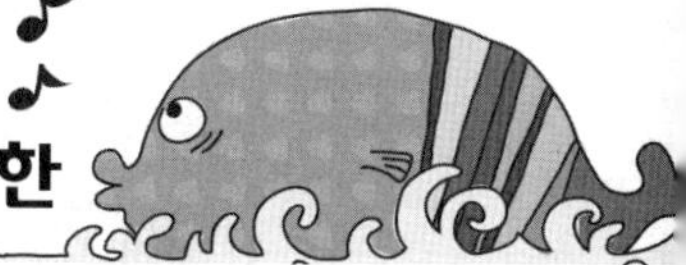

Ⅲ. 수열과 수열의 극한 - 5. 무한수열의 극한

 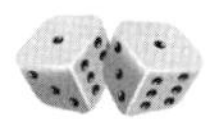 **문제 A**

01 다음 극한값을 구하여라.

(1) $\displaystyle\lim_{n\to\infty}\frac{3n^2+n-1}{2n^2-3n+5}$

(2) $\displaystyle\lim_{n\to\infty}\left(\sqrt{4n^2+n}-2n\right)$

(3) $\displaystyle\lim_{n\to\infty}\sqrt{n}\left(\sqrt{n+1}-\sqrt{n}\right)$

(4) $\displaystyle\lim_{n\to\infty}\frac{1+5+9+\cdots+(4n-3)}{1+4+7+\cdots+(3n-2)}$

02 상수 a, b에 대하여 $\displaystyle\lim_{n\to\infty}\frac{an^3+2n^2-1}{b(n-1)^2}=-1$

일 때, $a+b$의 값은?

① -2 ② -1

③ 0 ④ 1

⑤ 2

03 수열 $\{a_n\}$에 대하여

$\displaystyle\lim_{n\to\infty}(n^2+4n+3)a_n=4$일 때,

극한값 $\displaystyle\lim_{n\to\infty}(2n^2+3n)a_n$을 구하여라.

04 모든 자연수 n에 대하여 다음이 성립할 때, $\displaystyle\lim_{n\to\infty}a_n$의 값을 구하여라.

$$\frac{1}{3n+2}\le\frac{a_n}{n+1}\le\frac{1}{3n+1}$$

05 양의 정수 n에 대하여 $\sqrt{n^2+n+1}$의 소수부분을 a_n이라고 할 때, $\displaystyle\lim_{n\to\infty}a_n$의 값을 구하여라.

06 $\displaystyle\lim_{n\to\infty}\frac{4^{n+2}}{2^{n+1}-4^n}$의 값은?

① -16 ② -4

③ -2 ④ -1

⑤ 0

07 무한등비수열 $\left\{\left(\dfrac{x-x^2}{2}\right)^n\right\}$이 수렴하기 위한 x의 값의 범위를 구하여라.

08 $f(x)=\lim\limits_{n\to\infty}\dfrac{x^{n+1}+3}{x^n-1}$이라고 할 때, $f\left(\dfrac{1}{2}\right)+f(2)$의 값을 구하여라.

09 자연수 n에 대하여 두 직선 $x+y=2$와 $y=\dfrac{3n}{n+2}x$가 만나는 점을 P_n, 직선 $x+y=2$가 x축과 만나는 점을 A라고 하자. $\triangle OAP_n$의 넓이를 S_n이라고 할 때, $\lim\limits_{n\to\infty}S_n$의 값을 구하여라.(단, O는 원점)

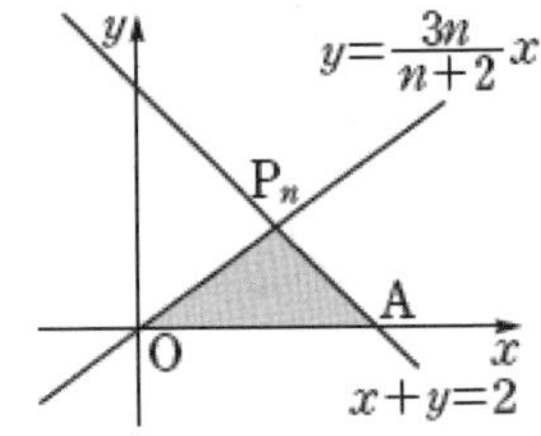

10 다음 그림과 같이 $f(x)=x^2$ 위의 점 $P_n\left(\dfrac{1}{n},\ f\left(\dfrac{1}{n}\right)\right)$을 지나고 직선 OP_n에 수직인 직선의 y절편을 a_n이라 할 때, $\lim\limits_{n\to\infty}a_n$의 값은?(단, $n=1,\ 2,\ 3,\ \cdots$)

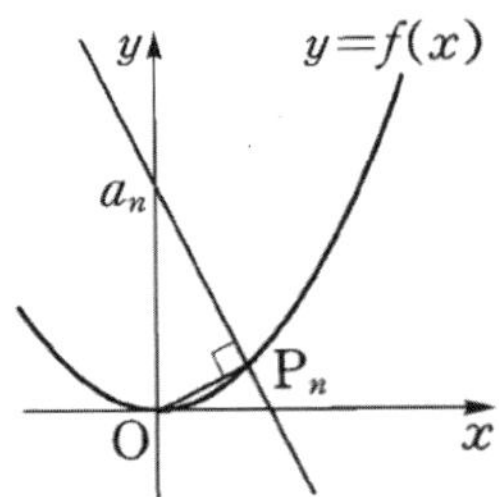

① 2
② 1
③ $\dfrac{1}{2}$
④ $\dfrac{1}{4}$
⑤ $\dfrac{1}{9}$

문제 B

01 등차수열 $\{a_n\}$의 첫째항부터 제n항까지의 합을 S_n이라 하자. $\lim\limits_{n\to\infty}\dfrac{a_n{}^2}{S_n}=6$일 때, $S_{10}-10a_1$의 값은?

① 131
② 132
③ 133
④ 134
⑤ 135

02 무한등비수열 $\{12^{-n}(4\sin\theta)^{2n}\}$이 수렴할 때, θ가 취하는 값의 범위는 $\alpha \leq \theta \leq \beta$이다. 이 때, $\alpha+\beta$의 값은?(단, $0 \leq \theta \leq \dfrac{\pi}{2}$)

① 0　　　　　　② $\dfrac{\pi}{6}$

③ $\dfrac{\pi}{3}$　　　　　　④ $\dfrac{\pi}{2}$

⑤ $\dfrac{2}{3}\pi$

03 $a_1=1,\quad a_2=4,\quad a_{n+2}-3a_{n+1}+2a_n=0$ $(n=1,\ 2,\ 3,\ \cdots)$으로 정의된 수열 $\{a_n\}$에 대하여 $\lim\limits_{n\to\infty}\dfrac{a_n}{2^n+3}$의 값은?

① $\dfrac{1}{2}$　　　　　　② 1

③ $\dfrac{3}{2}$　　　　　　④ 2

⑤ $\dfrac{5}{2}$

04 다음 그림과 같이 함수 $f(x)=\sqrt{2x+1}$ 의 그래프 위의 점 $A_n(n,\ f(n))$에 대하여 삼각형 $A_nB_nC_n$이 정삼각형이 되도록 x축 위에 두 점 B_n, C_n을 정하고 정삼각형 $A_nB_nC_n$의 넓이를 s_n이라 하자. $\displaystyle\sum_{k=1}^{n}s_k=S_n$일 때, $\lim\limits_{n\to\infty}\dfrac{S_n}{n(n+1)}$의 값은? (단, n은 자연수이고, 점 B_n의 x좌표는 점 C_n의 x좌표보다 작다.)

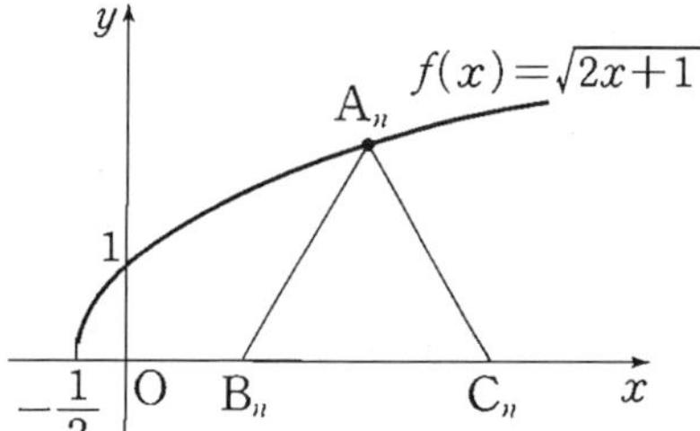

① $\dfrac{\sqrt{3}}{3}$　　　　　　② $\dfrac{\sqrt{3}+1}{2}$

③ $\dfrac{2\sqrt{3}-1}{3}$　　　　　　④ $\dfrac{\sqrt{3}+1}{3}$

⑤ $\dfrac{2\sqrt{3}+1}{5}$

05 자연수 n에 대하여 $$f_n(x)=x^2-\dfrac{1}{n(n+1)}x-\dfrac{1}{n(n+1)}$$이라 하자. 방정식 $f_1(x)f_2(x)\cdots f_n(x)=0$을 만족시키는 모든 근의 합을 a_n이라 할 때, $\lim\limits_{n\to\infty}a_n$의 값은?

① 1　　　　　　② 2

③ 3　　　　　　④ 4

⑤ 5

06 $\angle A_0 = 60°$, $\angle B = 90°$ 인

직각삼각형 $A_0 A_1 B$의 $\angle A_1$의 이등분선이 선분 $A_0 B$와 만나는 점을 A_2, $\angle A_1 A_2 B$의 이등분선이 선분 $A_1 B$와 만나는 점을 A_3이라 하고, 이와 같이 계속하여 $\angle A_{n-1} A_n B$의 이등분선이 선분 $A_{n-1} B$와 만나는 점을 $\angle A_{n+1}$이라 하자. $\theta_n = \angle A_{n-1} A_n B \,(n = 1, 2, 3, \cdots)$일 때, $\lim\limits_{n \to \infty} \theta_n$의 값은?

① $15°$ ② $30°$

③ $45°$ ④ $60°$

⑤ $75°$

07 농도가 10%인 소금물 $100g$이 컵에 들어 있다. 이 컵의 소금물은 매일 $10g$씩 증발하여 컵에서 $10g$의 소금물을 더 덜어낸 다음 농도 10%인 소금물 $20g$을 보충하여 물의 양이 일정하도록 유지한다. 매일 이러한 과정을 반복할 때, 컵 안의 소금물의 농도는 몇 $\%$에 한없이 가까워지는가?

① 10% ② 12%

③ 15% ④ 18%

⑤ 20%

 **문제 A**

01 다음 무한급수의 수렴, 발산을 조사하고, 수렴하면 그 합을 구하여라.

(1) $\displaystyle\sum_{n=1}^{\infty} \frac{1}{(n+1)(n+3)}$

(2) $\displaystyle\sum_{n=1}^{\infty} \frac{1}{\sqrt{2n}-\sqrt{2n-1}}$

(3) $\displaystyle\sum_{n=1}^{\infty} \frac{2n^2}{n^2+1}$

02 $\displaystyle\sum_{n=1}^{\infty}(a_n-2)=1$, $\displaystyle\sum_{n=1}^{\infty}(a_n-b_n)=2$일 때, $\displaystyle\lim_{n\to\infty}(3a_n-2b_n+1)$의 값을 구하여라.

03 두 수열 $\{a_n\}$, $\{b_n\}$에 대한 다음 보기의 설명 중 옳은 것만을 있는 대로 고른 것은?

보기

ㄱ. $\displaystyle\sum_{n=1}^{\infty} a_n$과 $\displaystyle\sum_{n=1}^{\infty}(a_n+b_n)$이 수렴하면 b_n도 수렴한다.

ㄴ. $\displaystyle\sum_{n=1}^{\infty} a_n$과 $\displaystyle\sum_{n=1}^{\infty} b_n$이 수렴하면 $\displaystyle\lim_{n\to\infty}a_nb_n=0$이다.

ㄷ. $\displaystyle\sum_{n=1}^{\infty} a_nb_n$이 수렴하면 $\displaystyle\lim_{n\to\infty}a_n\neq 0$이면 $\displaystyle\lim_{n\to\infty}b_n=0$이다.

① ㄱ   ② ㄱ, ㄴ

③ ㄱ, ㄷ   ④ ㄴ, ㄷ

⑤ ㄱ, ㄴ, ㄷ

04 다음 무한급수의 수렴, 발산을 조사하고, 수렴하면 그 합을 구하여라.

(1) $\displaystyle\sum_{n=1}^{\infty}\left(\frac{1}{3}\right)^{n-1}$

(2) $\displaystyle\sum_{n=1}^{\infty}\frac{3^n-(-2)^n}{4^n}$

(3) $\displaystyle\sum_{n=1}^{\infty}\frac{5^n-2^n}{3^n}$

05 $\displaystyle\sum_{n=1}^{\infty}\left(\dfrac{2x-1}{5}\right)^{n}$ 이 수렴하도록 하는 정수 x의 개수는?

① 1   ② 2

③ 3   ④ 4

⑤ 5

06 등비수열 $\{a_n\}$에 대하여

$\displaystyle\sum_{n=1}^{\infty}a_n=8,\ \sum_{n=1}^{\infty}a_{2n}=\dfrac{8}{3}$ 일 때, $\displaystyle\sum_{n=1}^{\infty}(a_n)^2$의 값을 구하여라.

07 무한급수 $\displaystyle\sum_{n=1}^{\infty}\left(\dfrac{1}{2}\right)^{n}\cos\left(n\pi+\dfrac{\pi}{3}\right)$ 의 합은?

① $-\dfrac{1}{8}$ ② $-\dfrac{1}{6}$

③ 0 ④ 1

⑤ $\dfrac{1}{2}$

08 다음 그림과 같이 점 P_n이

$\overline{OP_1}=1,\ \overline{P_1P_2}=\dfrac{1}{2}\overline{OP_1},\overline{P_2P_3}=\dfrac{1}{2}\overline{P_1P_2},\cdots,$

$\angle AOP_1=30°,$

$\angle OP_1P_2=60°,\ \angle P_1P_2P_3=60°,\cdots$를 만족할 때, 점 P_n이 한없이 가까워지는 점의 좌표를 $(x,\ y)$라 할 때, xy의 값을 구하여라.

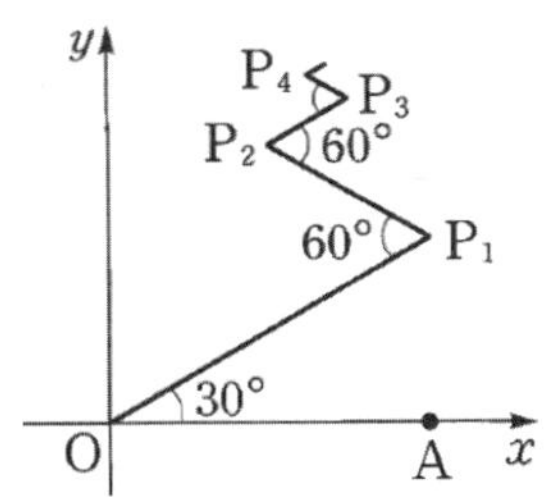

09 다음 그림과 같이 $\overline{AB}=1$, $\angle B=90°$인 직각이등변삼각형 ABC에 내접하는 정사각형을 한없이 그릴 때, 모든 정사각형의 넓이의 합은?

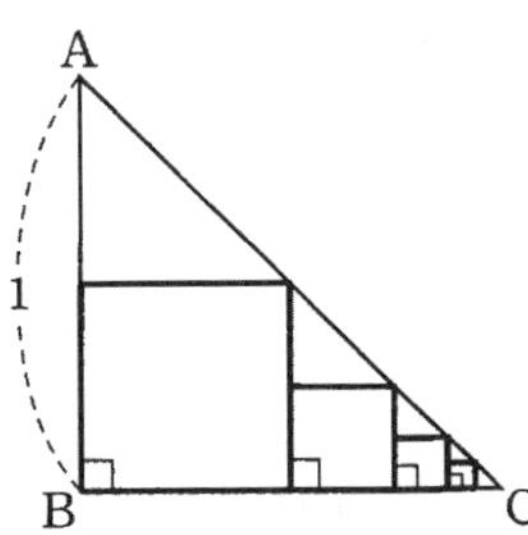

① $\dfrac{1}{4}$ ② $\dfrac{1}{3}$

③ $\dfrac{1}{2}$ ④ $\dfrac{2}{3}$

⑤ $\dfrac{3}{4}$

01 수열 $\{a_n\}$에 대하여 $\sum\limits_{k=1}^{n} k a_k = (n^2+n)^2$일 때,

$\lim\limits_{n \to \infty} \dfrac{n}{a_n^2} \sum\limits_{k=1}^{n} a_k$의 값을 구하시오.

02 다음과 같이 귀납적으로 정의된 수열 $\{a_n\}$이 있다.

$$a_1 = 2, \quad a_{n+1} a_n = \left(\dfrac{1}{4}\right)^n \quad (n = 1,\ 2,\ 3,\ \cdots)$$

이 때, $\sum\limits_{n=1}^{\infty} a_n$의 값은?

① $\dfrac{17}{6}$ ② $\dfrac{19}{6}$

③ $\dfrac{7}{2}$ ④ $\dfrac{23}{6}$

⑤ $\dfrac{25}{6}$

03 두 무한등비급수 $\sum\limits_{n=1}^{\infty} (x+y)^{n-1}$과

$\sum\limits_{n=1}^{\infty} (x-y)^{n-1}$이 동시에 수렴하도록 하는 실수 x, y에 대하여 점 (x, y)가 나타내는 도형의 넓이는?

① $\dfrac{1}{2}$ ② 1

③ $\sqrt{2}$ ④ 2

⑤ $\sqrt{5}$

04 다항식 $x^2 - x$를

$(px-1), (p^2x-1), (p^3x-1), \cdots, (p^n x - 1)$로 나눈 나머지를 각각 $a_1, a_2, a_3, \cdots, a_n$이라 하자. $\sum\limits_{n=1}^{\infty} a_n = -\dfrac{2}{3}$일 때, 실수 p의 값을 구하시오.

05 다음 그림과 같이 직선 $l : x+2y-2=0$이 x축과 만나는 점을 A, 선분 OA의 중점을 A_1, 선분 A_1A의 중점을 A_2, 선분 A_2A의 중점을 A_3이라 하자. 이와 같은 방법으로 점 $A_4, A_5, A_6, \cdots$을 정할 때, 중심이 원점이고 직선 l에 접하는 원을 C_1, 중심이 A_1이고 직선 l에 접하는 원을 C_2, 중심이 A_2이고 직선 l에 접하는 원을 C_3이라 하자. 이와 같은 방법으로 원 $C_4, C_5, C_6, \cdots$을 그릴 때, 원 C_n의 넓이를 S_n이라 하면 $\sum\limits_{n=1}^{\infty} S_n$의 값을 구하시오.

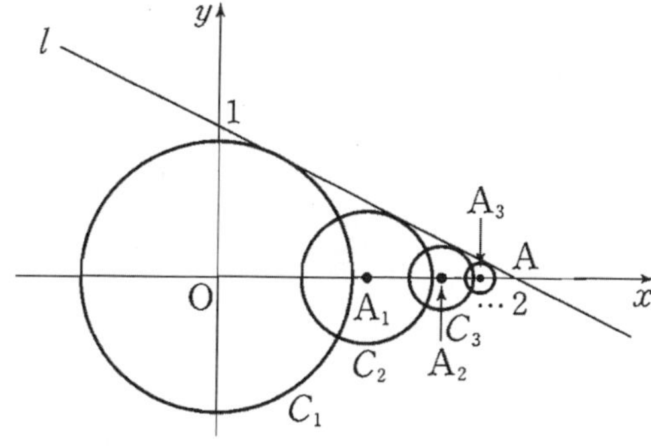

06 길이가 2인 줄이 있다. 이 줄을 반으로 자른 것 중 하나의 길이와 지름이 같은 원을 만들었다. 남은 줄을 다시 반으로 자른 것 중 하나의 길이와 지름이 같은 원을 만들었다. 이와 같은 방법으로 원을 무한히 만든다고 할 때, 만들어지는 모든 원의 넓이의 합은?

① $\dfrac{1}{3}\pi$ ② $\dfrac{1}{2}\pi$ ③ π

④ $\dfrac{4}{3}\pi$ ⑤ $\dfrac{3}{2}\pi$

07 수열 $\{x_n\}$에 대하여 $x_n = \displaystyle\sum_{k=1}^{n}\left(\dfrac{1}{2}\right)^{k-1}$일 때, 직선 $x = x_n$과 지수함수 $y = a^x\,(0 < a < 1)$의 그래프의 교점을 $\mathrm{P}_n(x_n,\ y_n)$이라 하고, 점 Q_n의 좌표를 $(x_{n+1},\ y_n)$이라 하자.

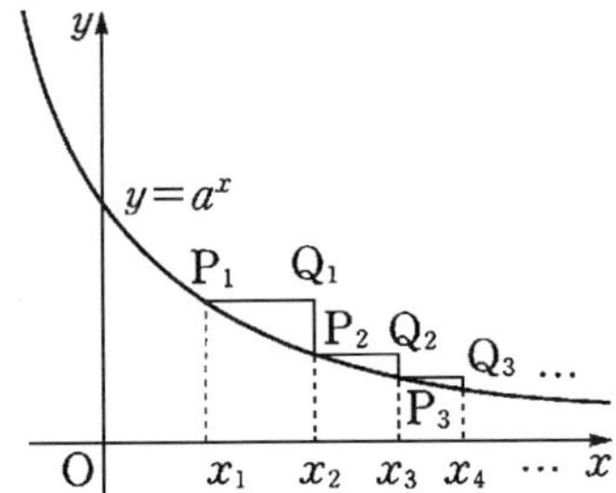

무한급수

$\overline{\mathrm{P}_1\mathrm{Q}_1} + \overline{\mathrm{Q}_1\mathrm{P}_2} + \overline{\mathrm{P}_2\mathrm{Q}_2} + \overline{\mathrm{Q}_2\mathrm{P}_3} + \overline{\mathrm{P}_3\mathrm{Q}_3} + \cdots$의

값이 $\dfrac{11}{9}$이 되도록 하는 실수 a의 값이 2개 존재할 때, 두 실수 a의 값의 곱은?

① $\dfrac{2}{9}$ ② $\dfrac{2}{5}$

③ $\dfrac{5}{9}$ ④ $\dfrac{3}{5}$

⑤ $\dfrac{8}{9}$

정답

맛있는 교재

"교재는 정보다."

정답 및 해설

문제 A형

01 **정답** $\begin{pmatrix} 0 & 1 & 2 \\ 4 & 0 & 1 \end{pmatrix}$

풀이

$a_{ij} = \begin{cases} i^2 & (i > j) \\ j - i & (i \le j) \end{cases}$ 에 $i = 1, 2$와 $j = 1, 2, 3$을

차례로 대입하여 계산하면

$a_{11} = 0,\ a_{12} = 1,\ a_{13} = 2,$

$a_{21} = 4,\ a_{22} = 0,\ a_{23} = 1$

$\therefore A = \begin{pmatrix} 0 & 1 & 2 \\ 4 & 0 & 1 \end{pmatrix}$

02 **정답** 9

풀이

$i = 1, 2, 3, 4, 5, 6$이고

$j = 1, 2, 3, 4, 5, 6$일 때

$a_{ij} = (i+1)(j+1) + 1$이 짝수이기 위해서는

$(i+1)(j+1)$이 홀수이어야 한다.

(홀수)×(홀수)=(홀수), (짝수)×(홀수)=(짝수)

(홀수)×(짝수)=(짝수), (짝수)×(짝수)=(짝수)

이므로 $i+1,\ j+1$은 모두 홀수이다.

즉, $i,\ j$는 모두 짝수이어야 한다.

따라서 $i = 2, 4, 6$이고 $j = 2, 4, 6$이므로 행렬

A의 성분 중 짝수의 개수는 $3 \times 3 = 9$(개)이다.

03 **정답** $x = -1,\ y = -1$

풀이

두 행렬의 대응하는 성분이 각각 같아야 하

므로

$x^2 - x = x + 3 \qquad\qquad \cdots\cdots ①$

$4x = x^2 + 5y \qquad\qquad \cdots\cdots ②$

$-2 = y - 1 \qquad\qquad\qquad \cdots\cdots ③$

③에서 $y = -1$이므로 ②에 대입하여 풀면

$x^2 - 4x - 5 = 0,\ (x+1)(x-5) = 0$

$\therefore x = -1$ 또는 $x = 5$

또, ①에서

$x^2 - 2x - 3 = 0,\ (x+1)(x-3) = 0$

$\therefore x = -1$ 또는 $x = 3$

따라서, ①과 ②를 동시에 만족시키는 x의

값은 -1이므로 $x = -1,\ y = -1$

04 **정답** (1) $\begin{pmatrix} 15 & -7 \\ -4 & -3 \end{pmatrix}$ (2) $\begin{pmatrix} 6 & -3 \\ -1 & -1 \end{pmatrix}$

풀이

(1) $X + 2(A - B) = 2X + B$에서

$X + 2A - 2B = 2X + B$

$\therefore X = 2A - 3B$

$= 2\begin{pmatrix} 3 & -2 \\ 1 & 0 \end{pmatrix} - 3\begin{pmatrix} -3 & 1 \\ 2 & 1 \end{pmatrix}$

$= \begin{pmatrix} 6 & -4 \\ 2 & 0 \end{pmatrix} + \begin{pmatrix} 9 & -3 \\ -6 & -3 \end{pmatrix} = \begin{pmatrix} 15 & -7 \\ -4 & -3 \end{pmatrix}$

(2) $2(A - X) = A + B - X$에서

$2A - 2X = A + B - X$

$\therefore X = A - B$

$= \begin{pmatrix} 3 & -2 \\ 1 & 0 \end{pmatrix} - \begin{pmatrix} -3 & 1 \\ 2 & 1 \end{pmatrix} = \begin{pmatrix} 6 & -3 \\ -1 & -1 \end{pmatrix}$

05 **정답** $X = \begin{pmatrix} \dfrac{14}{5} & \dfrac{1}{5} \\ 1 & \dfrac{4}{5} \end{pmatrix},\quad Y = \begin{pmatrix} \dfrac{2}{5} & -\dfrac{12}{5} \\ 1 & -\dfrac{3}{5} \end{pmatrix}$

풀이

$2X + Y = A \cdots\cdots ㉠$

$X - 2Y = B \cdots\cdots ㉡$

㉠×2+㉡을 하면

$5X = 2A + B \qquad \therefore X = \dfrac{1}{5}(2A + B)$

㉠−㉡×2를 하면

$5Y = A - 2B \qquad \therefore Y = \dfrac{1}{5}(A - 2B)$

$2A + B = 2\begin{pmatrix} 6 & -2 \\ 3 & 1 \end{pmatrix} + \begin{pmatrix} 2 & 5 \\ -1 & 2 \end{pmatrix} = \begin{pmatrix} 14 & 1 \\ 5 & 4 \end{pmatrix}$

$A - 2B = \begin{pmatrix} 6 & -2 \\ 3 & 1 \end{pmatrix} - 2\begin{pmatrix} 2 & 5 \\ -1 & 2 \end{pmatrix} = \begin{pmatrix} 2 & -12 \\ 5 & -3 \end{pmatrix}$

$\therefore X = \dfrac{1}{5}(2A + B) = \begin{pmatrix} \dfrac{14}{5} & \dfrac{1}{5} \\ 1 & \dfrac{4}{5} \end{pmatrix}$

$Y = \dfrac{1}{5}(A - 2B) = \begin{pmatrix} \dfrac{2}{5} & -\dfrac{12}{5} \\ 1 & -\dfrac{3}{5} \end{pmatrix}$

06 정답 $\begin{pmatrix} 10 & 0 \\ 55 & 10 \end{pmatrix}$

풀이

A^2, A^3, A^4을 차례로 구하면

$$A^2 = \begin{pmatrix} 1 & 0 \\ 1 & 1 \end{pmatrix}\begin{pmatrix} 1 & 0 \\ 1 & 1 \end{pmatrix} = \begin{pmatrix} 1 & 0 \\ 2 & 1 \end{pmatrix}$$

$$A^3 = A^2 A = \begin{pmatrix} 1 & 0 \\ 2 & 1 \end{pmatrix}\begin{pmatrix} 1 & 0 \\ 1 & 1 \end{pmatrix} = \begin{pmatrix} 1 & 0 \\ 3 & 1 \end{pmatrix}$$

$$A^4 = A^3 A = \begin{pmatrix} 1 & 0 \\ 3 & 1 \end{pmatrix}\begin{pmatrix} 1 & 0 \\ 1 & 1 \end{pmatrix} = \begin{pmatrix} 1 & 0 \\ 4 & 1 \end{pmatrix}$$

$$\vdots$$

$$\therefore A^{10} = A^9 A = \begin{pmatrix} 1 & 0 \\ 10 & 1 \end{pmatrix}$$

$$\therefore A + A^2 + A^3 + \cdots + A^{10}$$

$$= \begin{pmatrix} 10 & 0 \\ 1+2+3+\cdots+10 & 10 \end{pmatrix} = \begin{pmatrix} 10 & 0 \\ 55 & 10 \end{pmatrix}$$

07 정답 0

풀이

$(A-B)^2 = A^2 - 2AB + B^2$이 성립하므로

$A^2 - AB - BA + B^2 = A^2 - 2AB + B^2$에서

$AB = BA$

$$\therefore \begin{pmatrix} 1 & 1 \\ 0 & 1 \end{pmatrix}\begin{pmatrix} 2 & -3 \\ k & 2 \end{pmatrix} = \begin{pmatrix} 2 & -3 \\ k & 2 \end{pmatrix}\begin{pmatrix} 1 & 1 \\ 0 & 1 \end{pmatrix}$$

$$\begin{pmatrix} 2+k & -1 \\ k & 2 \end{pmatrix} = \begin{pmatrix} 2 & -1 \\ k & k+2 \end{pmatrix}$$

따라서 행렬이 서로 같을 조건에 의하여

$2 + k = 2$

$\therefore k = 0$

08 정답 11

풀이

$A = \begin{pmatrix} 1 & 3 \\ -1 & -2 \end{pmatrix}$이므로 케일리-해밀턴의 정리

에 의하여 $A^2 + A + E = O$

위 식의 양변에 $A - E$를 곱하면

$(A-E)(A^2 + A + E) = O$에서 $A^3 = E$

$$\therefore A^5 - 3A^2 + 5A = A^3 A^2 - 3A^2 + 5A$$

$$= -2A^2 + 5A$$

$$= -2(-A-E) + 5A$$

$$= 7A + 2E$$

$$= \begin{pmatrix} 9 & 21 \\ -7 & -12 \end{pmatrix}$$

따라서 모든 성분의 합은 11이다.

09 정답 $x = -3$, $y = 4$

풀이

$$(A+B)(A-B) = A^2 - AB + BA - B^2$$

$$= A^2 - B^2$$

이므로 $BA - AB = O$ 즉, $AB = BA$

$$\begin{pmatrix} 2 & -2 \\ 3 & -1 \end{pmatrix}\begin{pmatrix} 1 & 2 \\ x & y \end{pmatrix} = \begin{pmatrix} 1 & 2 \\ x & y \end{pmatrix}\begin{pmatrix} 2 & -2 \\ 3 & -1 \end{pmatrix}$$

$$\begin{pmatrix} 2-2x & 4-2y \\ 3-x & 6-y \end{pmatrix} = \begin{pmatrix} 8 & -4 \\ 2x+3y & -2x-y \end{pmatrix}$$

$2 - 2x = 8$, $4 - 2y = -4$ $\quad \therefore x = -3$, $y = 4$

10 정답 $\begin{pmatrix} -3 & 1 \\ -8 & -8 \end{pmatrix}$

풀이

$(A-B)(A-B) = A^2 - AB - BA + B^2$에서

$AB + BA = A^2 + B^2 - (A-B)(A-B)$

$$= \begin{pmatrix} -2 & 1 \\ 0 & 1 \end{pmatrix} - \begin{pmatrix} 1 & 0 \\ 2 & 3 \end{pmatrix}\begin{pmatrix} 1 & 0 \\ 2 & 3 \end{pmatrix}$$

$$= \begin{pmatrix} -2 & 1 \\ 0 & 1 \end{pmatrix} - \begin{pmatrix} 1 & 0 \\ 8 & 9 \end{pmatrix} = \begin{pmatrix} -3 & 1 \\ -8 & -8 \end{pmatrix}$$

문제 B형

01 정답 0

풀이

$a_{11} = \{f(1)\}^2 \times g(1) = -1,$

$a_{12} = \{f(1)\}^2 \times g(2) = 1$

$a_{13} = \{f(1)\}^2 \times g(3) = 0,$

$a_{21} = \{f(2)\}^2 \times g(1) = -1$

$a_{22} = \{f(2)\}^2 \times g(2) = 1,$

$a_{23} = \{f(2)\}^2 \times g(3) = 0$

$a_{31} = \{f(3)\}^2 \times g(1) = 0,$

$a_{32} = \{f(3)\}^2 \times g(2) = 0$

$a_{33} = \{f(3)\}^2 \times g(3) = 0$

따라서 행렬 $A = \begin{pmatrix} -1 & 1 & 0 \\ -1 & 1 & 0 \\ 0 & 0 & 0 \end{pmatrix}$이므로 모든 성

분의 합은 0 이다.

02 정답 ①

풀이

$$A^2 = AA = \begin{pmatrix} 1 & 0 \\ t & 1 \end{pmatrix}\begin{pmatrix} 1 & 0 \\ t & 1 \end{pmatrix} = \begin{pmatrix} 1 & 0 \\ 2t & 1 \end{pmatrix}$$

$$A^3 = A^2 A = \begin{pmatrix} 1 & 0 \\ 2t & 1 \end{pmatrix}\begin{pmatrix} 1 & 0 \\ t & 1 \end{pmatrix} = \begin{pmatrix} 1 & 0 \\ 3t & 1 \end{pmatrix}$$

$$A^4 = A^3 A = \begin{pmatrix} 1 & 0 \\ 3t & 1 \end{pmatrix}\begin{pmatrix} 1 & 0 \\ t & 1 \end{pmatrix} = \begin{pmatrix} 1 & 0 \\ 4t & 1 \end{pmatrix}$$

$$\cdots$$

$$A^n = \begin{pmatrix} 1 & 0 \\ nt & 1 \end{pmatrix}$$

따라서 $A^{2011} = \begin{pmatrix} 1 & 0 \\ 2011t & 1 \end{pmatrix}$ 이므로 다음 그림과 같이 두 점 $(1, 0)$, $(2011t, 1)$과 원점 $(0, 0)$을 세 꼭짓점으로 하는 삼각형의 넓이는 $\dfrac{1}{2} \times 1 \times 1 = 0.5$ $\therefore S(A^{2011}) = 0.5$

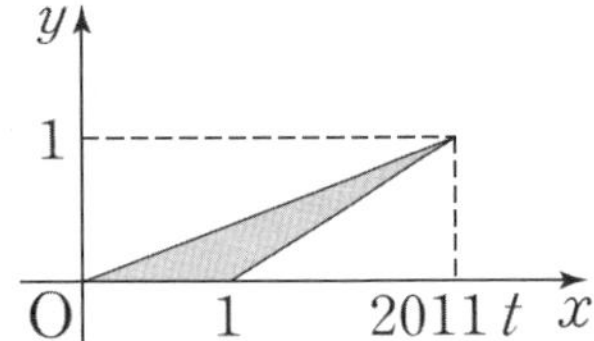

03 정답 48

풀이

$$(x,\ y)\begin{pmatrix} a & b \\ b & c \end{pmatrix}\begin{pmatrix} x \\ y \end{pmatrix} = (ax+by \quad bx+cy)\begin{pmatrix} x \\ y \end{pmatrix}$$
$$= (ax^2 + 2bxy + cy^2)$$

행렬의 곱의 성분이 음이 아니므로

$ax^2 + 2bxy + cy^2 \geq 0 \ (a > 0,\ c > 0)$ 이 모든 실수 x 에 대하여 성립해야 한다.

$$\therefore \frac{D}{4} = (by)^2 - acy^2 = y^2(b^2 - ac) \leq 0$$

이때 $y^2 \geq 0$ 이므로 $b^2 \leq ac$ 이다.

$$(b-8)^2 + 3ac \geq b^2 - 16b + 64 + 3b^2$$
$$= 4(b^2 - 4b + 4 - 4) + 64$$
$$= 4(b-2)^2 + 48 \geq 48$$

따라서 $(b-8)^2 + 3ac$ 의 최솟값은 48이다.

04 정답 16

풀이

$$P + Q = \begin{pmatrix} a+c \\ b+d \end{pmatrix} = \begin{pmatrix} s \\ t \end{pmatrix} \text{ 에서}$$

$s = a+c,\ t = b+d$

$(a,\ b) \in D$ 이므로 $-1 \leq a \leq 1,\ -1 \leq b \leq 1$

$(c,\ d) \in D$ 이므로 $-1 \leq c \leq 1,\ -1 \leq d \leq 1$

$-2 \leq a+c \leq 2,\ -2 \leq b+d \leq 2$

$\therefore -2 \leq s \leq 2,\ -2 \leq t \leq 2$

점 $(s,\ t)$ 의 영역을 좌표평면 위에 나타내면 다음 그림과 같다.

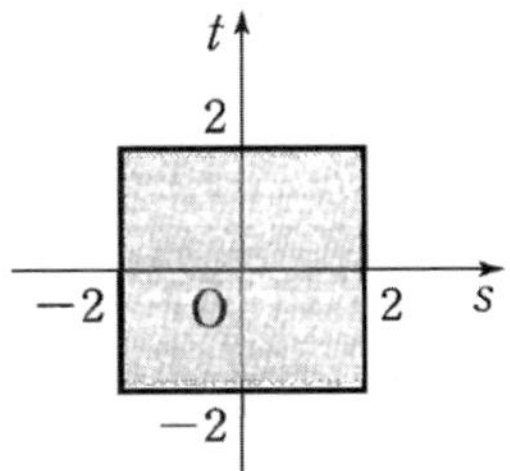

따라서 영역의 넓이는 $4 \times 4 = 16$ 이다.

05 정답 ⑤

풀이

(나) $(E - B)^2 = E - B$ 에서

$E - 2B + B^2 = E - B$

$B^2 = B$

$B^3 = B^2 B = B^2 = B$

$\therefore B^3 + 2BA^3 = B + 2A^3 B \ (\because B^3 = B,\ AB = BA)$
$$= B + 2A^2(-B) \ (\because AB = -B)$$
$$= B - 2A(-B)$$
$$= B + 2(-B)$$
$$= -B$$

06 정답 ⑤

풀이

ㄱ. $B = \dfrac{1}{2}\begin{pmatrix} a & b \\ c & d \end{pmatrix} + \dfrac{1}{2}\begin{pmatrix} a & c \\ b & d \end{pmatrix} = \begin{pmatrix} a & \dfrac{b+c}{a} \\ \dfrac{b+c}{2} & d \end{pmatrix}$

이므로 $B^T = \begin{pmatrix} a & \dfrac{b+c}{2} \\ \dfrac{b+c}{2} & d \end{pmatrix}$

$\therefore B^T = B$ (참)

ㄴ. $C = \dfrac{1}{2}\begin{pmatrix} a & b \\ c & d \end{pmatrix} - \dfrac{1}{2}\begin{pmatrix} a & c \\ b & d \end{pmatrix} = \begin{pmatrix} 0 & \dfrac{b-c}{2} \\ -\dfrac{b-c}{2} & 0 \end{pmatrix}$

이므로 $C^T = \begin{pmatrix} 0 & \dfrac{b+c}{2} \\ \dfrac{b-c}{2} & d \end{pmatrix}$

$\therefore C^T = -C$ (참)

ㄷ. $BC = \begin{pmatrix} a & \dfrac{b+c}{2} \\ \dfrac{b+c}{2} & d \end{pmatrix}\begin{pmatrix} 0 & \dfrac{b-c}{2} \\ -\dfrac{b-c}{2} & 0 \end{pmatrix}$

$= \begin{pmatrix} -\dfrac{b^2-c^2}{4} & a \cdot \dfrac{b-c}{2} \\ -d \cdot \dfrac{b-c}{2} & \dfrac{b^2-c^2}{4} \end{pmatrix}$ 이므로

$(BC)^T = \begin{pmatrix} -\dfrac{b^2-c^2}{4} & -d \cdot \dfrac{b-c}{2} \\ a \cdot \dfrac{b-c}{2} & \dfrac{b^2-c^2}{4} \end{pmatrix}$

$C^T B^T = \begin{pmatrix} 0 & -\dfrac{b-c}{2} \\ \dfrac{b-c}{2} & 0 \end{pmatrix}\begin{pmatrix} a & \dfrac{b+c}{2} \\ \dfrac{b+c}{2} & d \end{pmatrix}$

$= \begin{pmatrix} -\dfrac{b^2-c^2}{4} & -d \cdot \dfrac{b-c}{2} \\ a \cdot \dfrac{b-c}{2} & \dfrac{b^2-c^2}{4} \end{pmatrix}$

$\therefore (BC)^T = C^T B^T$ (참)

따라서 옳은 것은 ㄱ, ㄴ, ㄷ이다.

07 정답 ⑤

풀이

ㄱ. $A + B = E$, $AB = O$ 에서
$BA = (E-A)A = A(E-A) = AB = O$
$\therefore BA = O$

ㄴ. $A + B = E$, $AB = O$ 에서
$A(E-A) = O,\ A - A^2 = O$
$A^2 = A,\ A^n = A$
$AB = O,\ (E-B)B = O$
$B^2 = B,\ B^n = B$
$\therefore A^2 + B^2 = A + B$

ㄷ. $AB = O$, $BA = O$ 이므로
$(A+2B)^n = A^n + (2B)^n = A^n + 2^n B^n$
$= A + 2^n B$

ㄹ. $(A+B)^n = E^n = E = A + B = A^n + B^n$
따라서 옳은 것은 ㄱ, ㄴ, ㄷ, ㄹ이다.

08 정답 ④

풀이

ㄱ. $(A-B)^2 = O$
$\Leftrightarrow A^2 - AB - BA + B^2 = O$
$\Leftrightarrow A^2 - BA = AB - B^2$
$\Leftrightarrow (A-B)A = (A-B)B$　(참)

ㄴ. [반례] $A = \begin{pmatrix} 1 & 0 \\ 1 & 0 \end{pmatrix}$, $B = \begin{pmatrix} 0 & 1 \\ 0 & 1 \end{pmatrix}$일 때,

$(AB)^2 = A^2 B^2 = \begin{pmatrix} 0 & 1 \\ 0 & 1 \end{pmatrix}$이지만

$AB = \begin{pmatrix} 1 & 0 \\ 1 & 0 \end{pmatrix}\begin{pmatrix} 0 & 1 \\ 0 & 1 \end{pmatrix} = \begin{pmatrix} 0 & 1 \\ 0 & 1 \end{pmatrix}$,

$BA = \begin{pmatrix} 0 & 1 \\ 0 & 1 \end{pmatrix}\begin{pmatrix} 1 & 0 \\ 1 & 0 \end{pmatrix} = \begin{pmatrix} 1 & 0 \\ 1 & 0 \end{pmatrix}$

이므로 $AB \neq BA$　(거짓)

ㄷ. $A^2 = AA = (AB)A = A(BA) = AB = A$
$B^2 = BB = (BA)B = B(AB) = BA = B$
$\therefore (A+B)^2 = A^2 + AB + BA + B^2$
$= A + A + B + B = 2(A+B)$ (참)

따라서 옳은 것은 ㄱ, ㄷ이다.

Ⅰ. 행렬과 그래프
2. 역행렬과 연립일차방정식

문제 A형

01 정답 -1 또는 4

풀이

$\begin{pmatrix} 2-k & 3 \\ 2 & 1-k \end{pmatrix}$에서 $(2-k)(1-k) - 6 = 0$

$k^2 - 3k + 2 - 6 = 0,\ k^2 - 3k - 4 = 0$

$(k+1)(k-4) = 0$ 　　$\therefore k = -1$ 또는 $k = 4$

02 정답 -1, 0, 1

풀이

$A = \begin{pmatrix} x+2a & -1 \\ 1 & x+a \end{pmatrix}$ 의 역행렬이 존재하기 위한

조건은 $(x+2a)(x+a)-(-1) \neq 0$

$x^2 + 3ax + 2a^2 + 1 \neq 0$

임의의 실수 x에 대하여 이 식이 성립하려면 방정식 $x^2 + 3ax + 2a^2 + 1 = 0$의 실근이 존재하지 않아야 하므로 이 방정식의 판별식을 D라고 하면

$D = (3a)^2 - 4(2a^2+1) < 0$, $a^2 - 4 < 0$

$(a+2)(a-2) < 0 \qquad \therefore -2 < a < 2$

따라서 정수 a는 -1, 0, 1이다.

03 정답 2

풀이

$A = A^{-1}$의 양변에 A를 곱하면 $A^2 = E$

$A^2 = \begin{pmatrix} a+1 & 4 \\ -2 & -3 \end{pmatrix} \begin{pmatrix} a+1 & 4 \\ -2 & -3 \end{pmatrix}$

$\quad = \begin{pmatrix} (a+1)^2 - 8 & 4(a+1)-12 \\ -2(a+1)+6 & 1 \end{pmatrix}$ 이므로

$(a+1)^2 - 8 = 1$, $4(a+1) - 12 = 0$,

$-2(a+1) + 6 = 0$

$\therefore a = 2$

04 정답 $a=1$, $b=1$

풀이

$A^{-1} = -A + 4E$의 양변에 A를 곱하면

$E = -A^2 + 4A$

$\therefore A^2 = 4A - E$

$\begin{pmatrix} 3 & 2 \\ a & b \end{pmatrix} \begin{pmatrix} 3 & 2 \\ a & b \end{pmatrix} = 4 \begin{pmatrix} 3 & 2 \\ a & b \end{pmatrix} - \begin{pmatrix} 1 & 0 \\ 0 & 1 \end{pmatrix}$

$\begin{pmatrix} 9+2a & 6+2b \\ 3a+ab & 2a+b^2 \end{pmatrix} = \begin{pmatrix} 11 & 8 \\ 4a & 4b-1 \end{pmatrix}$ 이므로

행렬이 서로 같을 조건에 의하여

$9 + 2a = 11$, $6 + 2b = 8$,

$3a + ab = 4a$, $2a + b^2 = 4b - 1$

위의 식을 연립하여 풀면

$a = 1$, $b = 1$

05 정답 ③

풀이

ㄱ. (반례) $A = \begin{pmatrix} 1 & 0 \\ 0 & 0 \end{pmatrix}$ 이면 $A^2 - A = O$이고,

$\quad A \neq E$이지만 $A \neq O$이다. (거짓)

ㄴ. (반례) $A = \begin{pmatrix} 1 & 0 \\ 0 & 1 \end{pmatrix}$, $B = \begin{pmatrix} -1 & 0 \\ 0 & -1 \end{pmatrix}$ 이면

$\quad A^{-1}$, B^{-1}가 모두 존재하지만 $A + B = \begin{pmatrix} 0 & 0 \\ 0 & 0 \end{pmatrix}$은 역행렬이 존재하지 않는다. (거짓)

ㄷ. $\{(AB)^{-1}A\}B = (AB)^{-1}(AB) = E$이므로 B의 역행렬이 존재한다.

$\quad A\{B(AB)^{-1}\} = (AB)(AB)^{-1} = E$이므로 A의 역행렬이 존재한다. (참)

따라서 옳은 것은 ㄷ이다.

06 정답 ④

풀이

ㄱ. $AB = AC$의 양변의 왼쪽에 A^{-1}를 곱하면 $B = C$(참)

ㄴ. $(AB)^{-1} = B^{-1}A^{-1}$(참)

ㄷ. (반례) $A = \begin{pmatrix} 1 & 0 \\ 0 & 1 \end{pmatrix}$, $B = \begin{pmatrix} 0 & 0 \\ 0 & 0 \end{pmatrix}$ 이면

$\quad A^{-1}$가 존재하지만 AB의 역행렬은 존재하지 않는다.

따라서 옳은 것은 ㄱ, ㄴ이다.

07 정답 ± 8

풀이

$\begin{pmatrix} k & 5 \\ 17 & k \end{pmatrix} \begin{pmatrix} x \\ y \end{pmatrix} = \begin{pmatrix} y \\ x \end{pmatrix}$ 를 연립방정식으로 나타내면

$\begin{cases} kx + 5y = y \\ 17x + ky = x \end{cases}$, 즉 $\begin{cases} kx + 4y = 0 \\ 16x + ky = 0 \end{cases}$

이를 행렬로 나타내면

$\begin{pmatrix} k & 4 \\ 16 & k \end{pmatrix} \begin{pmatrix} x \\ y \end{pmatrix} = \begin{pmatrix} 0 \\ 0 \end{pmatrix}$

이 연립방정식이 $x = 0$, $y = 0$이외의 해를 가지기 위해서는

$k^2 - 16 \times 4 = 0$

$k^2 = 64$

$\therefore k = \pm 8$

08 정답 (1) $\begin{cases} x+y=20 \\ 11x+16y=280 \end{cases}$

     (2) $x=8,\ y=12$

풀이

(1) $\begin{cases} x+y=20 \\ 0.55x+0.8y=0.7\times20 \end{cases}$

$\therefore \begin{cases} x+y=20 \\ 11x+16y=280 \end{cases}$

(2) $\begin{pmatrix} 1 & 1 \\ 11 & 16 \end{pmatrix}\begin{pmatrix} x \\ y \end{pmatrix}=\begin{pmatrix} 20 \\ 280 \end{pmatrix}$에서

$\begin{pmatrix} x \\ y \end{pmatrix}=\begin{pmatrix} 1 & 1 \\ 11 & 16 \end{pmatrix}^{-1}\begin{pmatrix} 20 \\ 280 \end{pmatrix}$

$=\dfrac{1}{16-11}\begin{pmatrix} 16 & -1 \\ -11 & 1 \end{pmatrix}\begin{pmatrix} 20 \\ 280 \end{pmatrix}$

$=\dfrac{1}{5}\begin{pmatrix} 40 \\ 60 \end{pmatrix}=\begin{pmatrix} 8 \\ 12 \end{pmatrix}$

$\therefore x=8,\ y=12$

09 정답 ②

풀이

$\begin{pmatrix} 2 & -3 \\ -4 & 6 \end{pmatrix}\begin{pmatrix} x \\ y \end{pmatrix}=\begin{pmatrix} k \\ 2 \end{pmatrix}$의 해가 무수히 많으므로

$\dfrac{2}{-4}=\dfrac{-3}{6}=\dfrac{k}{2}$

$\therefore k=-1$

문제 B형

01 정답 18

풀이

$\begin{pmatrix} 3 & 1 \\ 4 & 1 \end{pmatrix}\begin{pmatrix} x \\ y \end{pmatrix}=k\begin{pmatrix} x \\ y \end{pmatrix}$ $\Leftrightarrow$ $\begin{pmatrix} 3-k & 1 \\ 4 & 1-k \end{pmatrix}\begin{pmatrix} x \\ y \end{pmatrix}=\begin{pmatrix} 0 \\ 0 \end{pmatrix}$이 연립방정식이 $x=0,\ y=0$ 이외의 해를 가지려면 $(3-k)(1-k)-4=0,\ k^2-4k-1=0$

이때, 위 식의 두 근이 $\alpha,\ \beta$이므로

$\alpha+\beta=4,\ \alpha\beta=-1$

$\therefore \alpha^2+\beta^2=(\alpha+\beta)^2-2\alpha\beta$

$=4^2-2\times(-1)=18$

02 정답 5

풀이

$A^2=\begin{pmatrix} 1 & -1 \\ 0 & 1 \end{pmatrix}\begin{pmatrix} 1 & -1 \\ 0 & 1 \end{pmatrix}=\begin{pmatrix} 1 & -2 \\ 0 & 1 \end{pmatrix}$

$A^3=A^2A=\begin{pmatrix} 1 & -2 \\ 0 & 1 \end{pmatrix}\begin{pmatrix} 1 & -1 \\ 0 & 1 \end{pmatrix}=\begin{pmatrix} 1 & -3 \\ 0 & 1 \end{pmatrix}$

$A^4=A^3A=\begin{pmatrix} 1 & -3 \\ 0 & 1 \end{pmatrix}\begin{pmatrix} 1 & -1 \\ 0 & 1 \end{pmatrix}=\begin{pmatrix} 1 & -4 \\ 0 & 1 \end{pmatrix}$

$\vdots$

$A^n=\begin{pmatrix} 1 & -n \\ 0 & 1 \end{pmatrix}$이므로

$A+A^2+A^3+\cdots+A^n$

$=\begin{pmatrix} n & -(1+2+3+\cdots+n) \\ 0 & n \end{pmatrix}$

$=\begin{pmatrix} n & -\dfrac{n(n+1)}{2} \\ 0 & n \end{pmatrix}$

$A\begin{pmatrix} 7 \\ 2 \end{pmatrix}+A^2\begin{pmatrix} 7 \\ 2 \end{pmatrix}+A^3\begin{pmatrix} 7 \\ 2 \end{pmatrix}+\cdots+A^n\begin{pmatrix} 7 \\ 2 \end{pmatrix}$

$=(A+A^2+A^3+\cdots+A^n)\begin{pmatrix} 7 \\ 2 \end{pmatrix}$

$=\begin{pmatrix} n & -\dfrac{n(n+1)}{2} \\ 0 & n \end{pmatrix}\begin{pmatrix} 7 \\ 2 \end{pmatrix}$

$=\begin{pmatrix} 5 \\ 10 \end{pmatrix}$

$7n-n(n+1)=5$에서 $n^2-6n+5=0$

$(n-1)(n-5)=0$ $\therefore n=1$ 또는 $n=5$

또한 $2n=10$에서 $n=5$

따라서 구하는 자연수 n의 값은 5이다.

03 정답 7

풀이

직선 l의 방정식은 $\dfrac{x}{2}+\dfrac{y}{-2}=1$에서

$x-y=2$

직선 m의 방정식은 $\dfrac{x}{4}+\dfrac{y}{3}=1$에서

$3x+4y=12$

두 직선의 교점이 $P(s,\ t)$이므로

$\begin{cases} s-t=2 \\ 3s+4t=12 \end{cases}$

즉, $\begin{pmatrix} 1 & -1 \\ 3 & 4 \end{pmatrix}\begin{pmatrix} s \\ t \end{pmatrix}=\begin{pmatrix} 2 \\ 12 \end{pmatrix}$

$$\binom{s}{t}=\begin{pmatrix} 1 & -1 \\ 3 & 4 \end{pmatrix}^{-1}\binom{2}{12}$$

따라서 $\begin{pmatrix} a & b \\ c & d \end{pmatrix}=\begin{pmatrix} 1 & -1 \\ 3 & 4 \end{pmatrix}^{-1}$ 이므로

$$\begin{pmatrix} a & b \\ c & d \end{pmatrix}^{-1}=\begin{pmatrix} 1 & -1 \\ 3 & 4 \end{pmatrix}$$

04 정답 -4

풀이

$k^2-16=0$에서 $k=\pm 4$

(i) $k=4$일 때,

$\begin{pmatrix} 4 & 2 \\ 8 & 4 \end{pmatrix}\binom{x}{y}=\binom{0}{0}$이므로 $4x+2y=0$

$\therefore xy \le 0$

(ii) $k=-4$일 때,

$\begin{pmatrix} -4 & 2 \\ 8 & -4 \end{pmatrix}\binom{x}{y}=\binom{0}{0}$이므로 $-4x+2y=0$

$\therefore xy \ge 0$

(i), (ii)에서 $xy>0$인 해를 가질 때의
상수 k의 값은 -4이다.

05 정답 4π

풀이

행렬 $A=\begin{pmatrix} x & 1 \\ -1 & x \end{pmatrix}\begin{pmatrix} 2x & x-1 \\ bx+b & 2x+a-1 \end{pmatrix}$이

역행렬이 존재하려면 두 행렬 $\begin{pmatrix} x & 1 \\ -1 & x \end{pmatrix}$,

$\begin{pmatrix} 2x & x-1 \\ bx+b & 2x+a-1 \end{pmatrix}$의 역행렬이 각각 존재해야
한다.

행렬 $\begin{pmatrix} x & 1 \\ -1 & x \end{pmatrix}$은 $x^2+1 \ne 0$이므로 역행렬이 존

재한다. 또한, 행렬 $\begin{pmatrix} 2x & x-1 \\ bx+b & 2x+a-1 \end{pmatrix}$의 역행

렬이 존재하기 위해서는 임의의 실수 x에 대하
여 $2x(2x+a-1)-(x-1)(bx+b) \ne 0$이어야
하므로

$4x^2+2(a-1)x-bx^2+b \ne 0$

$(b-4)x^2-2(a-1)x-b \ne 0$

즉, 방정식 $(b-1)x^2-2(a-1)x-b=0$이 실수
해를 갖지 않아야 하므로

$\dfrac{D}{4}=(a-1)^2+b(b-4)<0$에서

$(a-1)^2+(b-2)^2<4$

따라서 점 $(a,\ b)$가 나타내는 영역은 반지름의
길이가 2인 원의 내부이므로 그 넓이는 4π이다.

06 정답 45

풀이

집합 B에서

$$\begin{pmatrix} 3a & -2b \\ b & a \end{pmatrix}\binom{x}{y}=\binom{ax}{10y} \Leftrightarrow \begin{pmatrix} 2a & -2b \\ b & a-10 \end{pmatrix}\binom{x}{y}=\binom{0}{0}$$

이때, 행렬 $\begin{pmatrix} 2a & -2b \\ b & a-10 \end{pmatrix}$이 역행렬을 가지면
연립방정식의 해는 $x=0$, $y=0$이다. 그런데
이 값은 $|x|+|y|=4$를 만족시키지 않으므로
$n(A \cap B)=0$이다.

즉 $n(A \cap B) \ge 1$이 되려면 $\begin{pmatrix} 2a & -2b \\ b & a-10 \end{pmatrix}$의

역행렬이 존재하지 않아야 하므로

$2a(a-10)+2b^2=0$에서

$a^2-10a+b^2=0$

$\therefore (a-5)^2+b^2=5^2$

따라서 점 $(a,\ b)$가 나타내는 도형의 중심이
$(5,\ 0)$이고 반지름의 길이가 5인 원이다.

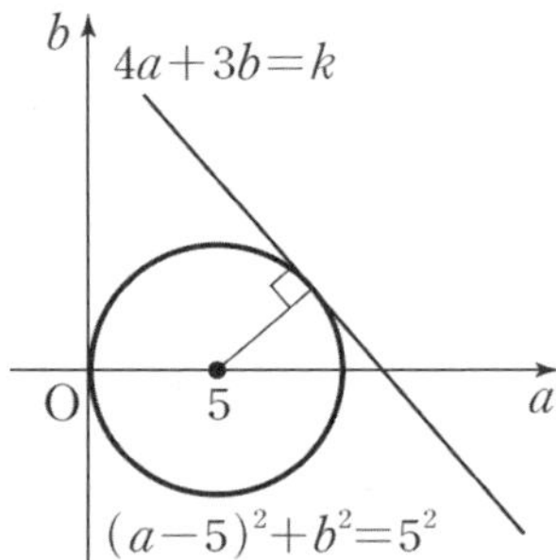

$4a+3b=k$로 놓으면 그림과 같이 제1사분면
에서 접할 때 k의 값은 최대가 되므로

$$\dfrac{|4 \cdot 5+3 \cdot 0-k|}{\sqrt{4^2+3^2}}=5$$

즉, $|20-k|=25$

$\therefore k=-5$ 또는 $k=45$

따라서 $4a+3b$의 최댓값은 45이다.

07 정답 $3\sqrt{2}$

풀이

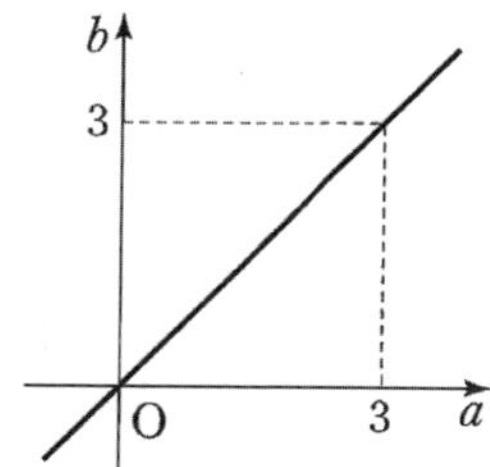

$X=\begin{pmatrix} 2 & k \\ b & a \end{pmatrix}$ 가 역행렬을 갖지 않으려면

$D=2a-bk=0$

$\therefore b=\dfrac{2}{k}a$

점 $A(a,\ b)$ 는 $0 \le a \le 3$, $0 \le b \le 3$ 의 영역에 속하는 한 변의 길이가 3인 정사각형의 내부에 있다.

직선 $b=\dfrac{2}{k}a$ 가 점 $(3,\ 3)$ 을 지날 때 도형의 길이 $f(k)$ 가 최대이므로 $k=2$ 이고 $f(2)=\sqrt{3^2+3^2}=3\sqrt{2}$ 이다.

08 정답 ④

풀이

$A(E-BA)=E$에서 $A^{-1}=E-BA$ ······ ㉠

$(E-AB)A=E$에서 $A^{-1}=E-AB$ ······ ㉡

ㄱ. ㉠, ㉡에서 A^{-1}가 존재한다. (참)

ㄴ. [반례] $A=E$, $B=O$이면 $A-ABA=E$ 는 성립하지만 B^{-1}는 존재하지 않는다. (거짓)

ㄷ. ㉠, ㉡에서 $E-BA=E-AB$,
　　$-BA=-AB$이므로 $AB=BA$(참)

따라서 옳은 것은 ㄱ, ㄷ 이다.

문제 A형

01 정답 (1)과 (3), (2)와 (4)

02 정답 (1)

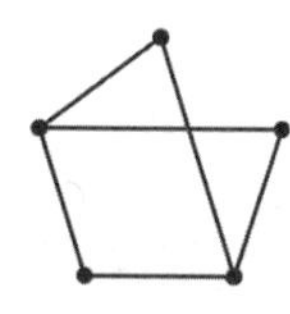

변의 개수: 6개

(2)

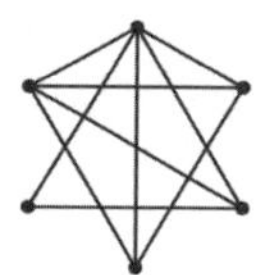

변의 개수: 10개

03 정답 4

풀이

구하는 경로는

$A \to B \to D \to E \to C \to A$

$A \to C \to B \to D \to E \to A$

$A \to C \to E \to D \to B \to A$

$A \to E \to D \to B \to C \to A$이므로 4개이다.

04 정답 ③

05 정답

$$\begin{array}{c@{}c}
 & \begin{matrix} P & Q & R & S & T \end{matrix} \\
\begin{matrix} P \\ Q \\ R \\ S \\ T \end{matrix} &
\begin{pmatrix}
0 & 1 & 0 & 1 & 0 \\
1 & 0 & 1 & 0 & 1 \\
0 & 1 & 0 & 1 & 0 \\
1 & 0 & 1 & 0 & 1 \\
0 & 1 & 0 & 1 & 0
\end{pmatrix}
\end{array}$$

06 정답

(1)

$$P = \begin{array}{c} \\ A \\ B \\ C \\ D \end{array} \begin{array}{c} \begin{array}{cccc} A & B & C & D \end{array} \\ \begin{pmatrix} 1 & 1 & 0 & 1 \\ 1 & 0 & 1 & 1 \\ 0 & 1 & 0 & 2 \\ 1 & 1 & 2 & 0 \end{pmatrix} \end{array}$$

(2)

$$P^2 = \begin{pmatrix} 3 & 2 & 3 & 2 \\ 2 & 3 & 2 & 3 \\ 3 & 2 & 5 & 1 \\ 2 & 3 & 1 & 6 \end{pmatrix}$$

풀이

행렬 P^2의 $(1, 3)$성분이 3이므로 도시 A에서 한 도시만을 거쳐 도시 C로 이동할 수 있는 방법의 수는 3이다.

문제 B형

01 정답 ③

풀이

ㄱ. 행렬 A의 모든 성분의 합은 그래프의 변의 수의 2배이므로 2의 배수이다. (참)

ㄴ. 일반적으로 두 꼭짓점을 잇는 변은 많아야 하나이므로 행렬 A의 각 꼭짓점은 자기 자신을 제외하고 최대 $(n-1)$개의 꼭짓점과 변으로 연결될 수 있다. 따라서 행렬 A의 각 행의 성분의 합은 $(n-1)$ 이하이다. (거짓)

ㄷ. 행렬 A의 모든 성분의 합의 최댓값은 $n(n-1)$이고 변이 존재하지 않을 때 최솟값은 0이다.

$\therefore\ 0 \le k \le n(n-1)$ (참)

따라서 옳은 것은 ㄱ, ㄷ이다.

02 정답 11

풀이

주어진 행렬 A^2의 (i, j)성분은 그래프 G에 대하여 꼭짓점 i에서 2개의 변을 지나 꼭짓점 j로 가는 경로의 수와 같다.

그런데 A^2의 $(1, 1)$성분은 4이므로 꼭짓점 a에서 2개의 변을 지나 꼭짓점 a로 돌아오는 경로의 수는 4이다. 따라서 꼭짓점 a의 차수는 4이다.

마찬가지로 꼭짓점 b, c, d, e의 차수는 각각 3, 4, 4, 3이다.

따라서 그래프 G와 이를 나타내는 행렬 A는 다음과 같다.

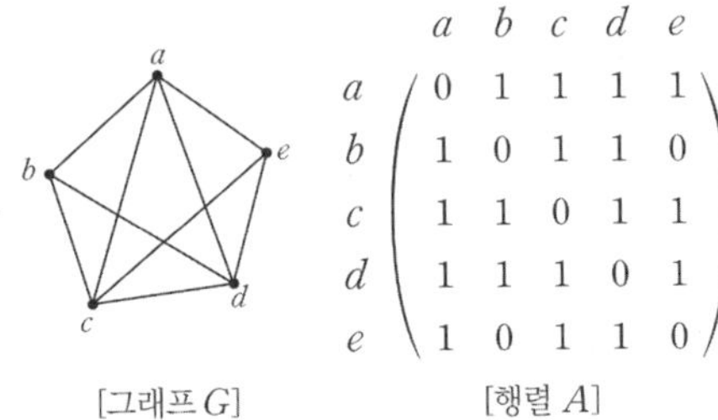

[그래프 G] [행렬 A]

따라서 꼭짓점 a에서 세 개의 변을 지나 꼭짓점 c로 가는 방법의 수는

$$A^3 = A^2 A = \begin{pmatrix} 4 & 2 & 3 & 3 & 2 \\ 2 & 3 & 2 & 2 & 3 \\ 3 & 2 & 4 & 3 & 2 \\ 3 & 2 & 3 & 4 & 2 \\ 2 & 3 & 2 & 2 & 3 \end{pmatrix} \begin{pmatrix} 0 & 1 & 1 & 1 & 1 \\ 1 & 0 & 1 & 1 & 0 \\ 1 & 1 & 0 & 1 & 1 \\ 1 & 1 & 1 & 0 & 1 \\ 1 & 0 & 1 & 1 & 0 \end{pmatrix}$$

에서 성분 $(1, 3)$이므로

$$4 \times 1 + 2 \times 1 + 3 \times 0 + 3 \times 1 + 2 \times 1 = 11$$

03 정답 ③

풀이

1, 2, 3, 4, 5, 6, 7, 8을 꼭짓점으로 하고, 약수 또는 배수 관계에 있는 서로 다른 꼭짓점을 연결하면 그림과 같다. 따라서 차수가 3인 꼭짓점, 즉 한 꼭짓점에 연결된 변의 개수가 3개인 꼭짓점은 4, 6, 8의 3개다.

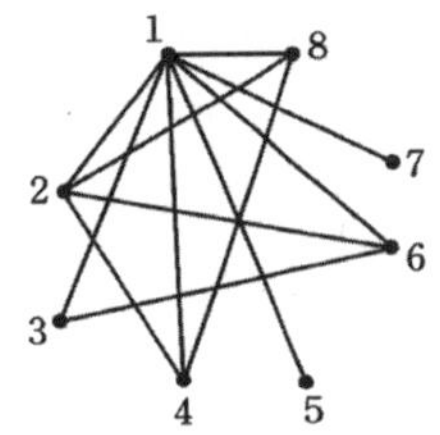

04 정답 ⑤

풀이

인접행렬을 이용하여 그래프를 그리면 그림과 같다.

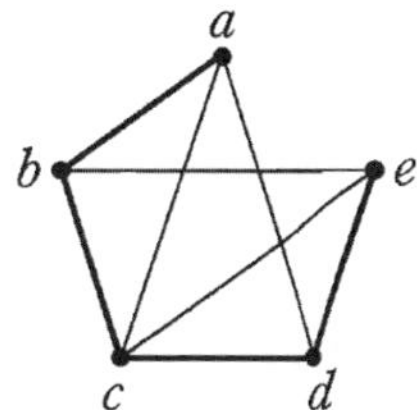

ㄱ. 변의 개수는 ab, ac, ad, bc, be, cd, ce, de로 8이다.

ㄴ. 각 꼭짓점의 차수는 a가 3, b가 3, c가 4, d가 3, e가 3이므로 차수가 3인 꼭짓점은 a, b, d, e 로 4개다.

ㄷ. 꼭짓점 a에서 꼭짓점 c까지 변을 거쳐 가는 경로는 abc와 adc로 2개다.

따라서 옳은 것은 ㄱ, ㄴ, ㄷ이다.

05 정답 ②

풀이

$$M = \begin{pmatrix} 0 & 1 & 0 & 1 \\ 1 & 0 & 1 & 0 \\ 0 & 1 & 0 & 1 \\ 1 & 0 & 1 & 0 \end{pmatrix} \text{이므로}$$

$$M^2 = \begin{pmatrix} 0 & 1 & 0 & 1 \\ 1 & 0 & 1 & 0 \\ 0 & 1 & 0 & 1 \\ 1 & 0 & 1 & 0 \end{pmatrix}\begin{pmatrix} 0 & 1 & 0 & 1 \\ 1 & 0 & 1 & 0 \\ 0 & 1 & 0 & 1 \\ 1 & 0 & 1 & 0 \end{pmatrix} = \begin{pmatrix} 2 & 0 & 2 & 0 \\ 0 & 2 & 0 & 2 \\ 2 & 0 & 2 & 0 \\ 0 & 2 & 0 & 2 \end{pmatrix}$$

ㄱ. $a+e+h+j = 2+2+2+2 = 8$ (참)

ㄴ. 행렬 M^2의 성분은 0, 2이므로 짝수뿐이다. (참)

ㄷ. 행렬 M^2의 성분 중 최솟값은 0, 최댓값은 2이다. (거짓)

따라서 옳은 것은 ㄱ, ㄴ이다.

문제 A형

01 정답 ⑤

풀이

① 81의 네제곱근은 ± 3 또는 $\pm 3i$이다.

② 27의 세제곱근 중 실수인 것은 3으로 1개다.

③ 9의 제곱근은 ± 3이다.

④ -8의 세제곱근 중 실수인 것은 -2이다.

02 정답 3

풀이

$$\sqrt{3\sqrt[3]{9\sqrt[4]{81}}} = \sqrt{3\sqrt[3]{9\times 3}} = \sqrt{3\times 3} = 3$$

03 정답 (1) $\dfrac{4}{9}$ (2) $\dfrac{9}{5}$

풀이

$$(1)\ \left\{\left(\frac{27}{8}\right)^{-\frac{4}{9}}\right\}^{\frac{3}{2}} = \left(\frac{3}{2}\right)^{3\times\left(-\frac{4}{9}\right)\times\frac{3}{2}} = \left(\frac{3}{2}\right)^{-2} = \frac{4}{9}$$

$$(2)\ \left\{\left(\frac{25}{81}\right)^{\frac{3}{4}}\right\}^{\frac{2}{3}} \times \left\{\left(\frac{5}{9}\right)^{-\frac{4}{3}}\right\}^{\frac{3}{2}} = \frac{5}{9}\times\left(\frac{5}{9}\right)^{-2} = \frac{9}{5}$$

04 정답 2

풀이

$5^{2x} = 3$이므로 $5^{4x} = 9$

$\dfrac{5^{3x}-5^{-x}}{5^x+5^{-x}}$에서 분모와 분자에 5^x을 곱하면

$$\frac{5^{4x}-1}{5^{2x}+1} = \frac{9-1}{3+1} = 2$$

05 정답 1

풀이

$$x^3 = (2^{\frac{1}{3}})^3 + 3\cdot(2^{\frac{1}{3}})^2\cdot 2^{-\frac{1}{3}}$$

$$+ 3\cdot 2^{\frac{1}{3}}\cdot(2^{-\frac{1}{3}})^2 + (2^{-\frac{1}{3}})^3$$

$$= 2 + 3\cdot 2^{\frac{2}{3}}\cdot 2^{-\frac{1}{3}} + 3\cdot 2^{\frac{1}{3}}\cdot 2^{-\frac{2}{3}} + \frac{1}{2}$$

$$= \frac{5}{2} + 3\left(2^{\frac{1}{3}} + 2^{-\frac{1}{3}}\right) = \frac{5}{2} + 3x$$

$x^3 = \dfrac{5}{2} + 3x$ 에서 $x^3 - 3x = \dfrac{5}{2}$

$$\therefore\ 2x^3 - 6x - 4 = 2(x^3 - 3x) - 4 = 1$$

06 정답 ③

풀이

$3^x = 4^y = 12^z = k\ (k > 0)$ 로 놓으면

$xyz \neq 0$ 에서 $k \neq 1$

$3^x = k$ 에서 $3 = k^{\frac{1}{x}}$ $\cdots$ ㉠

$4^y = k$ 에서 $4 = k^{\frac{1}{y}}$ $\cdots$ ㉡

$12^z = k$ 에서 $12 = k^{\frac{1}{z}}$ $\cdots$ ㉢

㉠ $\times$ ㉡ $\div$ ㉢ 을 하면

$$3 \times 4 \div 12 = k^{\frac{1}{x}} \times k^{\frac{1}{y}} \div k^{\frac{1}{z}}$$

$$\therefore\ k^{\frac{1}{x} + \frac{1}{y} - \frac{1}{z}} = 1$$

그런데 $k \neq 1$ 이므로 $\dfrac{1}{x} + \dfrac{1}{y} - \dfrac{1}{z} = 0$

07 정답 ⑤

풀이

$A_7 = A\left(\dfrac{1}{2}\right)^{\frac{7}{4}}$, $A_{27} = A\left(\dfrac{1}{2}\right)^{\frac{27}{4}}$ 이므로

$$A_7 \div A_{27} = A\left(\frac{1}{2}\right)^{\frac{7}{4}} \div A\left(\frac{1}{2}\right)^{\frac{27}{4}}$$

$$= \left(\frac{1}{2}\right)^{-\frac{20}{4}} = 2^5 = 32$$

따라서 A_7은 A_{27}의 32배이다.

08 정답 2

풀이

32인분의 식사를 준비하는 데 걸리는 시간은
$3 \times 32^{0.5}$

8인분의 식사를 준비하는 데 걸리는 시간은
$3 \times 8^{0.5}$이므로

$$\frac{3 \times 32^{0.5}}{3 \times 8^{0.5}} = \left(\frac{32}{8}\right)^{0.5} = 4^{0.5} = 2$$

따라서 32인분의 식사를 준비하는 데 걸리는 시간은 8 인분의 식사를 준비하는 데 걸리는 시간의 2배이다.

<hr>

문제 B형

01 정답 30

풀이

$a^6 = 3$, $b^5 = 7$, $c^2 = 11$에서

$$a = 3^{\frac{1}{6}},\quad b = 7^{\frac{1}{5}},\quad c = 11^{\frac{1}{2}}$$

$$(abc)^n = \left(3^{\frac{1}{6}} \cdot 7^{\frac{1}{5}} \cdot 11^{\frac{1}{2}}\right)^n = 3^{\frac{n}{6}} \cdot 7^{\frac{n}{5}} \cdot 11^{\frac{n}{2}}$$

$(abc)^n$이 자연수가 되게 하는 최소의 자연수 n은 6, 5, 2의 최소공배수이다.

$$\therefore\ n = 30$$

02 정답 72

풀이

$2^a = 3^b = k^c = t$ 라 하면

$\dfrac{3}{a} + \dfrac{2}{b} - \dfrac{1}{c} = 0$, $t^0 = 1$ 이므로

$$1 = t^{\frac{3}{a} + \frac{2}{b} - \frac{1}{c}} = \left(t^{\frac{1}{a}}\right)^3 \times \left(t^{\frac{1}{b}}\right)^2 \div t^{\frac{1}{c}}$$

$$= 2^3 \times 3^2 \div k = \frac{72}{k}$$

$$\therefore\ k = 72$$

03 정답 $\dfrac{21}{2}$

풀이

임의의 자연수 k에 대하여

$$\frac{1}{a^{-k} + 1} + \frac{1}{a^k + 1} = \frac{1}{\frac{1}{a^k} + 1} + \frac{1}{a^k + 1} = \frac{1 + a^k}{a^k + 1} = 1$$

$\therefore$ (주어진 식)

$$= \left(\frac{1}{a^{-10} + 1} + \frac{1}{a^{10} + 1}\right) + \left(\frac{1}{a^{-9} + 1} + \frac{1}{a^9 + 1}\right) + \cdots$$

$$+ \left(\frac{1}{a^{-1} + 1} + \frac{1}{a^1 + 1}\right) + \frac{1}{a^0 + 1}$$

$$= 1 \times 10 + \frac{1}{a^0 + 1} = \frac{21}{2}$$

04 **정답** 4

풀이

$2^{x+2}+2^y=16 \geq 2\sqrt{2^{x+2}\cdot 2^y}$ 에서

$8 \geq \sqrt{2^{x+2}\cdot 2^y}$

$64 \geq 2^{x+2}\cdot 2^y$

$2^{x+2}=2^y$ 일 때,

$2^{x+2}\cdot 2^y$ 는 최댓값을 64를 가진다.

$2^{x+2}=2^y=8$ 에서 $x=1$, $y=3$

$\therefore \; {}^{x+y}\sqrt{(x+y)^4}=\sqrt[4]{4^4}=4$

05 **정답** ⑤

풀이

ㄱ. n이 홀수일 때, -2^n의 n제곱근 중 실수인

　　것은 $\sqrt[n]{-2^n}=-2$이므로 $f(n,\,-2^n)=1$이

　　다. (거짓)

ㄴ. $\pi<4<2\pi$이므로 $\sin 4<0$

　　이때, 4가 짝수이므로 $f(4,\,\sin 4)=0$

　　같은 방법으로

　　$\dfrac{3}{2}\pi<6<2\pi$이므로 $\tan 6<0$

　　이때, 6이 짝수이므로 $f(6,\,\tan 6)=0$

　　또, 5가 홀수이므로 $f(5,\,\cos 5)=1$

　　$\therefore f(4,\sin 4)+f(5,\cos 5)+f(6,\tan 6)=1$

　　(참)

ㄷ. $f(m,\,a)=2$이면 m은 짝수이고 $a>0$

　　또한 $f(n,\,b)=0$이면 n은 짝수이고 $b<0$

　　즉, $m+n$은 짝수이고 $a>0$, $b<0$에서

　　$\dfrac{a}{b}<0$이므로 $\dfrac{a}{b}$의 $m+n$제곱근 중 실수인

　　것은 없다.

　　$\therefore f\!\left(m+n,\,\dfrac{a}{b}\right)=0$ (참)

따라서 옳은 것은 ㄴ, ㄷ이다.

06 **정답** $\dfrac{1}{2}$

풀이

$2^{x^2+z^2}\cdot 16^{xy+y^2}=1$에서

$2^{x^2+z^2}\cdot 2^{4(xy+y^2)}=1$

$2^{x^2+z^2+4xy+4y^2}=1$

$x^2+z^2+4xy+4y^2=0$

$(x+2y)^2+z^2=0$

$\therefore \; x+2y=0, \; z=0 \cdots\cdots$ ㉠

$3^{|x-2y-4|}\cdot 9^{|x+2y-z|}=1$에서

$3^{|x-2y-4|}\cdot 3^{2|x+2y-z|}=1$

$3^{|x-2y-4|}\cdot 3^{|2(x+2y-z)|}=1$

㉠에 의하여 $2(x+2y-z)=0$이므로

$3^{|x-2y-4|}=1$

$\therefore \; x-2y-4=0 \qquad \cdots\cdots$ ㉡

㉠, ㉡에서 $x=2$, $y=-1$, $z=0$

$\therefore (x+z)^y=(2+0)^{-1}=2^{-1}=\dfrac{1}{2}$

07 **정답** ④

풀이

$26^a=\{(\sqrt{26})^a\}^2=(4\sqrt{3})^2=48$

$27^b=(3^b)^3=(2\sqrt[3]{5})^3=40$

$25^c=(5^c)^2=7^2=49$이므로

$27^b<26^a<25^c$

즉, $26^a<25^c<26^c$에서 $a<c$

$27^b<26^a<27^a$에서 $b<a$

$\therefore b<a<c$

문제 A형

01 **정답** (1) 최댓값 1, 최솟값 $-\dfrac{3}{4}$

　　　　　(2) 최댓값 44, 최솟값은 -5

풀이

(1) 지수함수 $y=2^x$은 x의 값이 증가하면 y

　　의 값도 증가하므로

　　최댓값은 $2^{2-1}-1=1$

최솟값은 $2^{-1-1}-1=\dfrac{1}{4}-1=-\dfrac{3}{4}$

(2) $3^{-x}=X$로 놓으면 $-2 \leq x \leq 0$에서
$1 \leq X \leq 9$
$y=X^2-4X-1=(X-2)^2-5$이므로
$X=9$일 때,
최댓값은 $(9-2)^2-5=44$
$X=2$일 때,
최솟값은 $(2-2)^2-5=-5$

02 정답 ③

풀이

$y=a^{-x^2+6x-5}$에서
$f(x)=-x^2+6x-5$라고 하면
$f(x)=-(x-3)^2+4$
이때, 밑이 1보다 크므로 $f(x)$가 최대일 때, $y=a^{f(x)}$도 최대이다. 따라서 $f(x)=4$일 때, 최댓값은 $a^4=81$이므로 $a=3$이다.

03 정답 176

풀이

점 A의 좌표를 $(a,\,2^a)$이라 하면
$B(a+1,\,2^{a+1})$
$\square ACDB$의 넓이가 48이므로
$\dfrac{1}{2}(2^a+2^{a+1}) \cdot 1=48$
$2^a(1+2)=96,\quad 2^a=32=2^5$
$\therefore a=5$
즉, $A(5,\,2^5)$, $B(6,\,2^6)$이므로
$\overline{EF}=2^6-2^5=32$
따라서 $\square ABFE$의 넓이는
$\dfrac{1}{2} \cdot (5+6) \cdot 32=176$

04 정답 $\dfrac{4}{7}$

풀이

점 P의 x좌표를 α라고 하면
$k \cdot 3^\alpha=3^{-\alpha}$, $k \cdot 3^{2\alpha}=1$
$\therefore 3^{2\alpha}=\dfrac{1}{k} \quad \cdots\cdots \ \bigcirc$

점 Q의 x좌표는 2α이므로
$k \cdot 3^{2\alpha}=-4 \cdot 3^{2\alpha}+8 \quad \cdots\cdots \ \bigcirc\!\!\bigcirc$
$\bigcirc$을 $\bigcirc\!\!\bigcirc$에 대입하면
$k \cdot \dfrac{1}{k}=-4 \cdot \dfrac{1}{k}+8$
$k=-4+8k,\ 7k=4 \qquad \therefore k=\dfrac{4}{7}$

05 정답 $a=-1,\ b=5,\ c=5$

풀이

함수 $y=2^x$의 그래프를 x축의 방향으로 c만큼 평행이동한 후 x축에 대하여 대칭이동하면 $y=-2^{x-c}$의 그래프가 된다.
이 식이 $f(x)=-\left(\dfrac{1}{2}\right)^{ax+b}=-2^{-ax-b}$와 같으므로
$a=-1,\ b=c$
한편,
$y=-2^{x-c}$의 그래프는 점 $(5,\,-1)$을 지나므로
$-1=-2^{5-c} \qquad \therefore c=5$
$\therefore a=-1,\ b=5,\ c=5$

06 정답 (1) $-\dfrac{3}{2}$ (2) $\dfrac{1}{2}$
    (3) ± 1 (4) -2 또는 0

풀이

(1) $4^x=2^{2x}$, $0.125=0.5^3=\left(\dfrac{1}{2}\right)^3=2^{-3}$이므로
$2^{2x}=2^{-3}$에서 $2x=-3$
$\therefore x=-\dfrac{3}{2}$

(2) $0.09=\left(\dfrac{3}{10}\right)^2$이므로
$\left\{\left(\dfrac{3}{10}\right)^2\right\}^{-x+1}=\dfrac{3}{10}$에서 $-2x+2=1$
$\therefore x=\dfrac{1}{2}$

(3) 주어진 방정식을 변형하면
$\left(5^{|x|}\right)^2-3 \cdot 5^{|x|}-10=0$
$5^{|x|}=X$로 놓으면 $X^2-3X-10=0$
$(X-5)(X+2)=0$
$\therefore X=5 \ (\because X>0)$
따라서 $5^{|x|}=5$에서 $x=\pm 1$

(4) $(\sqrt{2})^x = X$로 놓으면 $3X = 2X^2 + 1$

$2X^2 - 3X + 1 = 0$

$(2X-1)(X-1) = 0$

$\therefore X = \dfrac{1}{2}$ 또는 $X = 1$

$\therefore (\sqrt{2})^x = \dfrac{1}{2}$ 또는 $(\sqrt{2})^x = 1$

(i) $(\sqrt{2})^x = \dfrac{1}{2}$ 에서 $2^{\frac{x}{2}} = 2^{-1}$

$\qquad \therefore x = -2$

(ii) $(\sqrt{2})^x = 1$ 에서 $2^{\frac{x}{2}} = 2^0$

$\qquad \therefore x = 0$

(i), (ii)에서 $x = -2$ 또는 $x = 0$

07 정답 $(1)\, x > \dfrac{5}{6}$

$\qquad (2)\, -\dfrac{4}{3} < x < \dfrac{5}{6}$

$\qquad (3)\, x \geq 0 \quad (4)\, 1 \leq x \leq 3$

풀이

(1) $\left(\dfrac{1}{6}\right)^{2x+1} < \left(\dfrac{1}{36}\right)^{3-2x}$ 에서

$\left(\dfrac{1}{6}\right)^{2x+1} < \left(\dfrac{1}{6}\right)^{6-4x}$

밑이 1보다 작으므로

즉, $2x+1 > 6-4x \quad \therefore x > \dfrac{5}{6}$

(2) $2 \cdot \sqrt[3]{2} = 2^{\frac{4}{3}}$, $\left(\dfrac{1}{2}\right)^{2x-3} = 2^{-2x+3}$이므로

$2^{-x} < 2 \cdot \sqrt[3]{2} < \left(\dfrac{1}{2}\right)^{2x-3}$ 에서

$2^{-x} < 2^{\frac{4}{3}} < 2^{-2x+3}$

$\therefore -x < \dfrac{4}{3} < -2x+3$

$-x < \dfrac{4}{3}$에서 $x > -\dfrac{4}{3}$ ...... ㉠

$\dfrac{4}{3} < -2x+3$에서 $x < \dfrac{5}{6}$ ...... ㉡

㉠과 ㉡을 동시에 만족시켜야 하므로

$-\dfrac{4}{3} < x < \dfrac{5}{6}$

(3) 주어진 부등식을 변형하면

$3 \cdot (3^x)^2 + 3 \cdot 3^x - 6 \geq 0$

$3^x = X$로 놓으면 $3X^2 + 3X - 6 \geq 0$

$X^2 + X - 2 \geq 0$, $(X+2)(X-1) \geq 0$

$\therefore X \leq -2$ 또는 $X \geq 1$

그런데 $X > 0$이므로 $X \geq 1$

따라서 $3^x \geq 1$에서 $x \geq 0$

(4) 주어진 부등식을 변형하면

$(2^x)^2 - 10 \cdot 2^x + 16 \leq 0$

$2^x = X$로 놓으면

$X^2 - 10X + 16 \leq 0$ $(X-2)(X-8) \leq 0$

$\therefore 2 \leq X \leq 8$

따라서 $2 \leq 2^x \leq 8$에서 $2 \leq 2^x \leq 2^3$

$\therefore 1 \leq x \leq 3$

08 정답 26

풀이

주어진 방정식을 변형하면

$(2^x)^2 - 10 \cdot 2^x + 16 = 0$

$2^x = X$로 놓으면 $X^2 - 10X + 16 = 0$

$(X-2)(X-8) = 0$ $\therefore X = 2$ 또는 $X = 8$

주어진 방정식의 두 근이 α, β이므로

$2^\alpha + 2^\beta = 10$

$2^{\alpha+\beta} = 2^\alpha \cdot 2^\beta = 16$

$\therefore 2^\alpha + 2^\beta + 2^{\alpha+\beta} = 26$

문제 B형

01 정답 ①

풀이

함수 $y = \dfrac{2^x - 2^{-x}}{2^x + 2^{-x}} = \dfrac{2^{2x} - 1}{2^{2x} + 1}$에서

$2^{2x} = t$로 놓으면

$x > 0$이므로 $t > 1$이고 $y = \dfrac{t-1}{t+1} = -\dfrac{2}{t+1} + 1$

이때, 분수함수 $y = -\dfrac{2}{t+1} + 1$의 점근선은

직선 $t = -1$, $y = 1$이므로 그래프를 그리면

다음 그림과 같다.

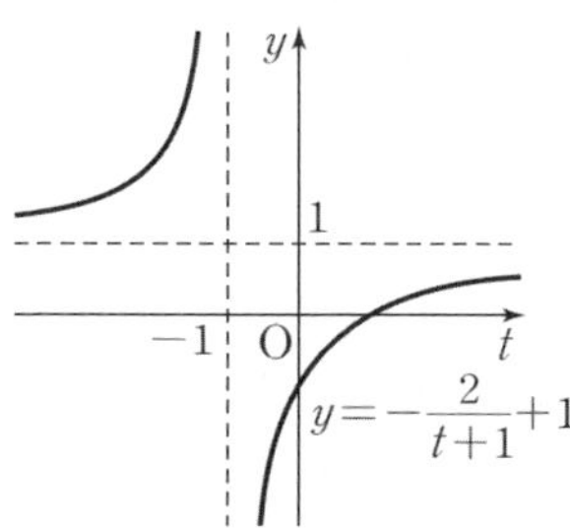

따라서 $t > 1$일 때, $0 < y < 1$이므로

함수 $y = \dfrac{2^x - x^{-x}}{2^x + 2^{-x}}$ 의 치역은 $\{y \,|\, 0 < y < 1\}$이다.

02 정답 $1 + \sqrt{3}$

풀이

지수함수 $f(x)$와 역함수 $f^{-1}(x)$의 그래프의 교점은 $f(x)$의 그래프와 직선 $y = x$의 교점과 같으므로 두 교점의 좌표는 $(1, 1)$, $(3, 3)$이다.

$(1, 1)$을 $f(x) = a^{x-m}$에 대입하면

$a^{1-m} = 1$, $a^{1-m} = a^0$

$\therefore m = 1$

$\therefore f(x) = a^{x-1}$

$(3, 3)$을 $f(x)$에 대입하면 $3 = a^2$

$a = \sqrt{3} \ (\because a > 0)$

$\therefore a + m = \sqrt{3} + 1$

03 정답 $\dfrac{2}{3}$

풀이

각 점의 좌표를 구하면

$A(k, 0)$, $B(k, 2^{k-1})$, $C(k, 2^k)$, $D(k+1, 0)$, $E(k+1, 2^k)$, $F(k+1, 2^{k+1})$이다. 따라서

$\overline{AB} = 2^{k-1}$, $\overline{DE} = 2^k$, $\overline{EF} = 2^{k+1}$, $\overline{AD} = \overline{CE} = 1$

$\triangle CEF = \dfrac{1}{2} \times \overline{CE} \times \overline{EF} = \dfrac{1}{2} \times 1 \times 2^k = 2^{k-1}$

$\square ADEB$

$= \dfrac{1}{2} \times (\overline{AB} + \overline{DE}) \times \overline{AD}$

$= \dfrac{1}{2}(2^{k-1} + 2^k) \times 1$

$= \dfrac{1}{2} \cdot 2^{k-1}(1 + 2) = \dfrac{1}{2} \cdot 2^{k+1} \cdot 3 = 3 \cdot 2^{k-2}$

$\therefore \dfrac{\triangle CEF}{\square ADEB} = \dfrac{2^{k-1}}{3 \cdot 2^{k-2}} = \dfrac{2}{3}$

04 정답 ②

풀이

$3^x + 3^{-x} = t$라 하면

산술평균과 기하평균의 관계에 의해

$t = 3^x + 3^{-x} \geq 2\sqrt{3^x \cdot 3^{-x}} = 2$

(단, 등호는 $x = 0$일 때, 성립한다.)

또한 $9^x + 9^{-x} = (3^x + 3^{-x})^2 - 2$이므로

주어진 방정식은

$t^2 - 2 + 9 = 4(t + 3)$, $t^2 - 4t - 5 = 0$

$(t-5)(t+1) = 0 \quad \therefore t = 5 \ (\because t \geq 2)$

즉, $3^x + 3^{-x} = 5$에서 $(3^x)^2 - 5 \cdot 3^x + 1 = 0$

$3^x = s \ (s > 0)$라 하면 $s^2 - 5x + 1 = 0$

이 방정식은 서로 다른 두 양의 실근 3^α, 3^β을 가지므로 근과 계수의 관계에 의해

$3^\alpha + 3^\beta = 5$, $3^\alpha \cdot 3^\beta = 3^{\alpha + \beta} = 1$

$\therefore \alpha + \beta = 0$

$\therefore \dfrac{9^{\alpha + \beta}}{3^\alpha + 3^\beta} = \dfrac{9^0}{5} = \dfrac{1}{5}$

05 정답 89

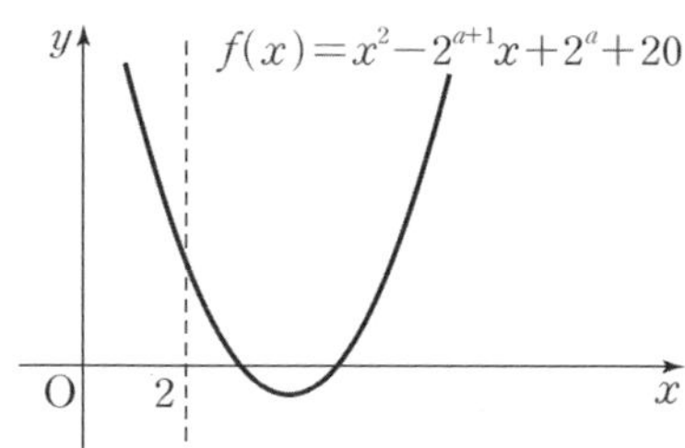

$x^2 - 2^{a+1}x + 2^a + 20 = 0$에서

$f(x) = 2^x - 2 \cdot 2^a x + 2^a + 20$이라 하면 이차방정식 $f(x) = 0$의 두 근이 모두 2보다 클 조건은

(ⅰ) $f(2) = -2^{a+2} + 2^a + 24 > 0$에서 $2^a < 8$

$\qquad \therefore a < 3$

(ⅱ) (대칭축) > 2에서 $2^a > 2$

$\qquad \therefore a > 1$

(ⅲ) $\dfrac{D}{4} = (2^a)2 - (2^a + 20) > 0$에서

$\qquad (2^a)^2 - 2^a - 20 > 0$, $(2^a - 5)(2^a + 4) > 0$

$\qquad$ 이때, $2^a + 4 > 0$이므로 $2^a > 5$

$\qquad \therefore a > \log_2 5$

（ⅰ), (ⅱ), (ⅲ)에서 실수 a의 값의 범위는
$\log_2 5 < a < 3$ 따라서 $p = \log_2 5$, $q = 3$이므로
$4^p + 4^q = 4^{\log_2 5} + 4^3 = 25 + 64 = 89$

06 정답 ④

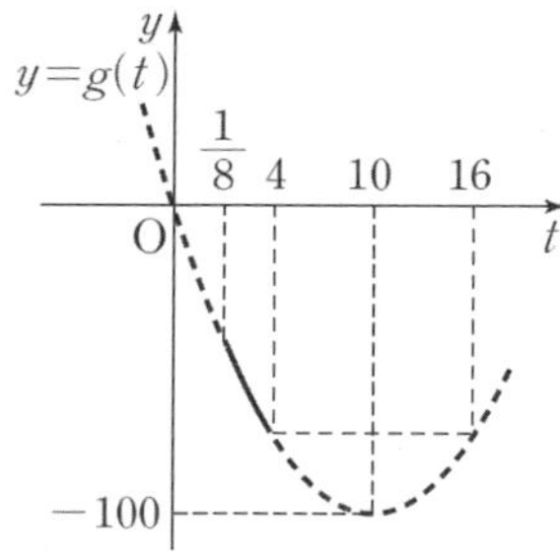

풀이

$f(x) = 4^x - 5 \cdot 2^{x+2}$ 이라 하면
$4^\alpha - 5 \cdot 2^{\alpha+2} = f(\alpha)$이므로 $-3 \le x \le 2$에서
$f(x) \ge f(\alpha)$가 항상 성립하도록 하는 정수
α의 값을 구하면 된다.
$2^x = t(t > 0)$라 하면
$-3 \le x \le 2$에서 $2^{-3} \le 2^x \le 2^2$이므로
$\dfrac{1}{8} \le t \le 4$이고
$f(x) = g(t) = t^2 - 20t = (t-10)^2 - 100$이므로
그림에서 $4 \le \beta \le 16$일 때,
$g(t) \ge g(\beta)$가 항상 성립한다.
즉, $4 \le 2^\alpha \le 16$이면
$f(x) \ge f(\alpha)$가 항상 성립하므로 $2 \le \alpha \le 4$
따라서 이를 만족하는 정수 α의 값의 합은
$2 + 3 + 4 = 9$

07 정답 ⑤

풀이

ㄱ. $f(2) = 2^{\frac{n}{m}}$, $g(2) = 2^{\frac{m}{n}}$ 이므로

  $f(2) > g(2)$이면 $\dfrac{n}{m} > \dfrac{m}{n}$, 즉 $m^2 < n^2$

  $\therefore m < n$ (참)

ㄴ. $0 < x < 1$일 때,

  $f(x) < g(x)$에서 $x^{\frac{n}{m}} < x^{\frac{m}{n}}$ 이면

  $\dfrac{n}{m} > \dfrac{m}{n}$, 즉 $m^2 < n^2$

  $\therefore m < n$ (참)

ㄷ. $f(x)g(x) = x^{\frac{n}{m}} \cdot x^{\frac{m}{n}} = x^{\frac{n}{m} + \frac{m}{n}}$

이때, $\dfrac{n}{m} + \dfrac{m}{n} \ge 2\sqrt{\dfrac{n}{m} \cdot \dfrac{m}{n}} = 2$

(단, 등호는 $m = n$일 때 성립한다.)

$x > 1$일 때 $f(x)g(x) \ge x^2$ (참)

따라서 옳은 것은 ㄱ, ㄴ, ㄷ이다.

Ⅱ. 지수함수와 로그함수
3. 로그

문제 A형

01 정답 3, 4

풀이

$\log_{a-1}(5-a)$가 값을 갖기 위해서는 밑 $a-1$은
1이 아닌 양수이어야 하고, 진수 $5-a$도 양수
이어야 한다.
（ⅰ) $a-1 \ne 1$, $a-1 > 0$이므로 $a \ne 2$, $a > 1$
（ⅱ) $5-a > 0$이므로 $a < 5$
（ⅰ), (ⅱ)에서 $1 < a < 2$, $2 < a < 5$
따라서 정수 a의 값은 $3, 4$이다.

02 정답 $-2 < a < 6$

풀이

진수는 양수이어야 하므로 $x^2 + ax + a + 3 > 0$
위의 부등식이 모든 실수 x에 대하여 성립
하기 위해서는 판별식 $D < 0$이어야 하므로
  $a^2 - 4(a+3) < 0$,　$a^2 - 4a - 12 < 0$
  $(a-6)(a+2) < 0$　　$\therefore -2 < a < 6$

03 정답 ⑤

풀이

$\dfrac{3}{2}\log_3 2 - \log_3 \sqrt{6} + \log_3 \sqrt{3}$

$= \dfrac{3}{2}\log_3 2 - \dfrac{1}{2}(\log_3 3 + \log_3 2) + \dfrac{1}{2}\log_3 3$

$= \dfrac{3}{2}\log_3 2 - \dfrac{1}{2} - \dfrac{1}{2}\log_3 2 + \dfrac{1}{2} = \log_3 2$

04 정답 ②

풀이

$$3\log_2 5 + 4\log_4 5 + \log_{\sqrt{2}} 5 + \log_{\frac{1}{2}} 5$$
$$= 3\log_2 5 + 4 \times \frac{1}{2}\log_2 5 + 2\log_2 5 - \log_2 5$$
$$= 6\log_2 5$$
$$\therefore a = 6$$

05 정답 ⑤

풀이

$$\left(\log_4 9 + \log_2 27\right)\left(\log_3 2 + \log_9 8\right)$$
$$= \left(\log_{2^2} 3^2 + \log_2 .3^3\right)\left(\log_3 2 + \log_{3^2} 2^3\right)$$
$$= \left(\log_2 3 + 3\log_2 3\right)\left(\log_3 2 + \frac{3}{2}\log_3 2\right)$$
$$= 4\log_2 3 \times \frac{5}{2}\log_3 2 = 4 \times \frac{5}{2} = 10$$

06 정답 2

풀이

$$\log 3^{45} = 45\log 3 = 45 \times 0.4771 = 21.4695$$
한편
$$\log 2 = 0.3010 < 0.4695 < 0.4771 = \log 3$$이므로
3^{45}은 22자리의 수이고 최고 자리의 숫자는
2이다.

07 정답 3, 3162

풀이

$\log A$의 지표와 가수를
각각 $n,\ \alpha$(n은 정수, $0 \le \alpha < 1$)라고 하면
$n,\ \alpha$가 이차방정식 $2x^2 - 7x + k = 0$의 두 근이
므로 근과 계수의 관계에서
$$n + \alpha = \frac{7}{2},\ n\alpha = \frac{k}{2}$$
$$n + \alpha = \frac{7}{2} = 3 + 0.5$$이므로
$$n = 3,\ \alpha = 0.5 \qquad \therefore k = 2n\alpha = 3$$
$$\log A = n + \alpha = 3 + 0.5$$
$$\qquad = 3 + \log 3.162$$
$$\qquad = \log 3162$$
$$\therefore A = 3162$$

08 정답 10

풀이

$10 \le x < 100$의 각 변에 상용로그를 취하면
$$1 \le \log x < 2$$
$\log x$의 가수와 $\log x^2$의 가수가 같으므로
$$\log x^2 - \log x = 2\log x - \log x$$
$$\qquad\qquad = \log x = (정수)$$
따라서 $\log x = 1$에서 $x = 10$

09 정답 10^6

풀이

$10^2 < x < 10^4$이므로
$$2 < \log x < 4 \ \cdots\cdots\ \bigcirc$$
$\log x$와 $\log \sqrt{x}$의 가수의 합이 1이므로
$$\log x + \log \sqrt{x} = \frac{3}{2}\log x$$는 정수이다.

$\bigcirc$으로부터 $3 < \dfrac{3}{2}\log x < 6$이므로
$$\frac{3}{2}\log x = 4 \ \text{또는} \ \frac{3}{2}\log x = 5$$

(i) $\dfrac{3}{2}\log x = 4$일 때
$$\log x = \frac{8}{3} \qquad \therefore x = 10^{\frac{8}{3}}$$

(ii) $\dfrac{3}{2}\log x = 5$일 때
$$\log x = \frac{10}{3} \qquad \therefore x = 10^{\frac{10}{3}}$$

$$\therefore 10^{\frac{8}{3}} \times 10^{\frac{10}{3}} = 10^{\frac{18}{3}} = 10^6$$

01 정답 ④

풀이

밑의 조건에서 $6 - p > 0,\ 6 - p \neq 1$
$$\therefore p < 6,\ p \neq 5 \ \cdots\cdots\ \bigcirc$$
진수의 조건에서 모든 실수 x에 대하여
$x^2 - 2qx + 3p^2 > 0$이어야 하므로
$$\frac{D}{4} = q^2 - 3p^2 < 0$$에서
$$(q - \sqrt{3}\,p)(q + \sqrt{3}\,p) < 0$$
$$\therefore -\sqrt{3}\,p < q < \sqrt{3}\,p \ \cdots\cdots\ \bigcirc$$

㉠, ㉡이 나타내는 영역을 좌표평면 위에
나타내면 다음 그림의 어두운 부분이다.

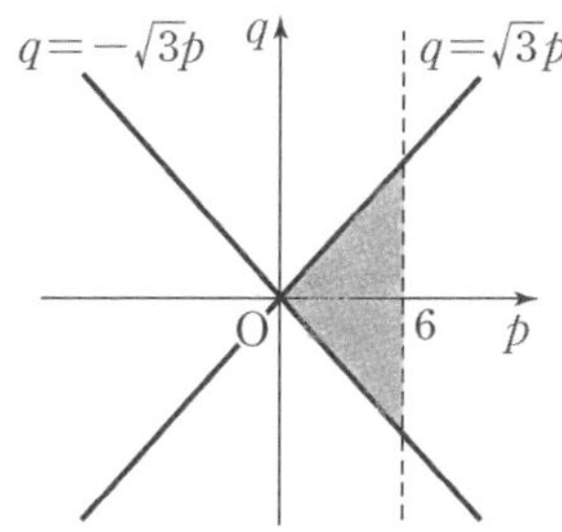

(단, 경계선은 제외하고, $p \neq 5$이다.)
p가 자연수일 때의
자연수 q를 조사하면 다음과 같다.
(i) $p=1$일 때, $-\sqrt{3} \leq q \leq \sqrt{3}$이므로
　　　자연수 q는 1개
(ii) $p=2$일 때, $-2\sqrt{3} \leq q \leq 2\sqrt{3}$이므로
　　　자연수 q는 3개
(iii) $p=3$일 때, $-3\sqrt{3} \leq q \leq 3\sqrt{3}$이므로
　　　자연수 q는 5개
(iv) $p=4$일 때, $-4\sqrt{3} \leq q \leq 4\sqrt{3}$이므로
　　　자연수 q는 6개
따라서 자연수 p, q의 순서쌍 (p, q)의 개수는
$1+3+5+6=15$

02 정답 ③

풀이

$\log_{49} p = \log_{21} q = \log_9 \dfrac{p+2q}{15} = t$로 놓으면

$p = 49^t$　　　…… ㉠

$q = 21^t$　　　…… ㉡

$\dfrac{p+2q}{15} = 9^t$　　　…… ㉢

㉠, ㉡에서 $\dfrac{p}{q} = \dfrac{49^t}{21^t} = \left(\dfrac{49}{21}\right)^t = \left(\dfrac{7}{3}\right)^t$

한편, .

㉢에서 $\dfrac{p+2q}{15} = 9^t$이므로 ㉠, ㉡을 대입하면

$49^t + 2 \cdot 21^t = 15 \cdot 9^t$

양변을 21^t으로 나누면

$\left(\dfrac{7}{3}\right)^t + 2 = 15 \cdot \left(\dfrac{3}{7}\right)^t$

다시 양변에 $\left(\dfrac{7}{3}\right)^t$을 곱하면

$\left(\dfrac{7}{3}\right)^{2t} + 2\left(\dfrac{7}{3}\right)^t - 15 = 0$

$\left\{\left(\dfrac{7}{3}\right)^t + 5\right\}\left\{\left(\dfrac{7}{3}\right)^t - 3\right\} = 0$

$\therefore \left(\dfrac{7}{3}\right)^t = 3 \quad \left(\because \left(\dfrac{7}{3}\right)^t + 5 > 0\right)$

따라서 $\dfrac{p}{q} = \left(\dfrac{7}{3}\right)^t$이므로 $\dfrac{p}{q}$의 값은 3이다.

03 정답 ④

풀이

$a^x = a^2 b^4$에서 양변에 밑이 a인 로그를 취하면
$x = \log_a a^2 b^4 = \log_a a^2 + \log_a b^4$
$\quad = 2 + 4\log_a b$ …… ㉠
$b^{2y} = a^2 b^4$에서 양변에 밑이 b인 로그를 취하면
$2y = \log_b a^2 b^4 = \log_b a^2 + \log_b b^4$
$\quad = 2\log_b a + 4$
$y = \log_b a + 2$ …… ㉡
㉠, ㉡에서
$xy = (4\log_a b + 2)(\log_b a + 2)$
$\quad = 4 + 8\log_a b + 2\log_b a + 4$
$\quad = 2(4\log_a b + \log_b a + 4)$
$\quad = 2(x+y)$
$\therefore \dfrac{3xy}{2(x+y)} = \dfrac{3 \times 2(x+y)}{2(x+y)} = 3$

04 정답 ⑤

풀이

㈎에서 $\log(x+y)$의 지표가 2이므로
$10^2 \leq x+y < 10^3$
$\therefore 10000 \leq (x+y)^2 < 1000000$ … ㉠
㈏에서 $\log xy$의 지표가 1이므로
$10 \leq xy < 100$ … ㉡
$(x-y)^2 = (x+y)^2 - 4xy$이므로
㉠, ㉡을 대입하면
$10000 - 400 < (x-y)^2 < 1000000 - 40$
$9.6 \times 10^3 < (x-y)^2 < 9.9996 \times 10^5$

상용로그를 취하면

$$3 + \log 9.6 < 2\log|x-y| < 2 + \frac{1}{2}(1 + \log 9.9996)$$

$$\therefore 1.\times\times < \log(x-y) < 2.\times\times$$

따라서 $\log(x-y)$ 의 지표는 1 또는 2 이다.

05 **정답** ③

풀이

$a = k$, $b = 2k$, $c = 4k$ (k는 자연수)라 하면

a, b, c의 최소공배수는 $4k$이므로

$$4k = 64 \qquad \therefore k = 16$$

즉, $a = 16$, $b = 32$, $c = 64$이므로

$$\log_a b + \log_b c + \log_c a = \log_{16}32 + \log_{32}64 + \log_{64}16$$

$$= \log_{2^4}2^5 + \log_{2^5}2^6 + \log_{2^6}2^4$$

$$= \frac{5}{4} + \frac{6}{5} + \frac{4}{6} = \frac{187}{60} = 3 + \frac{7}{60}$$

$$\therefore \left[\log_a b + \log_b c + \log_c a\right] = 3$$

06 **정답** ②

풀이

$\log x = n + \alpha$(단, n은 정수, $0 \le \alpha < 1$)라 하면

$$\log x + \log x^2 + \log x^3 = 6\log x = 6n + 6\alpha$$

지표와 가수의 성질에 의해

$$6n \le f(x) + f(x^2) + f(x^3) < 6n + 6$$

$f(x) + f(x^2) + f(x^3) = 14$이므로

$$6n \le 14 < 6n + 6$$

$$\therefore f(x) = n = 2$$

07 **정답** ①

풀이

ㄱ. $\log_2 16 = 4$이므로

$$f(16) = \log_2 16 - [\log_2 16] = 0 \,(참)$$

ㄴ. (반례)

$$f(3) = \log_2 3 - [\log_2 3] = \log_2 3 - 1$$

$$f(6) = \log_2 6 - [\log_2 6]$$

$$= \log_2 6 - 2 = \log_2 3 - 1$$이므로

$$3 \ne 6$$이지만 $f(3) = f(6)$이다. (거짓)

ㄷ. $f(x_1) + f(x_2) = 1$이므로

$$\log_2 x_1 + \log_2 x_2 = \log_2 x_1 x_2 = m$$

(m은 정수)

$$\therefore x_1 x_2 = 2^m$$

이때, $x_1 = 1$ 또는 $x_2 = 1$이면

$f(x_1) + f(x_2) = 0$이 되어 조건을 만족하지

않는다. 따라서 두 수 x_1, x_2는 모두 2^k (k

는 자연수)꼴이므로 모두 짝수이다. (참)

그러므로 옳은 것은 ㄱ, ㄷ이다.

Ⅱ. 지수함수와 로그함수
4. 로그함수

문제 A형

01 **정답** (1) 최댓값 2, 최솟값 1

(2) 최댓값 -2, 최솟값은 없다.

(3) 최댓값 4, 최솟값 -21

풀이

(1) 함수 $y = \log_3(x+2)$의 그래프는

$y = \log_3 x$의 그래프를 x축의 방향으로

-2만큼 평행이동한 함수이고, 그래프는

다음 그림과 같다.

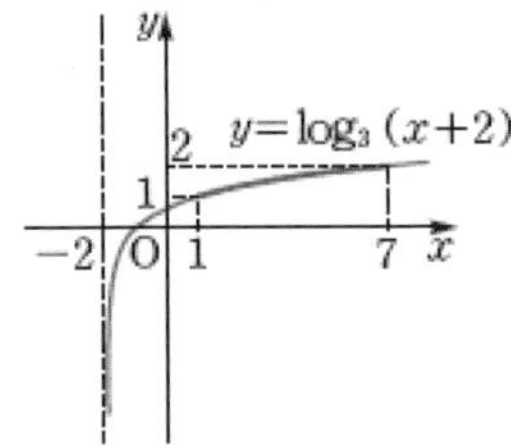

따라서 최댓값은 2, 최솟값은 1이다.

(2) $f(x) = x^2 + 2x + 10$이라고 하면

$$f(x) = (x+1)^2 + 9 \ge 9$$

이때, 밑이 1보다 작으므로 $f(x)$가 최

소일 때, $\log_{\frac{1}{3}} f(x)$는 최대이다.

따라서 $f(x) = 9$일 때,

최댓값은 $\log_{\frac{1}{3}} 9 = -2$이다.

(3) $\log_2 \dfrac{1}{16} \leq \log_2 x \leq \log_2 4$이므로

$-4 \leq \log_2 x \leq 2$

주어진 식을 변형하면

$y = \left(1 + \log_2 x\right)\left(3 - \log_2 x\right)$

$= 3 + 2\log_2 x - \left(\log_2 x\right)^2$

이때, $\log_2 x = t\,(-4 \leq t \leq 2)$로 놓으면

$y = 3 + 2t - t^2 = -(t-1)^2 + 4$

따라서 $t = 1$일 때, 최댓값 4

$t = -4$일 때, 최솟값 -21

02 **정답** 4

풀이

$a > 0$, $b > 0$이므로 $3a + b \geq 2\sqrt{3ab}$

(단, 등호는 $3a = b$일 때 성립한다.)

$200 \geq 2\sqrt{3ab}$에서 $3ab \leq 10^4$

$\therefore \log_{10} 3a + \log_{10} b = \log_{10} 3ab \leq \log_{10} 10^4 = 4$

따라서 구하는 최댓값은 4이다.

03 **정답** $(6, 2)$

풀이

점 B의 좌표를 $(m, 0)$이라고 하면

점 A의 좌표는 $(m, 2)$

이때, 점 A는 $y = \log_2 x$ 위의 점이므로

$\log_2 m = 2 \quad \therefore m = 4$

따라서 점 A의 좌표는 $(4, 2)$이고, $\overline{AD} = 2$이므로 점 D의 좌표는 $(6, 2)$이다.

04 **정답** ①

풀이

$y = \log_2 4x = \log_2 x + 2$이므로 $y = \log_2 x$의 그래프를 y축의 방향으로 2만큼 평행이동한 것이다. 따라서 다음 그림에서 $A = C$이므로

$A + B = B + C \quad \therefore 3 \times 2 = 6$

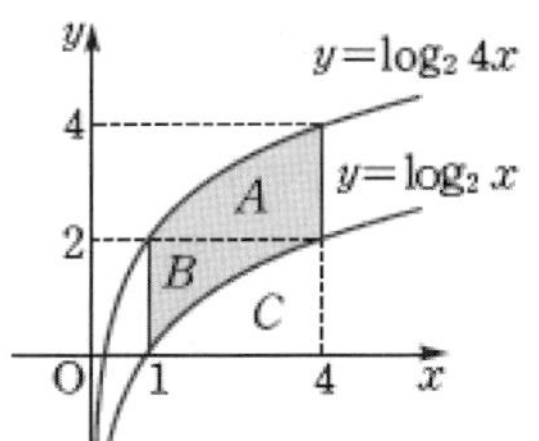

05 **정답** (1) $\sqrt{14}$　　(2) 3 or 6
　　　　　(3) 8　　(4) 81

풀이

(1) 진수는 양수이므로 $x + 2 > 0$, $x - 2 > 0$

$\therefore x > 2 \ \cdots\cdots$ ①

주어진 방정식을 변형하면

$\log(x+2)(x-2) = \log 10$

$(x+2)(x-2) = 10, \ x^2 = 14$

$\therefore x = \sqrt{14}$ 또는 $x = -\sqrt{14} \ \cdots\cdots$ ②

①, ②에서 구하는 해는 $x = \sqrt{14}$

(2) 진수는 양수이므로 $x > 0$, $x - 2 > 0$

$\therefore x > 2 \ \cdots\cdots$ ①

주어진 방정식을 변형하면

$\log_9 x^2 = \log_9 9 + \log_9 (x-2)$

$\log_9 x^2 = \log_9 9(x-2), \ x^2 = 9(x-2)$

$x^2 - 9x + 18 = 0, \ (x-3)(x-6) = 0$

$\therefore x = 3$ 또는 $x = 6 \ \cdots\cdots$ ②

①, ②에서 구하는 해는 $x = 3$ 또는 $x = 6$

(3) $\log_2 x = \dfrac{1}{\log_x 2}$이므로 $\log_2 x = X$로 놓으면

$X = \dfrac{9}{X}, \ X^2 - 9 = 0, \ (X+3)(X-3) = 0$

$\therefore X = -3$ 또는 $X = 3$

따라서 $\log_2 x = -3$에서 $x = 2^{-3} = \dfrac{1}{8}$

$\log_2 x = 3$에서 $x = 2^3 = 8$

(4) 주어진 방정식을 변형하면

$\left(\log_3 x\right)^2 - 2\log_3 x - 8 = 0$

$\log_3 x = X$로 놓으면 $X^2 - 2X - 8 = 0$

$(X-4)(X+2) = 0$

$\therefore X = -2$ 또는 $X = 4$

따라서 $\log_3 x = -2$에서 $x = 3^{-2} = \dfrac{1}{9}$

$\log_3 x = 4$에서 $x = 3^4 = 81$

06 **정답** 10000

$x^{\log x} = 10^4 x^3$의 양변에 상용로그를 취하면

$\log x^{\log x} = \log 10^4 x^3$

$\left(\log x\right)^2 - 3\log x - 4 = 0$

$\log x = X$로 놓으면 $X^2 - 3X - 4 = 0$

$(X-4)(X+1) = 0$

$\therefore X = -1$ 또는 $X = 4$

따라서 $\log x = -1$에서 $x = \dfrac{1}{10}$

$\log x = 4$에서 $x = 10000$

07 정답 (1) $-4 < x < -3$, $0 < x < 1$

        (2) $1 < x < 2$

풀이

(1) 진수는 양수이므로

    $x^2 + 3x > 0$, $x(x+3) > 0$

    $\therefore x < -3$ 또는 $x > 0$ ……①

    $\log_3(x^2 + 3x) < \log_3 4$에서 밑 3은 1보다 크

    므로 $x^2 + 3x < 4$, $(x+4)(x-1) < 0$

    $\therefore -4 < x < 1$ ……②

    ①, ②를 동시에 만족시키는 범위는

    $-4 < x < -3$, $0 < x < 1$

(2) 진수는 양수이므로 $x > 0$, $x - 1 > 0$

    $\therefore x > 1$ ……①

    주어진 부등식을 변형하면

    $\log_2 x(x-1) < \log_2 2$

    밑 2는 1보다 크므로 $x(x-1) < 2$

    $x^2 - x - 2 < 0$, $(x-2)(x+1) < 0$

    $\therefore -1 < x < 2$ ……②

    ①, ②를 동시에 만족시키는 범위는

    $1 < x < 2$

08 정답 ①

풀이

진수는 양수이므로 $x > 0$ ……①

주어진 부등식을 변형하면

$(\log_2 x)^2 - 5 \log_2 x + 6 \leq 0$

$\log_2 x = X$로 놓으면 $X^2 - 5X + 6 \leq 0$

$(X-2)(X-3) \leq 0$ $\therefore 2 \leq X \leq 3$

즉, $\log_2 4 \leq \log_2 x \leq \log_2 8$

밑 2는 1보다 크므로 $4 \leq x \leq 8$ ……②

①, ②를 동시에 만족시키는 범위는 $4 \leq x \leq 8$

$\therefore \alpha\beta = 32$

09 정답 $2 < a < 8$

풀이

진수는 양수이므로 $a > 0$ ……①

주어진 부등식이 모든 실수 x에 대하여 성립하

려면 방정식 $x^2 + 2x \log_2 a + 4 \log_2 a - 3 = 0$의

판별식 D는 $D < 0$이어야 한다.

$\dfrac{D}{4} = (\log_2 a)^2 - (4 \log_2 a - 3) < 0$

$(\log_2 a)^2 - 4 \log_2 a + 3 < 0$

$\log_2 a = X$로 놓으면 $X^2 - 4X + 3 < 0$

$(X-1)(X-3) < 0$ $\therefore 1 < X < 3$

즉, $\log_2 2 < \log_2 a < \log_2 2^3$

밑 2는 1보다 크므로 $2 < a < 8$ ……②

①, ②를 동시에 만족시키는 범위는 $2 < a < 8$

01 정답 ⑤

풀이

$y = (g \circ f)(x)$

$= g(f(x)) = \log_2(f(x))$

$= \begin{cases} \log_2(-2x+1) & (x < 0) \\ 0 & (0 \leq x < 3) \\ \log_2(2x-5) & (x \geq 3) \end{cases}$

이므로 함수 $y = (g \circ f)(x)$의 그래프와 직

선 $y = 4$로 둘러싸인 도형의 내부는 다음 그

림의 어두운 부분이다.

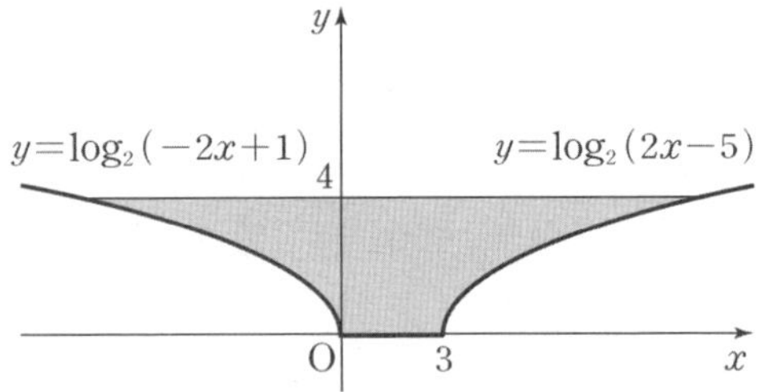

(단, 경계선은 제외한다.)

자연수 k에 대하여

$\log_2(-2x+1) = k$일 때, $x = -\dfrac{2^k - 1}{2}$

$\log_2 (2x-5) = k$일 때, $x = \dfrac{2^k+5}{2}$

이므로 구하는 점의 좌표를

(a, b) $(a, b$는 정수)라 하면

$b=1$일 때, $-\dfrac{1}{2} < a < \dfrac{7}{2}$이므로

$a=0, 1, 2, 3$

$b=2$일 때, $-\dfrac{3}{2} < a < \dfrac{9}{2}$이므로

$a=-1, 0, 1, 2, 3, 4$

$b=3$일 때, $-\dfrac{7}{2} < a < \dfrac{13}{2}$이므로

$a=-3, -2, -1, 0, 1, \cdots, 5, 6$

따라서 구하는 점의 개수는 $4+6+10=20$

02 정답 ④

풀이

$t=n$ 일 때, $x(t)=50$ 이므로

주어진 식에 대입하면

$50 = 20 + 180 \times 3^{-\frac{n}{256}}$

$180 \times 3^{-\frac{n}{256}} = 30$

$30^{-\frac{n}{256}} = \dfrac{1}{6}, \ 3^{\frac{n}{256}} = 6$

양변에 상용로그를 취하면

$\dfrac{n}{256} \log 3 = \log 2 + \log 3$

$\therefore n = 256\left(\dfrac{\log 2 + \log 3}{\log 3}\right)$

$= 256 \times \dfrac{0.30+0.48}{0.48} = 416$

03 정답 ⑤

풀이

ㄱ. $\left\{f\left(\dfrac{a}{5}\right)\right\}^2 = \left(\log_5 \dfrac{a}{5}\right)^2 = (\log_5 a - \log_5 5)^2$

$= (\log_5 - 1)^2$

$\left\{f\left(\dfrac{5}{a}\right)\right\}^2 = \left(\log_5 \dfrac{5}{a}\right)^2 = (\log_5 5 - \log_5 a)^2$

$= (1 - \log_5 a)^2$

$\therefore \left\{f\left(\dfrac{a}{5}\right)\right\}^2 = \left\{f\left(\dfrac{5}{a}\right)\right\}^2$

ㄴ. $f(a+1) - f(a)$

$= \log_5 (a+1) - \log_5 a$

$= \log_5 \dfrac{a+1}{a} = \log_5 \left(1 + \dfrac{1}{a}\right)$

$f(a+2) - f(a+1)$

$= \log_5 (a+2) - \log_5 (a+1)$

$= \log_5 \dfrac{a+2}{a+1} = \log_5 \left(1 + \dfrac{1}{a+1}\right)$

$1 + \dfrac{1}{a} > 1 + \dfrac{1}{a+1}$ 이고,

$\log_5 x$ 의 밑이 1보다 크다.

$\therefore \log_5 \left(1 + \dfrac{1}{a}\right) > \log_5 \left(1 + \dfrac{1}{a+1}\right)$

$\therefore f(a+1) - f(a) > f(a+2) - f(a+1)$

ㄷ. $f(x) = \log_5 x$ 에서 $f^{-1}(x) = 5^x$ 이다.

밑이 모두 1 보다 크므로

$a < b$이면 $\log_5 a < \log_5 b$, $5^a < 5^b$이다.

따라서

$f(a) < f(b)$ 이면 $f^{-1}(a) < f^{-1}(b)$ 이다.

따라서 옳은 것은 ㄱ, ㄴ, ㄷ 이다

04 정답 240

풀이

$f(a+2) - f(a+1) = \log_5 (a+2) - \log_5 (a+1)$

두 점 $A(k, 2)$, $C(k+2, 4)$로 놓으면 두 점

은 곡선 $y = \log_a x$ 위의 점이므로

$\log_a k = 2$에서 $k = a^2$ $\cdots\cdots$ ㉠

$\log_2 (k+2) = 4$에서 $k = a^4 - 2$ $\cdots\cdots$ ㉡

㉠, ㉡에서

$a^4 - a^2 - 2 = 0$이므로 $(a^2+1)(a^2-2) = 0$

$a^2 = 2$ $\therefore a = \sqrt{2}$ $(\because a > 1)$

$k = a^2 = 2$이므로 $B(4, 2)$

점 B는 곡선 $y = \log_b x$위의 점이므로

$2 = \log_b 4$, $b^2 = 4$ $\therefore b = 2$ $(\because b > 1)$

따라서 직선 $y=8$과 곡선 $y = \log_{\sqrt{2}} x$가 만

나는 점의 좌표는 $(\sqrt{2}^8, 8)$이고 직선 $y=8$

과 곡선 $y = \log_2 x$가 만나는 점의 좌표는

$(2^8, 8)$이므로 구하는 선분의 길이는

$2^8 - \sqrt{2}^8 = 256 - 16 = 240$

05 정답 ③

풀이

두 함수 $f(x)=a^x-k$, $g(x)=\log_a(x+k)$ 는 서로 역함수 관계에 있으므로 두 점 A, B 를 지나는 직선의 방정식은 $y=x$ 이다.

또한 $\overline{AB}$ 의 수직이등분선 $y=-x+2$ 와 직선 $y=x$ 의 교점의 좌표가 $(1, 1)$ 이다.

따라서 $\overline{AB}=2\sqrt{2}$ 이고 $\overline{AB}$ 의 기울기가 1이 므로 A$(0, 0)$, B$(2, 2)$ 이다.

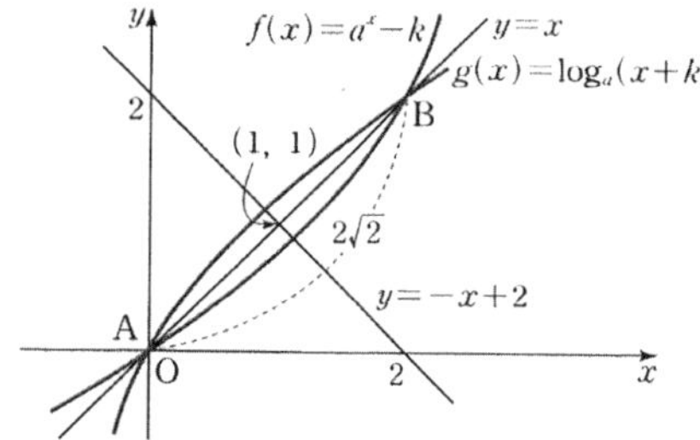

즉, $f(x)=a^x-k$ 의 그래프가

두 점 A$(0, 0)$, B$(2, 2)$ 를 지나므로

$0=a^0-k$, $2=a^2-k$

$\therefore a=\sqrt{3}$, $k=1$

$\therefore a+k=\sqrt{3}+1$

06 정답 ②

풀이

함수 $y=f(x)$ 의 그래프와 직선 $y=a$ 의 두 교 점은 A$(\log_2(10-a), a)$, B$(\log_2(a-1)+3, a)$

$\overline{AB}=\log_2(a-1)+3-\log_2(10-a)=3$ 이므로

$\log_2(a-1)=\log_2(10-a)$

$\therefore a=\dfrac{11}{2}$

07 정답 ⑤

풀이

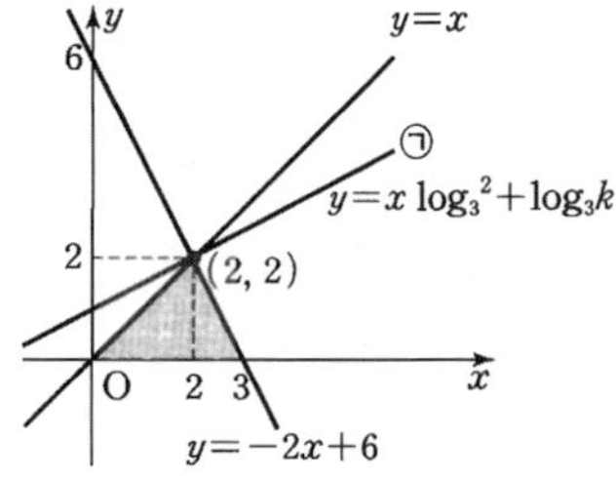

세 부등식 $y-x\leq 0$, $2x+y\leq 0$, $y\geq 0$ 을 모 두 만족하는 영역을 그리면 그림에서 빗금 친 부분과 같다.

$2^{-x}3^y=k$ 라 하고 양변에 상용로그를 취하면

$-x\log 2+y\log 3=\log k$

y 에 대해 정리하면

$y=\dfrac{\log 2}{\log 3}+\dfrac{\log k}{\log 3}=x\log_3 2+\log_3 k$ $\cdots$ ㉠

직선 ㉠의 기울기 $\log_3 2$ 가 $0<\log_3 2<1$ 을 만족하므로 직선 ㉠이 그림에서와 같이 점 $(2, 2)$ 를 지날 때 직선 $y=x\log_3 2+\log_3 k$ 의 y 절편 $\log_3 k$ 가 최댓값을 갖는다.

따라서 ㉠에 $x=2$, $y=2$ 를 대입하면

$2=2\log_3 2+\log_3 k$

$\log_3 k=2-2\log_3 2$

$\qquad =\log_3 9-\log_3 4$

$\qquad =\log_3\dfrac{9}{4}$

따라서 k 의 최댓값은 $\dfrac{9}{4}$ 이다.

08 정답 ⑤

풀이

진수 조건에서

$x-2>0$, $2x-1>0$, $\log_4 x>0$ 이므로 $x>2$

(i) $2\log_{\frac{1}{2}}(x-2)\geq\log_{\frac{1}{2}}(2x-1)$ 에서

$\qquad \log_{\frac{1}{2}}(x-2)^2\geq\log_{\frac{1}{2}}(2x-1)$

밑이 1보다 작으므로 $(x-2)^2\leq 2x-1$

$x^2-6x+5\leq 0$, $(x-1)(x-5)\leq 0$

$\therefore 1\leq x\leq 5$

진수 조건에서

$x-2>0$, $2x-1>0$ 이므로 $2<x\leq 5$

(ii) $\log_2(\log_4 x)\leq 0$ 에서 $0<\log_4 x\leq 1$

$\qquad \therefore 1<x\leq 4$

(i), (ii)에서 $2<x\leq 4$ 이므로 연립부등식 을 만족하는 정수는 3, 4이므로 합은 7이다.

문제 A형

01 정답 -1

풀이

공차를 d라고 하면 $a_2 = 3 + d$, $a_6 = 3 + 5d$

a_2와 a_6의 절댓값이 같고 부호가 서로 다르므로 $a_2 + a_6 = (3 + a) + (3 + 5d) = 0$

$6 + 6d = 0$

$\therefore d = -1$

02 정답 135항

풀이

일반항은 $a_n = 400 + (n-1)(-3) = -3n + 403$

이때, $-3n + 403 < 0$, $n > \dfrac{403}{3} = 134.33\cdots$을

만족시키는 최소의 자연수 n은 135이므로 제135항에서 처음으로 음수가 된다.

03 정답 (1) 5, $a_n = 2n + 3$

       (2) 2, $a_n = 2n - 3$(단, $n \geq 2$)

풀이

(1) $a_1 = S_1 = 1 + 4 = 5$ ……①

$n \geq 2$일 때,

$$a_n = S_n - S_{n-1}$$
$$= n^2 + 4n - \{(n-1)^2 + 4(n-1)\}$$
$$= 2n + 3 \qquad ……②$$

그런데 ②에 $n = 1$을 대입하면 ①과 같으므로 이 수열은 첫째항부터 공차가 2인 등차수열을 이룬다.

따라서 첫째항은 5, $a_n = 2n + 3$

(2) $a_1 = S_1 = 1 - 2 + 3 = 2$ ……①

$n \geq 2$일 때,

$$a_n = S_n - S_{n-1}$$
$$= n^2 - 2n + 3 - \{(n-1)^2 - 2(n-1) + 3\}$$
$$= 2n - 3 \quad ……②$$

그런데 ②에 $n = 1$을 대입하면 ①과 다르므로 이 수열은 제2항부터 등차수열을 이룬다.

따라서 첫째항은 2, $a_n = 2n - 3$(단, $n \geq 2$)

04 정답 97

풀이

세 수 a, 6, b가 등비수열이므로

$ab = 6^2 = 36$

또, 조건에서 $a + b = 13$이므로

$a^2 + b^2 = (a+b)^2 - 2ab = 13^2 - 2 \cdot 36 = 97$

05 정답 6, 18, 54 또는 -6, 18, -54

풀이

등비수열의 첫째항을 2라고 하면, 162는 제5항이 된다.

공비를 r라고 하면

$a_5 = 2 \cdot r^4 = 162 \qquad \therefore r = \pm 3$

따라서 구하는 세 수는

6, 18, 54 또는 -6, 18, -54

06 정답 72

풀이

첫째항을 a, 공비를 r라고 하면

$a_1 + a_2 + \cdots + a_{10}$
$= a + ar + \cdots + ar^9 = a(1 + r + \cdots + r^9) = 8$

$a_{11} + a_{12} + \cdots + a_{20}$
$= ar^{10} + ar^{11} + \cdots + ar^{19}$
$= ar^{10}(1 + r + \cdots + r^9) = 24$

위의 두 식에서 $r^{10} = 3$

$\therefore a_{21} + a_{22} + \cdots + a_{30}$
$= ar^{20} + ar^{21} + \cdots + ar^{29}$
$= ar^{20}(1 + r + \cdots + r^9)$
$= a(1 + r + \cdots r^9) \cdot r^{20} = 8 \cdot 3^2 = 72$

07 정답 10

풀이

구하는 세 수를 a, ar, ar^2이라고 하면

$a + ar + ar^2 = 14$

$a \cdot ar \cdot ar^2 = (ar)^3 = 64 \qquad \therefore ar = 4$

위의 두 식에서 $a + ar^2 = 10$

그런데 조건에서 세 수가 양수이므로 $r>0$

$\therefore a<ar<ar^2$ 또는 $a>ar>ar^2$

따라서 최대인 수와 최소인 수의 합은 어떤 경우에도 $a+ar^2$이므로, 구하는 합은 10이다.

08 정답 56

풀이

세 수 a, 4, b가 이 순서대로 등차수열이므로

$a+b=8$

또한, 세 수 a, 2, b가 이 순서대로 등비수열이므로 $ab=4$

따라서

$a^2+b^2=(a+b)^2-2ab=8^2-2\cdot 4=56$

09 정답 ①

풀이

1시간이 지나면 세균의 수는 2배가 되므로, t시간이 지나면 세균의 수는 $10\cdot 2^t$마리가 된다.

이때, $10\cdot 2^t\geq 10000$ $\quad\therefore 2^t\geq 1000$

그런데 $2^9=512$, $2^{10}=1024$이므로 $t\geq 10$

따라서 최소 10시간이 지나야 세균의 개체 수가 10000마리 이상이 된다.

문제 B형

01 정답 ①

풀이

등비수열 $a_n=ar^{n-1}$에서

$2a_n-a_{n+1}=2ar^{n-1}-ar^n=(2a-ar)r^{n-1}$

즉, 수열 $\{2a_n-a_{n+1}\}$은 첫째항이 $2a-ar$, 공비가 r인 등비수열이므로 $r=3$, $a=-4$

따라서 $a_n=-4\cdot 3^{n-1}$이므로 $a_2=-12$

02 정답 85

풀이

등차수열 $\{a_n\}$의 첫째항을

a(4의 배수인 양의 정수)라 하면

$a_n=a-\dfrac{3}{4}(n-1)$이고,

수열 $\{b_n\}$의 최솟값이 $b_{11}=|a_{11}+a_{12}|$이므로

$a_{11}>$, $a_{12}<0$

즉, $a_{11}=a-\dfrac{3}{4}\times 10>0$, $a_{12}=a-\dfrac{3}{4}\times 11<0$

이므로 $\dfrac{30}{4}<a<\dfrac{33}{4}$ 이때,

첫째항 a는 4의 배수인 양의 정수이므로 $a=8$

$\therefore a_n=8-\dfrac{3}{4}(n-1)$

$\qquad =-\dfrac{3}{4}n+\dfrac{35}{4}$ $(n=1, 2, 3, \cdots)$

$\therefore |a_1|+|a_5|+|a_9|+\cdots+|a_{37}|$

$\quad =(a_1+a_5+a_9)-(a_{13}+a_{17}+\cdots+a_{37})$

$\quad =(8+5+2)+(1+4+\cdots+19)$

$\quad =15+\dfrac{7(1+19)}{2}=85$

03 정답 17

풀이

직선 l의 방정식은 $y=mx+100$이므로

$a_n=mn+100$

이때, 수열 $\{a_n\}$이

공차가 -6인 등차수열이므로 $m=-6$

$\therefore a_n=-6n+100$

점 $\mathrm{P}_k(k, a_k)$이 제4 사분면 위의 점이려면

$a_k=-6k+100<0$이어야 하므로

$k>\dfrac{100}{6}=16.6\cdots$

따라서 자연수 k의 최솟값은 17이다.

04 정답 156

풀이

등비수열의 공비가 r이므로 $b=ar$, $c=ar^2$

$(x-a)(x-b)(x-c)$

$=x^3-(a+b+c)x^2+(ab+bc+ca)x-abc$

$=x^3-(a+ar+ar^2)x^2$

$\qquad +(a\cdot ar+ar\cdot ar^2+ar^2\cdot a)x-a\cdot ar\cdot ar^2$

$=x^3-a(1+r+r^2)x^2+a^2r(1+r+r^2)x-(ar)^3$

$=x^3-26x^2+kx-216$

이때, $(ar)^3=216=6^3$에서

$ar=6$ $\quad\therefore a=\dfrac{6}{r}$

$a(1+r+r^2)=26$에서 $\dfrac{6}{r}(1+r+r^2)=26$

$3(1+r+r^2)=13r,\quad 3r^2-10r+3=0$

$(3r-1)(r-3)=0 \quad \therefore\ r=\dfrac{1}{3}\quad(\because\ 0<r<1)$

따라서 $a=\dfrac{6}{r}=18$이므로

$k=a^2r(1+r+r^2)=18^2\cdot\dfrac{1}{3}\left(1+\dfrac{1}{3}+\dfrac{1}{9}\right)=156$

05 정답 40

풀이

수열 $4,\ a_1,\ a_2,\ a_3,\ \cdots,\ a_n,\ 10$ 의
공비를 $r\,(r\neq 1)$라 하면

$10=4\cdot r^{(n+2)-1}=4r^{n+1}$

$\therefore\ r^{n+1}=\dfrac{5}{2}\ \cdots\cdots\ \bigcirc$

수열 $a_1,\ a_2,\ a_3,\ \cdots,\ a_n$은 $a_1=4r$이고
공비가 r인 등비수열이므로

$a_1+a_2+a_3+\cdots+a_n=\dfrac{4r(1-r^n)}{1-r}$

수열 $\dfrac{1}{a_1},\ \dfrac{1}{a_2},\ \dfrac{1}{a_3},\ \cdots,\ \dfrac{1}{a_n}$은 첫째항이 $\dfrac{1}{4r}$

이고 공비가 $\dfrac{1}{r}$인 등비수열이므로

$\dfrac{1}{a_1}+\dfrac{1}{a_2}+\dfrac{1}{a_3}+\cdots+\dfrac{1}{a_n}$

$=\dfrac{\dfrac{1}{4r}\left\{\left(\dfrac{1}{r}\right)^n-1\right\}}{\dfrac{1}{r}-1}=\dfrac{1}{4r^n}\times\dfrac{1-r^n}{1-r}$

즉,

$\dfrac{4r(1-r^n)}{1-r}=p\left(\dfrac{1}{4r^n}\times\dfrac{1-r^n}{1-r}\right)$이므로 $4r=\dfrac{p}{4r^n}$

$\therefore\ p=4r\cdot 4r^n=16\cdot r^{n+1}=16\times\dfrac{5}{2}=40$

$(\because\ \bigcirc)$

06 정답 ①

풀이

등차수열의 합 공식을 이용하면

$S_5=\dfrac{5(2a+4d)}{2}=5a+10d$

$S_{26}=\dfrac{26(2a+25d)}{2}=26a+325d$

$S_5=S_{26}$이므로

$5a+10d=26a+325d$

$21a=-315d$

$\therefore\ d=-\dfrac{1}{15}a$

한편, $S_{k+1}=S_k$이면 $a_{k+1}=0$이어야 하므로

$a_{k+1}=a+kd=a-\dfrac{1}{15}ka=a\left(1-\dfrac{k}{15}\right)=0$

$\therefore\ k=15\quad(\because\ a\neq 0)$

07 정답 321

풀이

첫 번째 시행 후 남은 수는 $1,\ 3,\ 5,\ 7,\ \cdots$
두 번째 시행 후 남은 수는 $1,\ 5,\ 9,\ 13,\ \cdots$
세 번째 시행 후 남은 수는 $1,\ 9,\ 17,\ 25,\ \cdots$
$\vdots$
n번재 시행 후 남은 수들은 첫째항이 1이고
공차가 2^n인 등차수열을 이룬다.
따라서 6번째 시행 후 남은 수들은 첫째항
이 1이고 공차가 $2^6=64$인 등차수열을 이루
므로 구하는 6번째의 수는

$1+(6-1)\cdot 64=321$

08 정답 ⑤

풀이

(가)에서 $a_n=(-1)^n$

(나)에서 수열 $\{b_n\}$은 등비수열이라는 것을
알 수 있다.

(다)에서 수열 $\{b_n\}$의 첫째항은 2, 공비도 2
이므로 $b_n=2^n$

$\therefore\ \displaystyle\sum_{k=1}^{30}a_kb_k$

$=\displaystyle\sum_{k=1}^{30}(-1)^k2^k=\sum_{k=1}^{30}(-2)^k$

$=\dfrac{-2\{1-(-2)^{30}\}}{1-(-2)}$

$=\dfrac{2(2^{30}-1)}{3}=\dfrac{1}{3}(2^{31}-2)$

문제 A형

01 정답 (1) $\displaystyle\sum_{k=1}^{20} 3k$ $\qquad$ (2) $\displaystyle\sum_{k=1}^{10}\left(\frac{1}{2}\right)^k$

풀이

(1) $3+6+9+\cdots+60=\displaystyle\sum_{k=1}^{20} 3k$

(2) $\dfrac{1}{2}+\dfrac{1}{2^2}+\dfrac{1}{2^3}+\cdots+\dfrac{1}{2^{10}}=\displaystyle\sum_{k=1}^{10}\left(\frac{1}{2}\right)^k$

02 정답 65

풀이

$\displaystyle\sum_{k=1}^{10}(a_k+1)^2=\sum_{k=1}^{10}\left\{(a_k)^2+2a_k+1\right\}$

$=\displaystyle\sum_{k=1}^{10}(a_k)^2+2\sum_{k=1}^{10}a_k+\sum_{k=1}^{10}1$

$=25+2\cdot15+10=65$

03 정답 71

풀이

$\displaystyle\sum_{k=1}^{10}ka_k=a_1+2a_2+3a_3+\cdots+10a_{10}=80$

$\displaystyle\sum_{k=1}^{10}ka_{k+1}=a_2+2a_3+3a_4+\cdots+10a_{11}=10$

위의 두 식에서

$a_1+a_2+a_3+\cdots+a_{10}-10a_{11}=70$

$\displaystyle\sum_{k=1}^{10}a_k-10a_{11}=70$ $\quad\therefore\ \displaystyle\sum_{k=1}^{10}a_k=70+10a_{11}$

$a_{11}=\dfrac{1}{10}$ 이므로 $\displaystyle\sum_{k=1}^{10}a_k=70+10\cdot\dfrac{1}{10}=71$

04 정답 (1) 20 $\qquad$ (2) 172

$\qquad\qquad\quad (3)$ 90 $\qquad$ (4) 649

풀이

(1) $\displaystyle\sum_{k=1}^{5}(k+1)=\sum_{k=1}^{5}k+\sum_{k=1}^{5}1=\frac{5\cdot6}{2}+5=20$

(2) $\displaystyle\sum_{k=1}^{8}(k+2)(k-2)$

$=\displaystyle\sum_{k=1}^{8}(k^2-4)=\sum_{k=1}^{8}k^2-\sum_{k=1}^{8}4$

$=\dfrac{8\cdot9\cdot17}{6}-32=172$

(3) $2+3+4+\cdots+13=(1+2+3+\cdots+13)-1$

$=\dfrac{13\cdot14}{2}-1=90$

(4) $2^2+3^2+4^2+\cdots+12^2$

$=(1^2+2^2+3^2+\cdots+12^2)-1^2$

$=\dfrac{12\cdot13\cdot25}{6}-1=649$

05 정답 (1) $\sqrt{n+1}-\sqrt{n}$

$\qquad\qquad\quad (2)$ 8

풀이

(1) $\dfrac{1}{\sqrt{n}+\sqrt{n+1}}=\dfrac{\sqrt{n}-\sqrt{n+1}}{n-(n+1)}$

$=-\left(\sqrt{n}-\sqrt{n+1}\right)=\sqrt{n+1}-\sqrt{n}$

(2) $\dfrac{1}{1+\sqrt{2}}+\dfrac{1}{\sqrt{2}+\sqrt{3}}+\dfrac{1}{\sqrt{3}+\sqrt{4}}$

$+\cdots+\dfrac{1}{\sqrt{80}+\sqrt{81}}$

$=(\sqrt{2}-1)+(\sqrt{3}-\sqrt{2})+(\sqrt{4}-\sqrt{3})$

$\qquad+\cdots+(\sqrt{81}-\sqrt{80})$

$=\sqrt{81}-1=8$

06 정답 2

풀이

$\displaystyle\sum_{k=1}^{99}\left\{\log(k+1)-\log k\right\}$

$=(\log 2-\log 1)+(\log 3-\log 2)$

$\qquad+(\log 4-\log 3)+\cdots+(\log 100-\log 99)$

$=\log 100-\log 1=2$

07 정답 220

풀이

$a_n=n(11-n)=11n-n^2$

$\therefore\ \displaystyle\sum_{k=1}^{10}a_k=\sum_{k=1}^{10}k(11-k)$

$$= 11\sum_{k=1}^{10} k - \sum_{k=1}^{10} k^2$$

$$= 11 \cdot \frac{10 \cdot 11}{2} - \frac{10 \cdot 11 \cdot 21}{6} = 220$$

08 **정답** (1) 515　　　　　(2) 1003

풀이

(1) 주어진 수열의 계차수열 $\{b_n\}$은

　　$1,\ 5,\ 9,\ 13,\ 17,\ \cdots$

　　$\therefore b_n = 4n-3$

따라서 주어진 수열의 일반항 a_n은

$$a_n = -1 + \sum_{k=1}^{n-1}(4k-3)$$

$$= -1 + 4 \cdot \frac{(n-1) \cdot n}{2} - 3(n-1)$$

$$= 2n^2 - 5n + 2$$

$$\therefore S_{10} = \sum_{k=1}^{10}(2k^2 - 5k + 2)$$

$$= 2 \cdot \frac{10 \cdot 11 \cdot 21}{6}$$

$$\quad - 5 \cdot \frac{10 \cdot 11}{2} + 20$$

$$= 515$$

(2) 주어진 수열의 계차수열 $\{b_n\}$은

　　$1,\ 2,\ 4,\ 8,\ 16,\ \cdots$

　　$\therefore b_n = 2^{n-1}$

따라서 주어진 수열의 일반항 a_n은

$$a_n = -1 + \sum_{k=1}^{n-1} 2^{k-1}$$

$$= -1 + \frac{2^{n-1}-1}{2-1} = 2^{n-1} - 2 \text{이므로}$$

구하는 합은

$$S_{10} = \sum_{k=1}^{10}(2^{k-1} - 2) = \frac{2^{10}-1}{2-1} - 20 = 1003$$

09 **정답** 36

풀이

각 군의 첫 번째 항으로 이루어진 수열을 $\{a_n\}$, 그 계차수열을 $\{b_n\}$이라 하면

$\{a_n\}:\ 1,\ 3,\ 7,\ 13,\ 21, \cdots$

$\{b_n\}:\ 2,\ 4,\ 6,\ 8,\ \cdots$이므로　$b_n = 2n$

$$\therefore a_n = a_1 + \sum_{k=1}^{n-1} b_k = 1 + \sum_{k=1}^{n-1} 2k$$

$$= 1 + 2 \cdot \frac{(n-1)n}{2}$$

$$= n(n-1) + 1$$

이 때, $a_{32} = 32 \cdot 31 + 1 = 993$이므로　999는 제32군의 수이다.

$$\therefore p = 32$$

각 군은 공차가 2인 등차수열을 이루므로

$$999 = 993 + (q-1) \cdot 2$$

$$\therefore q = 4$$

$$\therefore p + q = 32 + 4 = 36$$

10 **정답** 166

풀이

$$\left(\frac{1}{1}\right),\ \left(\frac{2}{1}, \frac{1}{2}\right),\ \left(\frac{3}{1}, \frac{2}{2}, \frac{1}{3}\right),\ \cdots,$$

$\left(\dfrac{n}{1}, \dfrac{n-1}{2}, \dfrac{n-2}{3}, \cdots, \dfrac{1}{n}\right),\ \cdots$으로 묶어서 생각하면, n번째 묶음에 속하는 항의 분자와 분모의 합은 $n+1$이 된다. 예를 들어, $\dfrac{q}{p}$는 $(p+q-1)$번째 묶음의 p번째 항이 된다.

$\dfrac{6}{13}$은 $6+13 = 19$이므로 18번째 묶음에 속하고 분모가 13이므로, 18번째 묶음의 13번째 항이 된다.

따라서 $\dfrac{6}{13}$은 (17번째 묶음까지의 항의 개수)+13번째 항이 된다. 이때, n번째 묶음의 항은 n개이므로

$$\sum_{k=1}^{17} k + 13 = \frac{17 \cdot 18}{2} + 13 = 153 + 13 = 166$$

11 **정답** ③

풀이

위에서 n번째 줄에는 n개의 자연수가 있으므로 첫 번째 줄에서 n번째 줄까지의 자연수의 개수는

$$\sum_{k=1}^{n} k = \frac{n(n+1)}{2}$$

$n=13$일 때, $\dfrac{13 \cdot 14}{2}=91$이므로

100은 위엣 14번째 줄에 있다.

이때 짝수 번째 줄은 왼쪽에서부터 1씩 증가하고, 14번째 줄의 맨 왼쪽의 수는 92이므로 100은 14번째 줄의 왼쪽에서 9번째 수이다.

따라서 $a=14$, $b=9$이므로 $a+b=23$

12 정답 ③

풀이

첫 번째 항의 수는 왼쪽에서부터 차례로

1^2, 2^2, 3^2, 4^2, $\cdots$이므로

1행 10열의 수는

$10^2=100$

1행 10열의 수부터 10행 10열의 수까지 1씩 작아지므로 3행 10열의 수는

$100-2=98$

문제 B형

01 정답 275

풀이

주어진 수열을 다음과 같이 분모가 같은 항을 하나의 군으로 묶어 보자.

제1군   제2군   제3군

$\left(\dfrac{1}{2},\ \dfrac{2}{2}\right)$, $\left(\dfrac{1}{3},\ \dfrac{2}{3},\ \dfrac{3}{3}\right)$, $\left(\dfrac{1}{4},\ \dfrac{2}{4},\ \dfrac{3}{4},\ \dfrac{4}{4}\right)$, $\cdots$,

제n군

$\left(\dfrac{1}{n+1},\ \dfrac{2}{n+1},\ \cdots,\ \dfrac{n}{n+1},\ \dfrac{n+1}{n+1}\right)$

제n군의 항의 개수가 $n+1$개이므로 제n군까지의 항의 총 개수는

$$\sum_{k=1}^{n}(k+1)=\frac{n(n+1)}{2}+n=\frac{n(n+3)}{2}$$

이 때,

$\dfrac{14(14+3)}{2}=119$, $\dfrac{15(15+3)}{2}=135$이므로

제 127항은 제15군의 8번째 항이다.

또한, 제n군의 모든 항의 합을 S_n이라 하면

$$S_n=\frac{1+2+3+\cdots+n+(n+1)}{n+1}$$

$$=\frac{\dfrac{(n+1)(n+2)}{2}}{n+1}=\frac{(n+1)(n+2)}{2(n+1)}$$

$$=\frac{n}{2}+1$$

$$\therefore\ S=\sum_{k=1}^{14}S_k+\frac{1+2+3+\cdots+8}{16}$$

$$=\sum_{k=1}^{14}\left(\frac{k}{2}+1\right)+\frac{1+2+3+\cdots+8}{16}$$

$$=\frac{1}{2}\times\frac{14\cdot 15}{2}+14+\frac{36}{16}=\frac{275}{4}$$

$$\therefore\ 4S=4\times\frac{275}{4}=275$$

02 정답 ③

풀이

$\displaystyle\sum_{k=1}^{n}a_k=n^2+3n$에서

$n=1$일 때, $\displaystyle\sum_{k=1}^{1}a_k=1^2+3\cdot 1=4$

$\therefore\ a_1=4$ $\cdots\cdots$ ㉠

$n\geq 2$일 때,

$$a_n=\sum_{k=1}^{n}a_k-\sum_{k=1}^{n-1}a_k$$

$$=(n^2+3n)-\{(n-1)^2+3(n-1)\}$$

$$=2n+2\ \cdots\cdots\ ㉡$$

㉠, ㉡에서 $a_n=2n+2$ $(n=1,\ 2,\ 3,\ \cdots)$

한편, $1+2+3+\cdots+n+1^1+2^2+3^2+\cdots+n^2$

$$=\sum_{k=1}^{n}k+\sum_{k=1}^{n}k^2$$

$$=\frac{n(n+1)}{2}+\frac{n(n+1)(2n+1)}{6}$$

$$=\frac{3n(n+1)+n(n+1)(2n+1)}{6}$$

$$=\frac{n(n+1)(n+2)}{3}$$

$$\therefore\ \frac{a_1}{1+1^2}+\frac{a_2}{1+2+1^2+2^2}+\frac{a_3}{1+2+3+1^2+2^2+3^2}$$

$$+\cdots+\frac{a_{10}}{1+2+3+\cdots+10+1^2+2^2+3^2+\cdots+10^2}$$

$$= \sum_{k=1}^{10} \frac{\dfrac{2k+2}{k(k+1)(k+2)}}{3} = \sum_{k=1}^{10} \frac{6(k+1)}{k(k+1)(k+2)}$$

$$= 6\sum_{k=1}^{10} \frac{1}{k(k+2)} = 3\sum_{k=1}^{10}\left(\frac{1}{k}-\frac{1}{k+2}\right)$$

$$= 3\left\{\left(\frac{1}{1}-\frac{1}{3}\right)+\left(\frac{1}{2}-\frac{1}{4}\right)+\left(\frac{1}{3}-\frac{1}{5}\right)+\cdots\right.$$

$$\left.+\left(\frac{1}{9}-\frac{1}{11}\right)+\left(\frac{1}{10}-\frac{1}{12}\right)\right\}$$

$$= 3\left(1+\frac{1}{2}-\frac{1}{11}-\frac{1}{12}\right) = \frac{175}{44}$$

03 **정답** 59개

풀이

n번째 도형에 그려진 정사각형의 개수를 a_n이라 하면

$a_1 = 1$

$a_2 = 1+4$

$a_3 = 1+4+7$

$a_4 = 1+4+7+10$

$\vdots$

a_n의 계차수열 b_n은 $b_n = 3n+1$이므로

$$a_n = a_1 + \sum_{k=1}^{n-1} b_k = 1 + \sum_{k=1}^{n-1}(3k+1)$$

$$= 1 + 3\times \frac{n(n-1)}{2} + n - 1 = \frac{1}{2}n(3n-1)$$

$$a_n = \frac{1}{2}n(3n-1) = 1335$$

$$n(3n-1) = 2670$$

$$3n^2 - n - 2670 = 0$$

$$(n-30)(3n+89) = 0$$

$$\therefore n = 30 \ (\because n>0)$$

04 **정답** ①

풀이

각 행의 1열에 있는 수를 차례로 수열 $\{a_n\}$으로 나타내면 $\{a_n\}$은

$1,\ 2,\ 5,\ 10,\ 17,\ \cdots$

수열 $\{a_n\}$의 계차수열을 $\{b_n\}$이라 하면

$b_n = 2n - 1$

$$\therefore a_n = a_1 + \sum_{k=1}^{n-1} b_k = 1 + \sum_{k=1}^{n-1}(2k-1)$$

$$= 1 + n(n-1) - (n-1)$$

$$= n^2 - 2n + 2$$

$a_{10} = 82,\ a_{11} = 101,\ a_{12} = 122$ 이므로

110 은 11 행의 10 번째 수이다.

110 의 위에 있는 수는

10 행의 10 번째 수이므로 $a = 82 + 9 = 91$,

110 의 아래에 있는 수는

12 행의 10 번째 수이므로 $b = 122 + 9 = 131$

이다.

$$\therefore b - a = 131 - 91 = 40$$

05 **정답** 29

$$A_n\left(n,\ \frac{1}{n}\right),\ B_n\left(n, \frac{1}{n+1}\right),$$

$$C_n\left(n+1,\ \frac{1}{n+2}\right),\ D_n\left(n+1, \frac{1}{n+1}\right)\text{이고}$$

사각형 $A_n B_n C_n D_n$은 사다리꼴이므로 넓이 S_n은

$$S_n = \frac{1}{2}\left\{\left(\frac{1}{n}-\frac{1}{n+1}\right)+\left(\frac{1}{n+1}-\frac{1}{n+2}\right)\right\}\times 1$$

$$= \frac{1}{2}\left(\frac{1}{n}-\frac{1}{n+2}\right)$$

$$\sum_{k=1}^{8} = \frac{1}{2}\left\{\left(\frac{1}{1}-\frac{1}{3}\right)+\left(\frac{1}{2}-\frac{1}{4}\right)+\left(\frac{1}{3}-\frac{1}{5}\right)+\cdots\right.$$

$$\left.+\left(\frac{1}{7}-\frac{1}{9}\right)+\left(\frac{1}{8}-\frac{1}{10}\right)\right\}$$

$$= \frac{1}{2}\left(\frac{1}{1}+\frac{1}{2}-\frac{1}{9}-\frac{1}{10}\right)$$

$$= \frac{29}{45}$$

$$\therefore 45\sum_{k=1}^{8} S_k = 29$$

06 **정답** ①

풀이

수열 $\{a_n\}$의 계차수열의 일반항을 b_n이라 하면 조건 (나)에 의하여

$$b_n = \sum_{k=1}^{n}(-1)^k \cdot k$$

$$= -1 + 2 - 3 + 4 - 5 + \cdots + (-1)^n \cdot n$$

$$\therefore b_{2n} = (-1+2)+(-3+4)+\cdots+(-2n+1+2n)$$
$$= 1+1+\cdots+1 = n$$
$$\therefore b_{2n-1} = b_{2n}-2n = -n$$

따라서 자연수 n에 대하여

$$a_{2n} = a_1 + \sum_{k=1}^{2n-1} b_k$$
$$= 1+(-1+1-2+2-\cdots-n) = 1-n$$
$$a_{2n-1} = a_1 + \sum_{k=1}^{2n-2} b_k$$
$$= 1+\{-1+1-2+2-\cdots+(n-1)\} = 1$$

이므로

$$\sum_{k=1}^{30} a_k = 1-0+1-1+1-2+\cdots-13+1-14$$
$$= 15\times 1 - (0+1+2+3+\cdots+14)$$
$$= 15 - \frac{14\cdot 15}{2} = 15-105 = -90$$

07 정답 610

풀이

$_1A_1 = 1,\ _2A_1 = 2,\ _3A_1 = 3,\ \cdots$ 이므로

$$_kA_1 = k$$

한편, $_1A_1 = 1,\ _2A_2 = 3,\ _3A_3 = 5,\ \cdots$ 이므로

수열 $\{_nA_n\}$은 첫째항이 1이고 공차가 2인 등차수열이다.

$$\therefore\ _kA_k = 1+(k-1)\cdot 2 = 2k-1$$
$$\therefore \sum_{k=1}^{20}\left(_kA_1 + {}_kA_k\right) = \sum_{k=1}^{20}\{k+(2k-1)\}$$
$$= \sum_{k=1}^{20}(3k-1)$$
$$= 3\cdot\frac{20\cdot 21}{2}-20 = 610$$

08 정답 ②

풀이

다음 표에서 첫 번째 행의 수를 차례대로 $a_1,\ a_2,\ a_3,\ \cdots$ 라 하자.

1	3	7	13	⋯
1	2	6	12	⋯
3	4	5	11	⋯
7	8	9	10	⋯
13	14	⋯		
⋮				

즉,

수열 $\{a_n\}$은 1, 3, 7, 13, 21, ⋯ 이고,

수열 $\{a_n\}$의

계차수열 $\{b_n\}$은 2, 4, 6, 8, ⋯ 이므로

$$b_n = 2n$$
$$a_n = 1 + \sum_{k=1}^{n-1} 2k = (n-1)n+1 = n^2-n+1$$

또한 위에서 네 번째 줄의 왼쪽에서 10 번째 칸에 있는 수는 a_{10} 보다 3 만큼 작은 수이다. 따라서 구하는 수는

$$a_{10}-3 = (10^2-10+1)-3 = 88$$

Ⅲ. 수열과 수열의 극한
3. 수학적 귀납법

문제 A형

01 정답 (가) 1
　　　　(나) $\dfrac{1}{(2k+1)(2k+3)}$
　　　　(다) $k+1$

02 정답 ①

03 정답 (가) 2
　　　　(나) $(k+4)$
　　　　(다) $k+1$

04 정답 ③

05 정답 (1) $a_n = 2n^2-2n+1$
　　　　(2) $a_n = \dfrac{(n+1)(n+2)}{6}$
　　　　(3) $a_n = \dfrac{3^{n-1}+1}{2}$
　　　　(4) $a_n = \dfrac{3^{n-1}+3}{2}$

풀이

(1) n에 1, 2, 3, ⋯을 차례로 대입하면
$$a_2 = a_1 + 4\cdot 1 = 1+4 = 5$$

$$a_3 = a_2 + 4 \cdot 2 = 5 + 8 = 13$$
$$a_4 = a_3 + 4 \cdot 3 = 13 + 12 = 25$$
$$\vdots$$

이므로 주어진 수열의 계차수열 $\{b_n\}$은

$$4, \ 8, \ 12, \ \cdots \qquad \therefore b_n = 4n$$

$$\therefore a_n = 1 + \sum_{k=1}^{n-1} 4k$$

$$= 1 + 4 \cdot \frac{n(n-1)}{2} = 2n^2 - 2n + 1$$

(2) $a_{n+1} = \dfrac{n+3}{n+1} a_n$ 의 양변에

n 대신 $1, \ 2, \ 3, \ \cdots n-1$ 을 차례로 대입하여 변변 곱하면

$$a_n = \frac{4}{2} \cdot \frac{5}{3} \cdot \frac{6}{4} \cdots \frac{n+1}{n-1} \cdot \frac{n+2}{n} \cdot a_1$$

$$= \frac{(n+1)(n+2)}{2 \cdot 3} \cdot 1$$

$$= \frac{(n+1)(n+2)}{6}$$

(3) n에 $1, \ 2, \ 3, \ \cdots$을 차례로 대입하면

$$a_2 = 3a_1 - 1 = 3 - 1 = 2$$
$$a_3 = 3a_2 - 1 = 6 - 1 = 5$$
$$a_4 = 3a_3 - 1 = 15 - 1 = 14$$
$$\vdots$$

이므로 주어진 수열의 계차수열 $\{b_n\}$은

$$1, \ 3, \ 9, \ \cdots \qquad \therefore b_n = 3^{n-1}$$

$$\therefore a_n = 1 + \sum_{k=1}^{n-1} 3^{k-1}$$

$$= 1 + \frac{3^{n-1} - 1}{3 - 1} = \frac{3^{n-1} + 1}{2}$$

(4) $a_{n+2} - 4a_{n+1} + 3a_n = 0$을 변형하면

$a_{n+2} - a_{n+1} = 3(a_{n+1} - a_n)$이므로 주어진 수열의 계차수열을 $\{b_n\}$이라고 하면

$$b_1 = a_2 - a_1 = 3 - 2 = 1$$
$$b_{n+1} = 3b_n \qquad \therefore b_n = 1 \cdot 3^{n-1} = 3^{n-1}$$

$$\therefore a_n = 2 + \sum_{k=1}^{n-1} 3^{k-1}$$

$$= 2 + \frac{3^{n-1} - 1}{3 - 1} = \frac{3^{n-1} + 3}{2}$$

06 **정답** 90

풀이

주어진 식에서

$$a_2 = 4a_1, \ \ a_3 = 4^2 a_2, \ \ a_4 = 4^3 a_3, \cdots$$

$$\therefore a_n = 4^{n-1} a_{n-1}$$

위의 식에서 $a_n = 4^{1+2+3+\cdots+(n-1)} a_1 = 2^{n(n-1)}$

따라서 $\log_2 a_{100} = \log_2 2^{90} = 90$

07 **정답** ⑤

풀이

$$a_{n+1} = 2a_n + 3$$
$$a_{n+1} + 3 = 2(a_n + 3)$$
$$\therefore a_n = 4 \cdot 2^{n-1} - 3 = 2^{n+1} - 3 > 1000$$

그런데 $2^9 = 512, \ 2^{10} = 1024$이므로

$$n+1 \geq 10 \qquad \therefore n \geq 9$$

따라서 $a_n > 1000$을 만족시키는 자연수 n의 최솟값은 9이다.

08 **정답** ③

풀이

n시간 후의 세균의 수를 a_n이라 하면

$$a_1 = 2(30 - 2) = 56$$
$$a_{n+1} = 2(a_n - 2)$$
$$\therefore \ a_{n+1} - 4 = 2(a_n - 4)$$

따라서 수열 $\{a_n - 4\}$는 첫째항 $a_1 - 4 = 52$이고, 공비가 2인 등비수열이다.

$a_n - 4 = 52$이고, 공비가 2인 등비수열이다.

$$a_n - 4 = 52 \cdot 2^{n-1} = 26 \cdot 2^n$$
$$\therefore \ a_n = 26 \cdot 2^n + 4$$

$26 \cdot 2^n + 4 > 2500$에서 $2^n > 96$

이때 $2^6 < 96 < 2^7$이므로 $n \geq 7$

따라서 세균의 수가 처음으로 2500마리를 넘는 것은 7시간 후이다.

09 **정답** ⑤

풀이

n회 반복하고 난 후의 색종이의 수를 a_n이라 하면

$$a_1 = (7-2) \cdot 2 = 10$$

$$a_{n+1} = 2(a_n - 2) \quad \therefore \ a_{n+1} - 4 = 2(a_n - 4)$$

따라서 수열 $\{a_n - 4\}$는 공비가 2인 등비수열이고 첫째항은 $a_1 - 4 = 6$이므로

$$a_n - 4 = 6 \cdot 2^{n-1} = 3 \cdot 2^n$$

$$\therefore \ a_n = 3 \cdot 2^n + 4$$

01 정답 ④

풀이

$$S_n = 1 - (n+1)a_n \ \cdots\cdots \ \bigcirc$$

$$S_{n-1} = 1 - na_{n-1} \ \cdots\cdots \ \bigcirc$$

$\bigcirc$에서 $S_1 = 1 - 2a_1$이고 $S_1 = a_1$이므로

$$a_1 = 1 - 2a_1 \quad \therefore \ a_1 = \frac{1}{3}$$

$\bigcirc - \bigcirc$에서 $S_n - S_{n-1} = a_n$이므로

$$a_n = na_{n-1} - (n+1)a_n, \ (n+2)a_n = na_{n-1}$$

$$\therefore \ a_n = \frac{n}{n+2}a_{n-1} \ (n = 2, \ 3, \ 4, \ \cdots)$$

즉, $\quad a_2 = \dfrac{2}{4}a_1, \quad a_3 = \dfrac{3}{5}a_2, \quad a_4 = \dfrac{4}{6}a_3, \quad \cdots,$

$$a_{n-1} = \frac{n-1}{n+1}a_{n-2}, \ a_n = \frac{n}{n+1}a_{n-1}$$이므로

좌변은 좌변끼리, 우변은 우변끼리 곱하면

$$a_2 \times a_3 \times a_4 \times \cdots \times a_{n-1} \times a_n$$

$$= \frac{2}{4} \cdot \frac{3}{5} \cdot \frac{4}{6} \cdot \frac{5}{7} \cdots$$

$$\frac{n-1}{n+1} \cdot \frac{n}{n+2} a_1 \times a_2 \times a_3 \times \cdots \times a_{n-2} \times a_{n-1}$$

$$\therefore \ a_n = \frac{6a_1}{(n+1)(n+2)} = \frac{2}{(n+1)(n+2)}$$

$$\left(\because a_1 = \frac{1}{3} \right)$$

$$\therefore \ \sum_{k=1}^{10} \frac{1}{a_k} = \sum_{k=1}^{10} \frac{(k+1)(k+2)}{2}$$

$$= \frac{1}{2} \sum_{k=1}^{10} (k^2 + 3k + 2)$$

$$= \frac{1}{2} \left(\frac{10 \cdot 11 \cdot 21}{6} + 3 \times \frac{10 \cdot 11}{2} + 20 \right) = 285$$

02 정답 78

풀이

$a_n a_{n+1} = 2a_n - 1$에서 $a_{n+1} = 2 - \dfrac{1}{a_n}$이므로

$$a_1 = 5 = 1 + \frac{4}{1}$$

$$a_2 = 2 - \frac{1}{a_1} = 2 - \frac{1}{5} = \frac{9}{5} = 1 + \frac{4}{5}$$

$$a_3 = 2 - \frac{1}{a_2} = 2 - \frac{5}{9} = \frac{13}{9} = 1 + \frac{4}{9}$$

$$a_4 = 2 - \frac{1}{a_3} = 2 - \frac{9}{13} = \frac{17}{13} = 1 + \frac{4}{13}$$

$$\vdots$$

$$\therefore \ a_n = 1 + \frac{4}{1 + (n-1) \cdot 4} = 1 + \frac{4}{4n-3}$$

$$(n = 1, \ 2, \ 3, \ \cdots)$$

$$\therefore \ a_{10} = 1 + \frac{4}{4 \times 10 - 3} = \frac{41}{37}$$

따라서 $p = 37$, $q = 41$이므로 $p + q = 78$

03 정답 ③

풀이

(i) $n = 1$일 때,

$$P_1 = 2^{1^2} = 2, \ a_1 = 2^{2 \cdot 1 - 1} = 2$$이므로 성립한다.

(ii) $n = k$ (k는 자연수)일 때,

$$a_k = 2^{2k-1}$$이라 가정하면

$$P_{k+1} = P_k \times \boxed{a_{k+1}}$$에서

$$\boxed{a_{k+1}} = \frac{p_{k+1}}{p_k} = \frac{2^{(k+1)^2}}{2^{k^2}}$$

$$= 2^{(k+1)^2 - k^2} = 2^{\boxed{2k+1}} = 2^{2(k+1)-1}$$

이므로 $n = k+1$일 때도 성립한다.

(i), (ii)에서 모든 자연수 n에 대하여 $a_n = 2^{2n-1}$이다.

04 정답 8

풀이

(i) $n = 2$일 때, $2^3 - 2 = 6$은 6의 배수이다.

(ii) $n = k$ $(k \geq 2)$일 때, $k^3 - k$가 6의 배수라 가정하면

$n=k+1$일 때

$(k+1)^3-(k+1)$

$=(k^3+3k^2+3k+1)-(k+1)$

$=k^3+3k^2+2k$

$=k^3-k+3k^2+3k$

$=(\boxed{k^3-k})+3\times(\boxed{k^2+k})$

이 때, k^3-k, $3(k^2+k)$는 모두 6의 배수이므로 $(k+1)^3-(k+1)$도 6의 배수이다. 따라서 $n=k+1$일 때도 n^3-n은 6의 배수이다.

(i), (ii)에서 $n\geq2$인 모든 자연수 n에 대하여 n^3-n은 6의 배수이다.

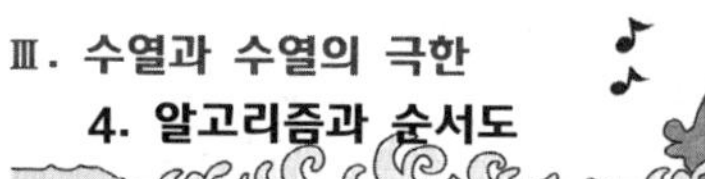

Ⅲ. 수열과 수열의 극한
4. 알고리즘과 순서도

문제 A형

01 **정답** 420

풀이

n, S의 값의 변화를 표로 나타내면 다음과 같다.

n	1	2	3	4	$\cdots$	20
S	$2\cdot1$	$2+2\cdot2$	$2+2\cdot2$ $+2\cdot3$	$2+2\cdot2+$ $2\cdot3+2\cdot4$	$\cdots$	$2+2\cdot2+2\cdot3$ $+\cdots+2\cdot20$

따라서 인쇄되는 S의 값은

$2+2\cdot2+2\cdot3+\cdots+2\cdot20$

$=\sum_{k=1}^{20}2k=2\times\dfrac{20(20+1)}{2}=420$

02 **정답** ③

풀이

n	1	2	3	4	$\cdots$
S	1	$1+3$	$1+3+5$	$1+3+5+7$	$\cdots$

이므로 $n=k$일 때 S의 값은

$S=\dfrac{k\{2+(k-1)\cdot2\}}{2}=k(1+k-1)=k^2$

따라서 $n=20$일 때 $S=20^2=400$

03 **정답** ④

풀이

n	1	2	3	4	$\cdots$
a	0	10	20	30	$\cdots$
S	0	10	$10+20$	$10+20+30$	$\cdots$

$n=k$일 때

$S=10+20+30+\cdots+(k-1)\cdot10$

$=10\{1+2+3+\cdots+(k-1)\}$

$=10\cdot\dfrac{(k-1)\cdot k}{2}=5k(k-1)$

조건에서 $S\geq500$이므로

$S=5k(k-1)\geq500$, $k(k-1)\geq100$

그런데 $10\cdot9=90$, $11\cdot10=110$이므로 인쇄되는 k의 값, 즉 n의 값은 11이다.

04 **정답** 13

풀이

n, S의 값의 변화를 표로 나타내면 다음과 같다.

n	1	2	3	4	$\cdots$	k
S	2	$2+4$	$2+4$ $+6$	$2+4$ $+6+8$	$\cdots$	$2+4+6$ $+\cdots+2k$

그러므로 $n=k$일 때의 S의 값은

$2+4+6+8+\cdots+2k$

$=\sum_{i=1}^{k}2i=2\times\dfrac{k(k+1)}{2}=k^2+k$

$k^2+k-210=0$

$\therefore k=14$ ($\because k$는 자연수)

따라서 구하는 자연수 a의 값은 13이다.

05 **정답** ③

풀이

루프가 반복되려면 (내)에 $n\leftarrow n+1$이 있어야 한다. $S\leftarrow S+n$이므로 (개)가 $n\leftarrow0$이어야 $S=1$부터 시작한다. (대)가 $n<10$이어야 $n=10$일 때 S를 인쇄할 수 있다.

01 정답 33

풀이

N, A, B, C의 값의 변화 과정을 표로 나타내면 다음과 같다.

N	A	B	C
0	$0+10^0=1$	1	1
1	$1+10^1=11$	2	$1+2$
2	$11+10^2=111$	0	$1+2+0$
3	$111+10^3=1111$	1	$1+2+0+1$
4	11111	2	$1+2+0+1+2$
5	111111	0	$1+2+0+1+2+0$
⋮	⋮	⋮	⋮
31	$111\cdots111$	2	$10(1+2+0)+1+2=33$

따라서 인쇄되는 C의 값은 33이다.

02 정답 24

풀이

A, B, n의 값의 변화를 표로 나타내면 다음과 같다.

A	B	n
769	31	0
$738=769-31$	31	1
$707=769-31\times2$	31	2
$676=769-31\times3$	31	3
⋮	⋮	⋮
$25=769-31\times24$	31	24

따라서 인쇄되는 n의 값은 24이다.

03 정답 588

풀이

순서도에서 n, a, $\left[\dfrac{a}{4}\right]$의 값을 차례로 쓰면 다음과 같다.

n	1	2	3	4	5	6	7	8	9
a	0	1	1	2	2	3	3	4	4
$\left[\dfrac{a}{4}\right]$	0	0	0	0	0	0	0	1	1

n	10	⋯	95	96	97	98	99	100
a	5	⋯	47	48	48	49	49	50
$\left[\dfrac{a}{4}\right]$	1	⋯	11	12	12	12	12	12

따라서 인쇄되는 S의 값은

$8(1+2+3+\cdots+11)+5\cdot12$

$=8\cdot\dfrac{11\cdot12}{2}+60=588$

04 정답 73

풀이

N, A의 값의 변화 과정을 표로 나타내면 다음과 같다.

A	N
3	0
0	1
$0+3\cdot1+1=4$ $(4=3\cdot1+1)$	
1	$1+1=2$
$1+3\cdot2+1=8$ $(8=3\cdot2+2)$	
2	$2+2=4$
$2+3\cdot4+1=15$ $(15=3\cdot5+0)$	
0	$4+5=9$
$0+3\cdot9+1=28$ $(28=3\cdot9+1)$	
1	$9+9=18$
$1+3\cdot18+1=56$ $(56=3\cdot18+2)$	
2	$18+18=36$
$2+3\cdot36+1=111$ $(111=3\cdot37+0)$	
0	$36+37=73$
$0+3\cdot73+1=220$	종료

따라서 인쇄되는 N의 값은 73이다.

문제 A형

01 **정답** (1) $\dfrac{3}{2}$　　(2) $\dfrac{1}{4}$

　　(3) $\dfrac{1}{2}$　　(4) $\dfrac{4}{3}$

풀이

(1) $\displaystyle\lim_{n\to\infty}\dfrac{3n^2+n-1}{2n^2-3n+5}=\lim_{n\to\infty}\dfrac{3+\dfrac{1}{n}-\dfrac{1}{n^2}}{2-\dfrac{3}{n}+\dfrac{5}{n^2}}=\dfrac{3}{2}$

(2) $\displaystyle\lim_{n\to\infty}\left(\sqrt{4n^2+n}-2n\right)$

$\displaystyle=\lim_{n\to\infty}\dfrac{n}{\sqrt{4n^2+n}+2n}=\dfrac{1}{4}$

(3) $\displaystyle\lim_{n\to\infty}\sqrt{n}\left(\sqrt{n+1}-\sqrt{n}\right)$

$\displaystyle=\lim_{n\to\infty}\dfrac{\sqrt{n}}{\sqrt{n+1}+\sqrt{n}}=\dfrac{1}{2}$

(4) $1+5+9+\cdots+(4n-3)$

$\displaystyle=\sum_{k=1}^{n}(4k-3)$

$=4\cdot\dfrac{n(n+1)}{2}-3n=2n^2-n$

$1+4+7+\cdots+(3n-2)$

$\displaystyle=\sum_{k=1}^{n}(3k-2)=3\cdot\dfrac{n(n+1)}{2}-2n$

$=\dfrac{3n^2-n}{2}$

$\therefore$ (주어진 식)

$\displaystyle=\lim_{n\to\infty}\dfrac{2n^2-n}{\dfrac{3n^2-n}{2}}=\lim_{n\to\infty}\dfrac{4n^2-2n}{3n^2-n}$

$\displaystyle=\lim_{n\to\infty}\dfrac{3-\dfrac{2}{n}}{3-\dfrac{1}{n}}=\dfrac{4}{3}$

02 **정답** ①

풀이

$$\dfrac{an^3+2n^2-1}{b(n-1)^2}=\dfrac{an+2-\dfrac{1}{n^2}}{b-\dfrac{2b}{n}+\dfrac{b}{n^2}}=\dfrac{2}{b}=-1$$

$a\neq0$이면

주어진 수열이 발산하므로 $a=0$, 따라서

$$\lim_{n\to\infty}\dfrac{2-\dfrac{1}{n^2}}{b-\dfrac{2b}{n}+\dfrac{b}{n^2}}=\dfrac{2}{b}=-1$$이므로 $b=-2$

$\therefore a+b=0+(-2)=-2$

03 **정답** 8

풀이

$(n^2+4n+3)a_n=b_n$이라 놓으면

$a_n=\dfrac{b_n}{n^2+4n+3}$이고, $\displaystyle\lim_{n\to\infty}b_n=4$이다.

$\therefore \displaystyle\lim_{n\to\infty}(2n^2+3n)a_n$

$\displaystyle=\lim_{n\to\infty}\left(\dfrac{2n^2+3}{n^2+4n+3}\cdot b_n\right)$

$\displaystyle=\lim_{n\to\infty}\dfrac{2+\dfrac{3}{n^2}}{1+\dfrac{4}{n}+\dfrac{3}{n^2}}\cdot\lim_{n\to\infty}b_n$

$=\dfrac{2+0}{1+0+0}\cdot4=8$

04 **정답** $\dfrac{1}{3}$

풀이

조건에 의하여 $\dfrac{n+1}{3n+2}\leq a_n\leq\dfrac{n+1}{3n+1}$

그런데 $\displaystyle\lim_{n\to\infty}\dfrac{n+1}{3n+2}=\dfrac{1}{3}$, $\displaystyle\lim_{n\to\infty}\dfrac{n+1}{3n+1}=\dfrac{1}{3}$

$\therefore \displaystyle\lim_{n\to\infty}a_n=\dfrac{1}{3}$

05 **정답** $\dfrac{1}{2}$

풀이

$\sqrt{n^2}<\sqrt{n^2+n+1}<\sqrt{(n+1)^2}$이므로

$\sqrt{n^2+n+1}$의 정수 부분은 n이다.

$$\therefore \lim_{n\to\infty}a_n=\lim_{n\to\infty}\left(\sqrt{n^2+n+1}-n\right)$$

$$=\lim_{n\to\infty}\frac{n+1}{\sqrt{n^2+n+1}+n}=\frac{1}{2}$$

06 **정답** ①

풀이

$$\lim_{n\to\infty}\frac{4^{n+2}}{2^{n+1}-4^n}$$

$$\lim_{n\to\infty}=\lim_{n\to\infty}\frac{4^2\cdot 4^n}{2\cdot 2^n-4^n}=\lim_{n\to\infty}\frac{4^2}{2\cdot\left(\frac{1}{2}\right)^2-1}=-16$$

07 **정답** $-1<x<2$

풀이

공비가 $\dfrac{x-x^2}{2}$ 이므로

주어진 무한등비수열이 수렴하려면

$$-1<\frac{x-x^2}{2}\le 1,\ -2<x-x^2\le 2$$

(i) $-2<x-x^2$, 즉 $x^2-x-2<0$에서

$$(x+1)(x-2)<0$$

$$\therefore -1<x<2$$

(ii) $x-x^2\le 2$, 즉 $x^2-x+2\le 0$에서

$$x^2-x+2=\left(x-\frac{1}{2}\right)^2+\frac{7}{4}>0$$

이므로 항상 성립한다.

(i), (ii)에서 $-1<x<2$

08 **정답** -1

풀이

$$f\left(\frac{1}{2}\right)=\lim_{n\to\infty}\frac{\left(\frac{1}{2}\right)^{n+1}+3}{\left(\frac{1}{2}\right)^n-1}=-3$$

$$f(2)=\lim_{n\to\infty}\frac{2^{n+1}+3}{2^n-1}=\lim_{n\to\infty}\frac{2+\frac{3}{2^n}}{1-\frac{1}{2^n}}=2$$

$$\therefore f\left(\frac{1}{2}\right)+f(2)=-3+2=-1$$

09 **정답** $\dfrac{3}{2}$

풀이

점 P_n의 y좌표는 $2-y=\dfrac{n+2}{3n}y$에서

$$\left(\frac{n+2}{3n}+1\right)y=2 \qquad \therefore y=\frac{3n}{2n+1}$$

$$\therefore S_n=\frac{1}{2}\times 2\times\frac{3n}{2n+1}=\frac{3n}{2n+1}$$

따라서 $\lim_{n\to\infty}S_n=\lim_{n\to\infty}\dfrac{3n}{2n+1}=\dfrac{3}{2}$

10 **정답** ②

풀이

$P_n\left(\dfrac{1}{n},\ \dfrac{1}{n^2}\right)$이므로 직선 OP_n의 기울기는 $\dfrac{1}{n}$

이다.

$Q(0,\ a_n)$으로 놓으면 직선 P_nQ_n의 기울기는 $-n$이므로 직선 P_nQ_n의 방정식은

$$y=-n\left(x-\frac{1}{n}\right)+\frac{1}{n^2}=-nx+1+\frac{1}{n^2}$$

따라서 직선 P_nQ_n의 y절편이 $1+\dfrac{1}{n^2}$이므로

$$a_n=1+\frac{1}{n^2}$$

$$\therefore \lim_{n\to\infty}a_n=\lim_{n\to\infty}\left(1+\frac{1}{n^2}\right)=1$$

문제 B형

01 **정답** ⑤

풀이

등차수열 $\{a_n\}$의 공차를 d라 하면

$$a_n=a_1+(n-1)d$$

$$S_n=\frac{n\{2a_1+(n-1)d\}}{2}$$

$$\therefore \lim_{n\to\infty}\frac{a_n{}^2}{S_n}=\lim_{n\to\infty}\frac{2\{a_1+(n-1)d\}^2}{n\{2a_1+(n-1)d\}}$$

$$=\lim_{n\to\infty}\frac{2\left\{\frac{a_1}{n}+\left(1-\frac{1}{n}\right)d\right\}^2}{\left\{\frac{2a_1}{n}+\left(1-\frac{1}{n}\right)d\right\}}=2d$$

이때, $2d=6$이므로 $d=3$

$$\therefore\ S_{10}-10a_1=\frac{10(2a_1+9d)}{2}-10a_1$$
$$=45d=45\times3=135$$

02 정답 ③

풀이

$$12^{-n}(4\sin\theta)^{2n}=\left\{\frac{(4\sin\theta)^2}{12}\right\}^n=\left(\frac{4\sin^2\theta}{3}\right)^n$$

이므로 주어진 수열의 공비는 $\dfrac{4\sin^2\theta}{3}$ 이고

이 수열이 수렴하기 위해서는

$$-1<\frac{4\sin^2\theta}{3}\le1,\ 0\le\sin^2\theta\le\frac{3}{4}$$

$$\therefore\ -\frac{\sqrt{3}}{2}\le\sin\theta\le\frac{\sqrt{3}}{2}$$

이때, $0\le\theta\le\dfrac{\pi}{2}$ 이므로 θ값의 범위는

$$\therefore\ 0\le\theta\le\frac{\pi}{3}$$

즉, $\alpha=0,\ \beta=\dfrac{\pi}{3}$ 이므로 $\alpha+\beta=\dfrac{\pi}{3}$

03 정답 ③

풀이

주어진 점화식을 변형하면

$$a_{n+2}-a_{n+1}=2(a_{n+1}-a_n)\ \cdots\ \bigcirc$$

이때, $b_n=a_{n+1}-a_n$으로 놓으면

$\bigcirc$은 $b_{n+1}=2b_n$이므로

$$b_n=b_1\times2^{n-1}=(a_2-a_1)\times2^{n-1}=3\times2^{n-1}$$

$$\therefore\ a_n=a_1+\sum_{k=1}^{n-1}b_k=1+3\sum_{k=1}^{n-1}2^{k-1}$$

$$=1+3\times\frac{2^{n-1}-1}{2-1}=3\times2^{n-1}-2$$

$$\therefore\ \lim_{n\to\infty}\frac{a_n}{2^n+3}=\lim_{n\to\infty}\frac{3\times2^{n-1}-2}{2^n+3}$$

$$=\lim_{n\to\infty}\frac{\dfrac{3}{2}-\dfrac{2}{2^n}}{1+\dfrac{3}{2^n}}=\frac{3}{2}$$

04 정답 ①

풀이

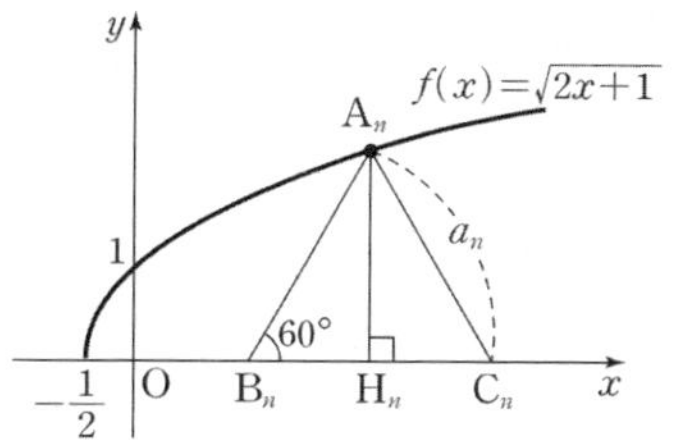

점 $A_n(n,\ \sqrt{2n+1})$에서 x축 위에 내린 수선의 발을 H_n이라 하고, 정삼각형 $A_nB_nC_n$의 한 변의 길이를 a_n이라 하면

$$a_n=\frac{\overline{A_nB_n}}{\sin60°}=\frac{\sqrt{2n+1}}{\dfrac{\sqrt{3}}{2}}=\frac{2\sqrt{6n+3}}{3}$$

$$s_n=\frac{\sqrt{3}}{4}a_n{}^2=\frac{\sqrt{3}}{4}\times\frac{4(6n+3)}{9}=\frac{\sqrt{3}(2n+1)}{3}$$

$$\therefore\ S_n=\sum_{k=1}^{n}s_k=\frac{\sqrt{3}}{3}\sum_{k=1}^{n}(2k+1)$$

$$=\frac{\sqrt{3}}{3}\left\{2\times\frac{n(n+1)}{2}+n\right\}=\frac{\sqrt{3}}{3}(n^2+2n)$$

$$\therefore\ \lim_{n\to\infty}\frac{S_n}{n(n+1)}=\frac{\sqrt{3}}{3}\lim_{n\to\infty}\frac{n^2+2n}{n(n+1)}$$

$$=\frac{\sqrt{3}}{3}\lim_{n\to\infty}\frac{1+\dfrac{2}{n}}{1+\dfrac{1}{n}}=\frac{\sqrt{3}}{3}$$

05 정답 ①

풀이

$$f_n(x)=x^2-\frac{1}{n(n+1)}x-\frac{1}{n(n+1)}$$
$$=x^2-\left(\frac{1}{n}-\frac{1}{n+1}\right)x-\frac{1}{n(n+1)}$$
$$=\left(x-\frac{1}{n}\right)\left(x+\frac{1}{n+1}\right)$$

방정식 $f_n(x)=0$의 근은

$\dfrac{1}{n}$ 또는 $-\dfrac{1}{n+1}$ 이다.

방정식 $f_1(x)f_2(x)\cdots f_n(x)=0$의 근은

$$1,\ -\frac{1}{2},\ \frac{1}{2},\ -\frac{1}{3},\ \cdots,\ \frac{1}{n},\ -\frac{1}{n+1}\ \text{이므로}$$

$$a_n=1-\frac{1}{2}+\frac{1}{2}-\frac{1}{3}+\cdots+\frac{1}{n}-\frac{1}{n+1}=1-\frac{1}{n+1}$$

$$\therefore\ \lim_{n\to\infty}a_n=1$$

06 정답 ④

풀이

주어진 조건으로부터 $\theta_1 = 30°$

θ_2는 $\triangle A_0 A_1 A_2$의 외각이므로

$$\theta_2 = 60° + \frac{\theta_1}{2} = 60° + 15° = 75°$$

같은 방법으로

θ_n은 $\triangle A_{n-2} A_{n-1} A_n$의 외각이므로

$$\theta_n = \frac{\theta_{n-1}}{2} + \frac{\theta_{n-2}}{2}$$

$$\therefore \theta_n - \theta_{n-1} = -\frac{1}{2}(\theta_{n-2} - \theta_{n-2})$$

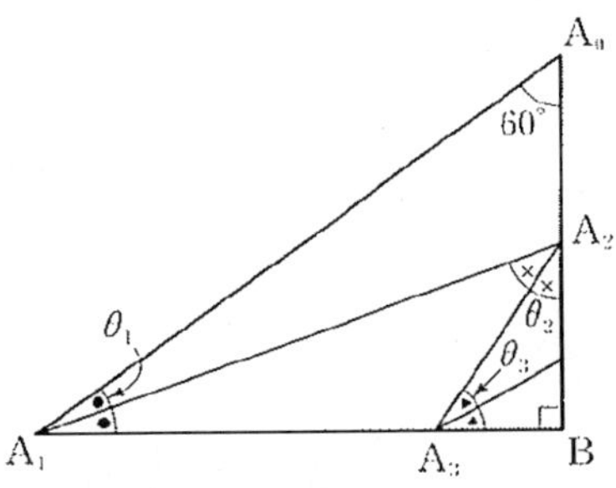

이때, 수열 $\{\theta_n\}$의 계차수열을 $\{b_n\}$이라 하면 $\{b_n\}$은 첫째항이 $b_1 = \theta_2 - \theta_1 = 75° - 30° = 45°$이고, 공비가 $-\frac{1}{2}$인 등비수열이므로

$$b_n = 45° \times \left(-\frac{1}{2}\right)^{n-1}$$

$$\therefore \theta_n = \theta_1 + \sum_{k=1}^{n-1} b_k$$

$$= 30° + \frac{45° \times \left\{1 - \left(-\frac{1}{2}\right)^{n-1}\right\}}{1 - \left(-\frac{1}{2}\right)}$$

$$= 30° + 30° \times \left\{1 - \left(-\frac{1}{2}\right)^{n-1}\right\}$$

$$= 60° - 30° \times \left(-\frac{1}{2}\right)^{n-1}$$

$$\therefore \lim_{n \to \infty} \theta_n = \lim_{n \to \infty}\left\{60° - 30° \times \left(-\frac{1}{2}\right)^{n-1}\right\} = 60°$$

07 정답 ④

풀이

농도가 10%인 소금물 $100g$을 $10g$ 증발시키면 소금물은 $90g$이 되고 소금의 양 $10g$은 변하지 않으므로 농도는 $\frac{100}{9}\%$이다.

또, 컵에서 $10g$의 소금물을 덜어내면 농도는 변하지 않고 남아있는 소금의 양은

$$10 - 10 \cdot \frac{1}{9} = \frac{80}{9}(g)$$

이므로 $\frac{8}{9}$배씩 감소한다.

농도 10%인 소금물 $20g$을 보충하면 소금 $2g$을 보충하는 것이므로 n일째 컵에 남아 있는 소금의 양을 a_n이라 하면

$$a_{n+1} = \frac{8}{9}a_n + 2$$

$$a_{n+1} - 18 = \frac{8}{9}(a_n - 18)$$

수열 $\{a_n - 18\}$은

첫째항이 $a_1 - 18$, 공비가 $\frac{8}{9}$인 등비수열이므로

일반항은

$$a_n - 18 = (a_1 - 18)\left(\frac{8}{9}\right)^{n-1}$$

$$= -8\left(\frac{8}{9}\right)^{n-1}(\because a_1 = 10)$$

$$\therefore a_n = 18 - 8\left(\frac{8}{9}\right)^{n-1}$$

$$\therefore \lim_{n \to \infty} a_n = \lim_{n \to \infty}\left\{18 - 8\left(\frac{8}{9}\right)^{n-1}\right\} = 18$$

따라서 컵 안의 소금물에 들어 있는 소금의 양은 한없이 $18g$에 가까워지므로 소금물의 농도는 한없이 18%에 가까워진다.

문제 A형

01 **정답** (1) $\dfrac{5}{12}$ (2) 발산

            (3) 발산

풀이

(1) $\dfrac{1}{(n+1)(n+3)}=\dfrac{1}{2}\left(\dfrac{1}{n+1}-\dfrac{1}{n+3}\right)$

이므로 주어진 무한급수의 부분합 S_n

$$S_n=\dfrac{1}{2}\left\{\left(\dfrac{1}{2}-\dfrac{1}{4}\right)+\left(\dfrac{1}{3}-\dfrac{1}{4}\right)+\left(\dfrac{1}{4}-\dfrac{1}{6}\right)\right.$$
$$\left.+\cdots+\left(\dfrac{1}{n}-\dfrac{1}{n+2}\right)+\left(\dfrac{1}{n+1}-\dfrac{1}{n+3}\right)\right\}$$
$$=\dfrac{1}{2}\left(\dfrac{1}{2}+\dfrac{1}{3}-\dfrac{1}{n+2}-\dfrac{1}{n+3}\right)$$

$$\therefore\ \lim_{n\to\infty}S_n$$
$$=\lim_{n\to\infty}\dfrac{1}{2}\left(\dfrac{1}{2}+\dfrac{1}{3}-\dfrac{1}{n+2}-\dfrac{1}{n+3}\right)=\dfrac{5}{12}$$

따라서 주어진 무한급수는 수렴하고,

그 합은 $\dfrac{5}{12}$ 이다.

(2) $\dfrac{1}{\sqrt{2n}-\sqrt{2n-1}}$
$$=\dfrac{\sqrt{2n}+\sqrt{2n-1}}{(\sqrt{2n}-\sqrt{2n-1})(\sqrt{2n}+\sqrt{2n-1})}$$
$$=\sqrt{2n}+\sqrt{2n-1}\ \text{이므로}$$
$$\lim_{n\to\infty}\dfrac{1}{\sqrt{2n}-\sqrt{2n-1}}$$
$$=\lim_{n\to\infty}(\sqrt{2n}+\sqrt{2n-1})=\infty\neq0$$

따라서 주어진 무한급수는 발산한다.

(3) $\displaystyle\lim_{n\to\infty}\dfrac{2n^2}{n^2+1}=\lim_{n\to\infty}\dfrac{2}{1+\dfrac{1}{n^2}}=2\neq0$이므로

주어진 무한급수는 발산한다.

02 **정답** 3

풀이

$\displaystyle\sum_{n=1}^{\infty}(a_n-2),\ \sum_{n=1}^{\infty}(a_n-b_n)$이 각각 수렴하므로

$$\lim_{n\to\infty}(a_n-2)=0,\ \lim_{n\to\infty}(a_n-b_n)=0$$

$$\therefore\ \lim_{n\to\infty}a_n=2,\ \therefore\ \lim_{n\to\infty}b_n=2$$

따라서

$$\lim_{n\to\infty}(3a_n-2b_n+1)$$
$$=3\lim_{n\to\infty}a_n-2\lim_{n\to\infty}b_n+1=6-4+1=3$$

03 **정답** ②

풀이

ㄱ. $\displaystyle\sum_{n=1}^{\infty}a_n$ 과 $\displaystyle\sum_{n=1}^{\infty}(a_n+b_n)$ 이 수렴하므로

$\displaystyle\sum_{n=1}^{\infty}a_n=\alpha,\ \sum_{n=1}^{\infty}(a_n+b_n)=\beta$ 라고 하면

$$\sum_{n=1}^{\infty}b_n=\sum_{n=1}^{\infty}\{(a_n+b_n)-a_n\}$$
$$=\sum_{n=1}^{\infty}(a_n+b_n)-\sum_{n=1}^{\infty}a_n$$
$$=\beta-\alpha\ (\text{수렴})\ (\text{참})$$

ㄴ. $\displaystyle\sum_{n=1}^{\infty}a_n$ 과 $\displaystyle\sum_{n=1}^{\infty}b_n$ 이 수렴하므로

$$\lim_{n\to\infty}a_n=0,\ \lim_{n\to\infty}b_n=0$$

$$\therefore\ \lim_{n\to\infty}a_nb_n=0\ (\text{참})$$

ㄷ. (반례) $\begin{cases}\{a_n\}:1,\,0,\,1,\,0,\,1,\,\cdots\\ \{b_n\}:0,\,1,\,0,\,1,\,0,\,\cdots\end{cases}$ 이면

$$\sum_{n=1}^{\infty}a_nb_n=0\ \text{이고}$$

$\displaystyle\lim_{n\to\infty}a_n\neq0$ 이지만 $\displaystyle\sum_{n=1}^{\infty}b_n\neq0$ 이다. (거짓)

따라서 옳은 것은 ㄱ, ㄴ 이다.

04 **정답** (1) $\dfrac{3}{2}$

            (2) $\dfrac{10}{3}$

            (3) 발산

풀이

(1) 주어진 무한등비급수는 첫째항이 1, 공비가 $\dfrac{1}{3}$이다. 이때 공비의 절댓값이 $\left|\dfrac{1}{3}\right|<1$이므로 주어진 무한등비급수는 수렴하고, 그 합은 $\dfrac{1}{1-\dfrac{1}{3}}=\dfrac{3}{2}$

(2) $\dfrac{3^n-(-2)^n}{4^n}=\left(\dfrac{3}{4}\right)^n-\left(-\dfrac{1}{2}\right)^n$ 이고,

두 무한등비급수 $\displaystyle\sum_{n=1}^{\infty}\left(\dfrac{3}{4}\right)^n$, $\displaystyle\sum_{n=1}^{\infty}\left(-\dfrac{1}{2}\right)^n$ 은

수렴한다.

$$\therefore \sum_{n=1}^{\infty}\dfrac{3^n-(-2)^n}{4^n}$$
$$=\sum_{n=1}^{\infty}\left\{\left(\dfrac{3}{4}\right)^n-\left(-\dfrac{1}{2}\right)^n\right\}$$
$$=\sum_{n=1}^{\infty}\left(\dfrac{3}{4}\right)^n-\sum_{n=1}^{\infty}\left(-\dfrac{1}{2}\right)^n$$
$$=\dfrac{\dfrac{3}{4}}{1-\dfrac{3}{4}}-\dfrac{-\dfrac{1}{2}}{1-\left(-\dfrac{1}{2}\right)}=\dfrac{10}{3}$$

(3) $\displaystyle\lim_{n\to\infty}\dfrac{5^n-2^n}{3^n}=\lim_{n\to\infty}\left\{\left(\dfrac{5}{3}\right)^n-\left(\dfrac{2}{3}\right)^n\right\}=\infty\neq0$

이므로 주어진 무한급수는 발산한다.

05 **정답** ④

풀이

공비가 $\dfrac{2x-1}{5}$이므로

$$-1<\dfrac{2x-1}{5}<1 \quad -4<2x<6$$

$$\therefore -2<x<3$$

따라서 정수 x의 개수는 -1, 0, 1, 2로 4이다.

06 **정답** $\dfrac{64}{3}$

풀이

등비수열 $\{a_n\}$의 첫째항을 a, 공비를 r라고 하면 $a_n=ar^{n-1}$, $a_{2n}=ar^{2n-1}=ar\cdot(r^2)^{n-1}$

$$\therefore \sum_{n=1}^{\infty}a_n=\dfrac{a}{1-r}=8$$
$$\sum_{n=1}^{\infty}a_{2n}=\dfrac{ar}{1-r^2}=\dfrac{ar}{(1+r)(1-r)}=\dfrac{8}{3}$$

위의 두 식을 연립하여 풀면

$$a=4,\quad r=\dfrac{1}{2}$$

따라서 $\displaystyle\sum_{n=1}^{\infty}(a_n)^2=\dfrac{a^2}{1-r^2}=\dfrac{4^2}{1-\left(\dfrac{1}{2}\right)^2}=\dfrac{64}{3}$

07 **정답** ②

풀이

$$\sum_{n=1}^{\infty}\left(\dfrac{1}{2}\right)^n\cos\left(n\pi+\dfrac{\pi}{3}\right)$$
$$=-\left(\dfrac{1}{2}\right)^2+\left(\dfrac{1}{2}\right)^3-\left(\dfrac{1}{2}\right)^4+\cdots$$
$$=\dfrac{-\dfrac{1}{4}}{1-\left(-\dfrac{1}{2}\right)}=-\dfrac{1}{6}$$

08 **정답** $\dfrac{\sqrt{3}}{3}$

풀이

$$x=\overline{OP_1}\cos30°-\overline{P_1P_2}\cos30°+\overline{P_2P_3}\cos30°-\overline{P_3P_4}\cos30°+\cdots$$
$$=1\cdot\dfrac{\sqrt{3}}{2}-\dfrac{1}{2}\cdot\dfrac{\sqrt{3}}{2}+\left(\dfrac{1}{2}\right)^2\cdot\dfrac{\sqrt{3}}{2}-\left(\dfrac{1}{2}\right)^3\cdot\dfrac{\sqrt{3}}{2}+\cdots$$
$$=\dfrac{\dfrac{\sqrt{3}}{2}}{1-\left(-\dfrac{1}{2}\right)}=\dfrac{\sqrt{3}}{3}$$

$$y=\overline{OP_1}\sin30°+\overline{P_1P_2}\sin30°+\overline{P_2P_3}\sin30°+\overline{P_3P_4}\sin30°+\cdots$$
$$=1\cdot\dfrac{1}{2}+\dfrac{1}{2}\cdot\dfrac{1}{2}+\left(\dfrac{1}{2}\right)^2\cdot\dfrac{1}{2}+\left(\dfrac{1}{2}\right)^3\cdot\dfrac{1}{2}+\cdots$$
$$=\dfrac{\dfrac{1}{2}}{1-\left(\dfrac{1}{2}\right)}=1 \quad\therefore xy=\dfrac{\sqrt{3}}{3}$$

09 정답 ②

풀이

n 번째 정사각형의 한 변의 길이를 a_n 이라고 하면 아래 그림에서

$$a_1 : (1-a_1) = 1 : 1$$

$$1-a_1 = a_1 \qquad \therefore a_1 = \frac{1}{2}$$

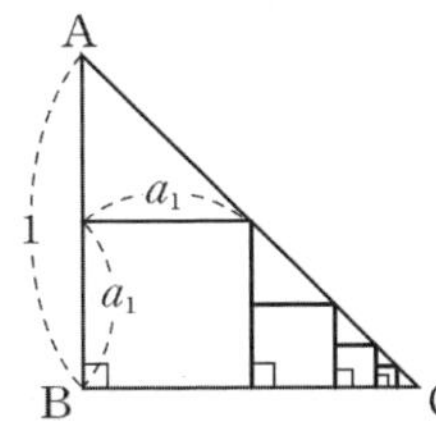

같은 방법으로 하면

$$a_{n+1} : (a_n - a_{n+1}) = 1 : 1, \quad a_n - a_{n+1} = a_{n+1}$$

$$\therefore a_{n+1} = \frac{1}{2} a_n$$

따라서 수열 $\{a_n\}$ 은 $a_1 = \dfrac{1}{2}$ 이고 공비가 $\dfrac{1}{2}$ 인

등비수열이므로

모든 정사각형의 넓이의 합은

$$a_1{}^2 + a_2{}^2 + a_3{}^2 + \cdots$$

$$= \left(\frac{1}{2}\right)^2 + \left(\frac{1}{2^2}\right)^2 + \left(\frac{1}{2^3}\right)^2 + \cdots$$

$$= \frac{1}{4} + \frac{1}{16} + \frac{1}{64} + \cdots = \frac{\dfrac{1}{4}}{1-\dfrac{1}{4}} = \frac{1}{3}$$

문제 B형

01 정답 $\dfrac{1}{12}$

풀이

$n \geq 2$ 일 때,

$$\sum_{k=1}^{n} ka_k = (n^2+n)^2 \quad \cdots\cdots \; \text{㉠}$$

$$\sum_{k=1}^{n-1} ka_k = \{(n-1)^2 + (n-1)\}^2 = (n^2-n)^2$$

$$\cdots\cdots\cdots\cdots\cdots\cdots\cdots\cdots \; \text{㉡}$$

㉠ − ㉡ 에서

$$na_n = (n^4 + 2n^3 + n^2) - (n^4 - 2n^3 + n^2) = 4n^3$$

$$\therefore a_n = 4n^2 \; (n \geq 2)$$

한편, ㉠에서 $n=1$ 일 때,

$$\sum_{k=1}^{1} ka_n = 2^2,$$

즉 $a_1 = 4$ 이므로 $a_n = 4n^2 \; (n \geq 1)$

$$\therefore \lim_{n \to \infty} \frac{n}{a_n{}^2} \sum_{k=1}^{n} a_k$$

$$= \lim_{n \to \infty} \frac{n}{(4n^2)^2} \sum_{k=1}^{n} 4k^2$$

$$= \lim_{n \to \infty} \frac{1}{16n^3} \times \frac{4n(n+1)(2n+1)}{6} = \frac{1}{12}$$

02 정답 ①

풀이

$$a_{n+1} = \frac{1}{4^n a_n} \qquad\qquad \cdots\cdots \; \text{㉠}$$

$$a_{n+2} = \frac{1}{4^{n+1} a_{n+1}} \qquad\quad \cdots\cdots \; \text{㉡}$$

㉡ ÷ ㉠ 을 하면 $\dfrac{a_{n+2}}{a_{n+1}} = \dfrac{a_n}{4a_{n+1}}$

$$\therefore a_{n+2} = \frac{1}{4} a_n$$

따라서 수열 $\{a_{2n-1}\}$ 은

첫째항이 $a_1 = 2$, 공비가 $\dfrac{1}{4}$ 인 등비수열이고,

수열 $\{a_{2n}\}$ 은 첫째항이

$a_2 = \dfrac{1}{4} \cdot \dfrac{1}{a_1} = \dfrac{1}{8}$, 공비가 $\dfrac{1}{4}$ 인 등비수열이다.

$$\therefore \sum_{n=1}^{\infty} a_n = \sum_{n=1}^{\infty} (a_{2n-1} + a_{2n})$$

$$= \sum_{n=1}^{\infty} a_{2n-1} + \sum_{n=1}^{\infty} a_{2n}$$

$$= \frac{2}{1-\dfrac{1}{4}} + \frac{\dfrac{1}{8}}{1-\dfrac{1}{4}}$$

$$= \frac{17}{6}$$

03 정답 ④

풀이

무한등비급수 $\displaystyle\sum_{n=1}^{\infty}(x+y)^{n-1}$이 수렴하도록 하는 $x+y$의 범위는 $-1<x+y<1$이고, 무한등비급수 $\displaystyle\sum_{n=1}^{\infty}(x-y)^{n-1}$이 수렴하도록 하는 $x-y$의 범위는 $-1<x-y<1$이다.

실수 $x,\ y$에 대하여 점 $(x,\ y)$의 영역을 나타내면 그림과 같이 둘러싸인 영역의 넓이가 도형의 넓이이다.(단, 경계선 제외)

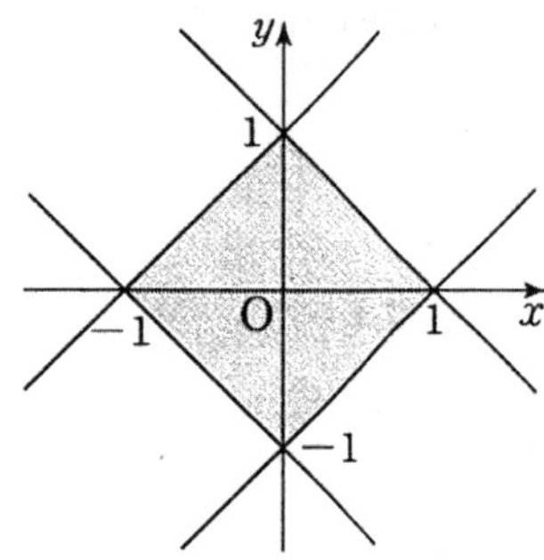

따라서 구하는 도형의 넓이는 2이다.

04 정답 2

풀이

나머지 정리에 의하여

$$a_1=\left(\frac{1}{p}\right)^2-\frac{1}{p}$$
$$a_2=\left(\frac{1}{p^2}\right)^2-\frac{1}{p^2}$$
$$a_3=\left(\frac{1}{p^3}\right)^2-\frac{1}{p^3}$$
$$\vdots$$
$$a_n=\left(\frac{1}{p^n}\right)^2-\frac{1}{p^n}$$

a_n은 등비수열의 차이므로

$$\sum_{n=1}^{\infty}a_n=\sum_{n=1}^{\infty}\left\{\left(\frac{1}{p^n}\right)^2-\frac{1}{p^n}\right\}$$
$$=\sum_{n=1}^{\infty}\left(\frac{1}{p^2}\right)^n-\sum_{n=1}^{\infty}\left(\frac{1}{p}\right)^n$$
$$=\frac{\frac{1}{p^2}}{1-\frac{1}{p^2}}-\frac{\frac{1}{p}}{1-\frac{1}{p}}=\frac{-p}{p^2-1}$$

$\displaystyle\sum_{n=1}^{\infty}a_n=-\frac{2}{3}$이므로

$$\frac{-p}{p^2-1}=-\frac{2}{3},\ 2p^2-2=3p$$
$$2p^2-3p-2=0,\ (p-2)(2p+1)=0$$
$$\therefore p=2\ \text{또는}\ p=-\frac{1}{2}$$

따라서 $p=-\dfrac{1}{2}$일 때는 무한급수가 수렴하지 않으므로 $p=2$

05 정답 $\dfrac{16}{15}\pi$

풀이

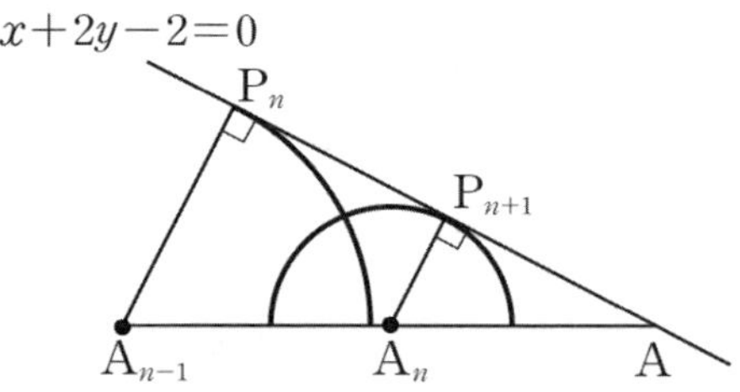

원 C_1의 반지름의 길이는 원점과 직선 $x+2y-2=0$ 사이의 거리와 같으므로

$$\frac{|-2|}{\sqrt{1+4}}=\frac{2}{\sqrt{5}}$$
$$\therefore S_1=\pi\times\left(\frac{2}{\sqrt{5}}\right)^2=\frac{4}{5}\pi$$

원 C_n, C_{n+1}과 직선 $x+2y-2=0$의 접점을 각각 P_n, P_{n+1}이라 하면 $\triangle P_nA_{n-1}A$와 $\triangle P_{n+1}A_nA$는 닮은 삼각형이고, 닮음비는

$$\overline{A_{n-1}A}:\overline{A_nA}=2:1\ (A_0\text{는 원점})$$

즉, $S_n:S_{n+1}=2^2:1^2=4:1$이므로

$$S_{n+1}=\frac{1}{4}S_n$$
$$\therefore \sum_{n=1}^{\infty}S_n=\frac{S_1}{1-\frac{1}{4}}=\frac{\frac{4}{5}\pi}{1-\frac{1}{4}}=\frac{16}{15}\pi$$

06 정답 ①

풀이

첫 번째 만들어지는 원의 넓이 : $\pi\times\left(\dfrac{1}{2}\right)^2$

두 번째 만들어지는 원의 넓이 : $\pi \times \left(\dfrac{1}{4}\right)^2$

세 번째 만들어지는 원의 넓이 : $\pi \times \left(\dfrac{1}{8}\right)^2$

$$\vdots$$

따라서 만들어지는 모든 원의 넓이의 합은 첫째항이 $\dfrac{\pi}{4}$ 이고, 공비가 $\dfrac{1}{4}$ 인 무한등비급수이므로

(모든 원의 넓이의 합) $= \dfrac{\dfrac{1}{4}\pi}{1-\dfrac{1}{4}} = \dfrac{1}{3}\pi$

07 정답 ①

풀이

x축과 평행한 모든 선분의 길이의 합은 $\displaystyle\sum_{n=1}^{\infty}\overline{\mathrm{P}_n\mathrm{Q}_n}$ 이고, y축과 평행한 모든 선분의 길이의 합은 $\displaystyle\sum_{n=1}^{\infty}\overline{\mathrm{Q}_n\mathrm{P}_{n+1}}$ 이므로 구하는 무한급수의 합 S는

$$S = \sum_{n=1}^{\infty}\overline{\mathrm{P}_n\mathrm{Q}_n} + \sum_{n=1}^{\infty}\overline{\mathrm{Q}_n\mathrm{P}_{n+1}}$$

$$= \sum_{n=1}^{\infty}(x_{n+1}-x_n) + \sum_{n=1}^{\infty}(y_n-y_{n+1})$$

$$= \{(x_2-x_1)+(x_3-x_2)+\cdots+(x_{n+1}-x_n)+\cdots\}$$

$$+ \{(y_1-y_2)+(y_2-y_3)+\cdots+(y_n-y_{n+1})+\cdots\}$$

$$= (-x_1+\lim_{n\to\infty}x_{n+1}) + (y_1-\lim_{n\to\infty}y_{n+1})$$

그런데

$$\lim_{n\to\infty}x_n = \lim_{n\to\infty}\sum_{k=1}^{n}\left(\dfrac{1}{2}\right)^{k-1} = \dfrac{1}{1-\dfrac{1}{2}} = 2$$ 이므로

$$\lim_{n\to\infty}x_{n+1} = \lim_{n\to\infty}x_n = 2$$

이 때, 점 $\mathrm{P}_n(x_n, y_n)$은 곡선 $y=a^x$ 위의 점이므로 $\displaystyle\lim_{n\to\infty}y_{n+1} = \lim_{n\to\infty}y_n = a^2$

또, $x_1 = \left(\dfrac{1}{2}\right)^0 = 1$, $y_1 = a^1 = a$이므로

$$S = (-x_1+\lim_{n\to\infty}x_{n+1}) + (y_1-\lim_{n\to\infty}y_{n+1})$$

$$= (-1+2) + (a-a^2) = -a^2+a+1$$

따라서 $-a^2+a+1 = \dfrac{11}{9}$, 즉 $9a^2-9a+2=0$ 이므로 구하는 두 실수 a의 값의 곱은 근과 계수와의 관계에 의하여 $\dfrac{2}{9}$이다.

memo

 **memo**

iBS 교육방송 수학 1

초판인쇄일 | 2014년 1월 20일
1쇄발행일 | 2014년 1월 25일

지 은 이 | 김성태
펴 낸 이 | 이용배
책임감수 | IPTV교육방송 편성위원장(김성태)
감　　수 | 이경우, 김서진, 김진호, 김현진,
　　　　　　 박은하, 박황민, 신은정, 이기홍,
　　　　　　 이원광, 이정봉, 이종석, 이종헌,
　　　　　　 정진경, 조동영

펴 낸 곳 | IPTV교육방송(강남스터디)
디 자 인 | 박수정, 김화현
제　　작 | 송재호
홍　　보 | 권재흥
문　　의 | http://iptvstudy.co.kr(IPTV교육방송)
상　　담 | 강남스터디 02) 515-0058

총　　판 | 가나북스 www.gnbooks.co.kr
전　　화 | 031) 408-8811(代)
팩　　스 | 031) 501-8811

‖‖ 가격은 뒷표지에 있습니다.
‖‖ 이 책은 저작권법에 따라 엄격히 보호를 받는 저작물이므로 무단 전재 및 복제를 금합니다.
‖‖ 잘못된 책은 구입하신 곳에서 교환해 드립니다.